高等职业教育学前教育专业系列教材

U0739219

幼儿园语言教育活动设计与指导

迟　佳　白传亮　丁春宇　主　编

姜　蕾　王　欢　副主编

化学工业出版社

·北京·

内容简介

《幼儿园语言教育活动设计与指导》依据《幼儿园教师专业标准（试行）》《3～6 岁儿童学习与发展指南》《幼儿园教育指导纲要（试行）》中对语言领域的要求而编写。本书包括八章，每章由导学、学习目标、思维导图、案例导入、学习总结等构成，理论知识以阐述基本问题为主，以够用、实用为度；专业技能根据实际需要，尽量做到内容全面、要求明确、指导具体、便于操作，以方便学生在学习过程中理论联系实际，融"教、学、做"于一体。

本书为高等职业教育学前教育专业教材，也可作为幼儿园教师继续教育和进修的参考教材。

图书在版编目（CIP）数据

幼儿园语言教育活动设计与指导 / 迟佳，白传亮，丁春宇主编. -- 北京 ：化学工业出版社，2025. 4.
ISBN 978-7-122-47122-2

Ⅰ．G613.2

中国国家版本馆CIP数据核字第2025K4U571号

责任编辑：王　可　石　磊　　　　　文字编辑：蔡晓雅
责任校对：张茜越　　　　　　　　　装帧设计：张　辉

出版发行：化学工业出版社
　　　　　（北京市东城区青年湖南街13号　邮政编码100011）
印　　装：三河市君旺印务有限公司
787mm×1092mm　1/16　印张14¾　字数355千字
2025年1月北京第1版第1次印刷

购书咨询：010-64518888　　　　　售后服务：010-64518899
网　　址：http://www.cip.com.cn
凡购买本书，如有缺损质量问题，本社销售中心负责调换。

定　　价：45.00元

前　言

幼儿教育是基础教育的基础，幼儿时期是人终身发展的奠基时期，对人一生的发展至关重要。国家将提高保教质量作为学前教育改革的重要任务，出台了一系列政策文件，旨在从办园行为规范、保育教育和教师素质提高等方面提升学前教育质量。高职高专学前教育专业的培养目标是培养优品质、强技能、好习惯的应用型人才。幼儿园五大领域教学活动课程是实现专业培养目标的核心课程，也是保证学生能够快速适应岗位技能，实现"零距离"上岗的关键课程。本书为幼儿园语言教育活动课程教材，依据《幼儿园教师专业标准（试行）》《3~6岁儿童学习与发展指南》《幼儿园教育指导纲要（试行）》中对语言领域的要求而编写，致力于满足当前学前教育专业学生的需求，也可作为幼儿园教师继续教育和进修的参考教材。

本书本着与时俱进、立足当下的精神编写，融"教、学、做"于一体，力求结构合理、内容新颖、全面实用。本书理论部分注重体现幼儿园语言教育活动的基础知识和基本技能，以够用、实用为度；案例部分邀请多年从事幼儿园教学及管理工作的园长参与编写，每个项目针对学生在实际工作中将会遇到的真实问题和困惑设计典型活动案例，并附有案例评析，具有很强的指导性，让学生能够学以致用。

本书由盘锦职业技术学院迟佳、白传亮、丁春宇担任主编，姜蕾（盘锦恒远大地泰山幼儿园园长）、王欢（盘锦童蒙幼儿园园长）担任副主编。具体编写分工如下：白传亮编写第一章、第二章、第三章，丁春宇编写第四章、第五章，迟佳编写第六章、第七章、第八章，姜蕾、王欢提供部分案例和图片。全书由迟佳统稿，卢云峰审稿。

本书编写过程中参考了部分文献资料、研究成果和其他同类教材观点，在此一并表示衷心的感谢！由于编写时间、编写人员能力及水平有限，书中难免有不足之处，我们诚挚地邀请各位读者在使用本书时提出宝贵意见，以便于今后进一步修订和完善。

编者
2024 年 3 月

目　录

第一章
语言活动的结构组成

🌱 导学

在本章中你会学习到幼儿园语言教育活动的特点和类型是什么、幼儿园语言教育活动的设计要点有哪些，以及幼儿园语言教育活动的指导原则。

📖 学习目标

（1）了解幼儿园语言教育活动的基本内涵。
（2）了解幼儿园语言教育活动的特点。
（3）掌握幼儿园语言教育活动的类型。
（4）掌握幼儿语言教育活动的设计要点。
（5）能运用相关理论对幼儿语言教育活动案例进行理性分析。

⚛️ 思维导图

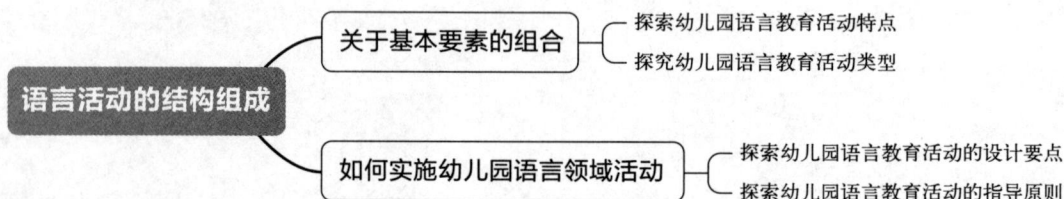

第一节
关于基本要素的组合

✈️ 案例导入

礼貌用语我知道

小刘是一位幼儿园教师，有一次在火车上看到一个非常有礼貌的幼儿后深受启发，想象着让自己班的孩子们也能变得这样有礼貌。

回到工作岗位后，她设计组织了一次语言教育活动，活动目标就是让每一个孩子学会说"请……可以吗？谢谢""请问我可以……吗？"等礼貌用语，内容为练习倾听和表达能力，方法是示范法和表演法。运用同一套教学方案，幼儿园大班的小朋友收效甚好，其次是中班。但在活动结束后，小班的小朋友在询问上厕所等问题时，却说出了"老师，请便便吗？"等话语。

要求：根据案例分析以下问题。

（1）上面案例的结果是哪个环节出现了问题？

（2）你认为以上活动属于语言活动的哪种类型？

（3）如果让你来设计，你将如何设计适用于不同班型的语言教育活动方案？

❖ 知识讲解与案例分析

幼儿园语言教育活动是指教师有目的、有计划、有组织地开展的，以促进幼儿语言学习与发展为目的的教育活动。其根本目的是在教师的指导下，促进幼儿积极主动地与人交谈，与周围的语言环境不断地交互，学习倾听与表达，从而不断获得语言经验，提高语言交流与表达能力。

一、探索幼儿园语言教育活动特点

幼儿园每一个领域的教育活动都有各自的特点，教师理解和把握教育活动的特点有助于依据领域教育的重点更好地引导幼儿学习与发展，更好地提高教育的有效性。在幼儿语言领域教育中，遵循幼儿语言学习与发展规律而组织开展的语言教育活动表现出如下特点。

（一）特殊性——幼儿语言教育活动是一种特殊的语言学习过程

幼儿语言教育活动是一种有目的、有计划、有组织的语言学习过程，能够有效地促进幼儿语言能力的全面发展，具有自身的特殊性。

首先，它是有目的地促进幼儿语言学习与发展的教育活动。它不但具有明确的目的性和教育的指向性，而且遵循幼儿语言学习与发展的规律，能够有意识地提高教育和发展的切合性。

其次，它是有计划的语言学习过程。它是根据幼儿语言教育的目标、幼儿语言发展的特点，有计划地选择和安排教育内容，循序渐进地促进幼儿语言发展的过程。

再次，它是在教师的组织下进行的语言学习过程。在这种有组织的学习过程中，教师可以根据幼儿语言发展的特点，为幼儿提供各种语言交互的情境，使幼儿充分地与环境中的人、事、物进行积极的交往互动，学习掌握语言信息材料，练习运用规范的语言符号，提高语言的表达能力和运用能力。因此，相对于随意性的、偶发性的、无组织性的学习活动而言，幼儿语言教育活动是一种特殊的语言学习过程，对幼儿的语言发展必将起到积极而有益的促进作用。

（二）目的性——幼儿语言教育活动的目的是使幼儿获得语言经验

幼儿语言教育活动的目的是使幼儿获得语言经验，包括语言内容、语言形式和语言运用等方面的经验。其中，语言内容是指词和词相互间在传递信息及含义时的表征关系，即说了什么，要传递和表达什么内容。语言形式是指语言交往中约定俗成的符号系统和系列规则，即语音、词法和句法规则。语言运用是指说话者根据语言意图和语言环境对语言工具的有效使用，即怎么说，运用什么方式进行传递和表达。在教育活动中，教师要创设良好的语言环境，提供丰富的语言信息，促使幼儿积极主动地参与活动，在与环境的充分互动中主动学习，不断获得语言内容、语言形式和语言运用等方面的新经验，提高语言交往的水平。

（三）整合性——幼儿语言教育活动是整合的教育过程

幼儿语言教育活动的整合性特点主要体现在教育目标的整合、教育内容的整合和教育方式的整合等方面。

教育目标的整合指目标制定和实现的过程中要充分体现语言认知、情感态度和语言技能等方面的密切结合和综合渗透。教育内容的整合是将语言知识与社会知识、认知知识等相关领域的内容整合在一起，要充分挖掘语言教育内容中各领域教育的功能，改变局限于语言知识的片面教育，克服孤立学习语言的单一现象，要整合多种促进幼儿语言发展的教育因素，促进幼儿语言的整体学习和发展。教育方式的整合指采用多种组织形式和教育手段开展语言教育活动，使幼儿在生动活泼、多种形式的教育活动中积极地参与、感知和体验，主动地倾听和表达，促进语言的良好发展。

二、探究幼儿园语言教育活动类型

幼儿语言教育活动的内容和形式是多种多样的，表现出不同的类别形态，现按照教育指导中的集中型和分散型进行两大类的划分。集中型即专门性语言教育活动，分散型即渗透性语言教育活动。

（一）专门性语言教育活动

专门性语言教育活动指教师有目的、有计划、有组织地开展语言教育活动。这类活动典型而集中地体现了语言教育活动的特点。它为幼儿提供了专门、集中的语言学习机会，是实现语言教育目标的有效途径，也是完成语言教育任务的主要途径，具体包括如下活动。

1. 谈话活动

谈话活动是引导幼儿学习在一定范围内运用语言与他人进行交流的语言教育活动。其目的在于创设一个良好的语言环境，帮助幼儿学习倾听他人讲话，围绕一定的话题进行交谈，习得与别人交流的方式和基本规则，培养与人交往的能力，促进幼儿对话能力的发展。

📚 案例

活动名称：我的一家人。

活动目标：

（1）帮助幼儿学会用简单的句子谈论自己父母的工作、家庭成员之间的关系以及父母平时在家主要做些什么事。

（2）引导幼儿围绕"我的一家人"这一话题进行谈话，使幼儿乐意参与个别交谈与集体谈话活动。

（3）培养幼儿对家庭的情感，知道关心长辈，听大人的话。

活动准备：

（1）实物玩具：小兔。

（2）每个幼儿一张全家福照片。

（3）投影机、照相机（请一名教师帮忙拍照）、磁带。

（4）让幼儿回家了解父母的工作及家庭成员之间的关系、父母平时在家主要做些什么事。

活动过程：

1. 创设谈话情境，引出谈话话题

（1）放录音《世上只有妈妈好》，教师带领幼儿边唱边做动作。

（2）请个别幼儿讲一讲"家里有谁"，要求语句完整。

教师："每个小朋友都有一个好妈妈，除了妈妈外，家里还有谁？谁能告诉老师？哪个勇敢的小朋友能拿着照片到上面来讲？"

教师利用实物投影，让幼儿看着图片讲，教师重复幼儿的话，让幼儿练习说话的完整性。（有……有……还有……）

（3）请其余小朋友拿照片，自由交谈"照片上有谁"。

教师："大家一定也想说说自己的一家。好！拿好照片，给自己旁边的好朋友说说'照片上有谁'。"

教师："现在请小朋友把照片交给后面的大人，看谁动作最快。"

（4）了解、丰富词汇"全家福"。

刚才小朋友们介绍得很好。谁知道一家人在一起拍的照片叫什么？（丰富词汇"全家福"，幼儿学说）拿出一张全家福请幼儿说"这是谁家的全家福"。

2. 引导幼儿围绕话题交谈，集体讨论，要求声音响亮地表述

（1）教师以小动物的语气回答问题，起示范作用。

教师："看！老师请来了大家认识的客人小兔灰灰。灰灰与大家打个招呼。大家好！小朋友怎么说？"（幼儿回答）

教师："小兔灰灰你能告诉我，你的爸爸妈妈是干什么工作的？它很能干，能大胆地说出爸爸妈妈的工作！"

教师以小动物的语气回答问题："小朋友们，我叫灰灰，我的爸爸在动物医院当医生，妈妈在银行当管理员。"

（2）请幼儿回答提问。

小兔灰灰："小朋友们你们能告诉我，你们的爸爸妈妈是干什么工作的吗？"（幼儿回答）

小兔灰灰："小朋友们真能干。谁还能告诉我，你们的爸爸妈妈在家做些什么事？"

请个别幼儿上台讲给大家听，对于讲得好的小朋友，可以让他抱抱亲亲小灰灰。

（3）段落性小结。

教师："现在老师邀请一位非常勇敢的小朋友拿着自己的照片到前面来，告诉大家以下几个问题——你家有谁？爸爸妈妈的工作是什么？他们经常在家做什么事？"（让幼儿注意倾听，把话说完整）

教师："你喜欢自己的爸爸妈妈吗？"（幼儿回答）

3. 拓展谈话范围

情感教育：引导幼儿对自己的家人说一句甜甜的话。

（1）小结提问，引出话题。

教师："刚才小朋友说了自己爸爸妈妈的工作以及在家经常做的一些事情，还说非常喜欢自己的爸爸妈妈，那其他小朋友喜欢自己的爸爸妈妈吗？"（幼儿回答）

教师小结："小朋友都很喜欢爸爸妈妈，因为他们给你们买好吃的，买好玩的，帮你

们做了许多事情，爸爸妈妈很爱你们，你们也很爱他们，希望他们天天开心，永远年轻、漂亮，对吗？"

（2）说一句甜甜的话。

教师："今天爸爸妈妈就在我们的身后，说一句甜甜的话让他们开心开心好吗？"（幼儿回答）

教师："大人们听了孩子的话是否很开心？"

4. 布置"全家福"专栏、总结评价、结束活动

（1）谈话引出师生一起合拍"全家福"。

教师："我们小（二）班就像一个幸福的大家庭。老师像你们的妈妈，你们也像老师的宝宝，小朋友之间就像兄弟姐妹（哥哥、弟弟、姐姐、妹妹），我们亲亲热热在一起，组成一个大家庭。老师知道大家都很爱这个大家庭，希望能天天看见他们，现在老师有个好主意，让我们一起来拍一张'全家福'，然后把这张大家庭的照片和自己小家庭的照片贴进老师画的别墅里组成一个幸福的大家庭，贴在教室走廊的墙壁上，让大家每天在进出教室时能看到自己的爸爸妈妈，好不好？"

（2）拍照、粘贴幸福大家庭照片，总结评价，结束活动。

讲解粘贴方法：搬出别墅，每个窗户就是房间，我们拍完照后，请大人帮忙在塑料筐里拿四枚图钉，孩子拿着照片共同把照片贴进每一扇窗户里。

放录音《我爱我家》，教师带领幼儿边唱边把自己的照片布置在房间里。

2. 讲述活动

讲述活动是引导幼儿根据一定的凭借物展开清楚、连贯和完整的讲述，以培养幼儿语言表述行为为重点的语言教育活动。其目的在于引导幼儿积极参与命题性质的讲述活动，帮助幼儿逐步获得独立构思和连贯完整表述的语言经验，促进幼儿讲述能力的发展。

案例

活动名称：大班实物讲述活动"我的文具盒"。

活动目标：

（1）能用完整连贯的语言介绍文具盒。

（2）在教师的示范指导下，能按照一定顺序介绍文具盒的外形和功能。

（3）认真倾听教师的讲述，尝试发现讲述的不同之处。

活动准备：

布置"文具商店"，实物投影仪一台，图标（形状、颜色、图案、功能），黑板，电视机布，篮子。

活动过程：

1. 谈话导入，引发幼儿参与活动的兴趣

教师："小朋友，你们上学要准备什么呀？"（幼儿自由发表意见）

2. 感知理解讲述对象

（1）教师："你们知道这是什么吗？（文具盒）它是什么形状？什么颜色？有什么图案呢？文具盒有什么用呢？"（装铅笔、橡皮）

（2）幼儿自由参观"文具商店"，每人选择一个自己最喜欢的文具盒回到座位。

教师："你们想不想要文具盒呢？（想）当……当……当，有这么多文具盒呀，现在小朋友轻轻地上来选一个自己喜欢的文具盒。"

3. 运用已有经验讲述

（1）幼儿先与身旁的同伴自由交流自己选择的文具盒。

教师："好，每个小朋友都找到自己喜欢的文具盒了吧，现在我们和旁边的好朋友说一说你手中的文具盒。"

（2）个别讲述。

教师："谁愿意到前面来跟大家说一说。注意哦，小朋友在说的时候，我们的小观众们要认真听，尊重他们哦。"

4. 引入新经验

（1）从实物投影仪里观察老师选择的文具盒，听老师用句式来介绍文具盒上的图案。

教师："我的文具盒的形状是××，颜色是××，图案有××、有××，还有××；打开后里面放着……我很喜欢我的文具盒。"

教师："我是怎么说的？我先讲了什么？然后说了什么？最后说了什么？"（根据幼儿的回答，教师出示相应的图标帮幼儿获得新的讲述经验）

（2）幼儿自由练习按序讲述。

教师："现在我们再来按顺序说一说你的文具盒，记住要先说形状、颜色，再说图案，最后说功能，别忘了介绍完以后说一说对它的喜爱。"

5. 迁移新经验

教师："老师还准备了一些文具，有铅笔、橡皮、刨刀和尺子。请你们每人来选一样文具给老师介绍一下，记住要按刚才的顺序说。"

6. 结束活动

教师："今天，小朋友把文具介绍得很清楚，让老师都知道了应该如何使用。"

3. 听说游戏

听说游戏是采用游戏的方式而开展倾听和表达的语言教育活动。其目的在于帮助幼儿按照一定规则进行口语表达练习，提高倾听的水平，锻炼语言交往的机智性和灵活性。因为听说游戏含有较多的规则，所以，幼儿能在积极愉快的活动中进行听和说的练习，有效完成语言学习的任务，提高口语表达水平。

案例

活动名称：小班听说游戏"开汽车"。

活动目标：

（1）要求幼儿正确使用人称代词"你""我"。

（2）帮助幼儿理解并遵守简单的游戏规则，提高他们在游戏中对语言信息的倾听能力。

（3）培养幼儿与同伴合作游戏的习惯，以及在集体中大胆表达的能力。

活动准备：

制作玩具汽车方向盘8~10个，幼儿围坐成半圆形。

活动过程：

1. 设置游戏情境

（1）提问引导幼儿，并让幼儿学一学小司机。

（2）教师："老师来考考你们，小汽车在开的时候发出什么声音啊？开汽车的那个人我们叫他什么？那我们也来做一做小司机开一开汽车好不好？"

评析：教师从主题直接切入，引导幼儿，激发幼儿的游戏兴趣。在进行教学的时候，注意跟随幼儿的回答及时地改变，并用各种语态激发幼儿的热情。

2. 交代游戏规则

（1）幼儿看老师和保育员的情境表演。幼儿倾听对话及理解角色。

（2）教师："阿姨演的是谁啊？你们看出来了吗？她说了什么话？老师演的是谁？说了什么话？"

（3）全体来学一学"司机""乘客"说的话。

评析：教师在提问的时候应把问题简洁、明了化，让幼儿在观看时有倾听的重点，了解直接的对话方式，能及时对教师的问题给予回应，也能让幼儿直接进入状态。同时，给予更多的机会让幼儿来练习对话，掌握了对话后即可为后面的游戏奠定基础。

3. 教师引导游戏

（1）教师扮演司机与幼儿游戏。同时让能力强的幼儿替代教师游戏。

（2）请几个"司机""乘客"进行表演。

评析：教师在示范游戏和请幼儿参加游戏的过程中，不用生硬地讲规则就可以让幼儿知道游戏该如何进行，同时对幼儿提出倾听的要求，培养其良好的习惯。在幼儿表演的过程中，逐一对幼儿的游戏提出改进要求，让其他幼儿在无意识中模仿改进。

4. 幼儿自主游戏

教师："还有很多的小司机也要来做开汽车的游戏呢！请能干的小司机也来开一开小汽车。"

评价：教师从主导地位隐退，但不是完全地放任幼儿游戏，部分幼儿还不太理解游戏的规则，需要教师从旁协助指导。教师也可以扮演司机，同时让幼儿观察学习，以更好地游戏。

5. 教师小结、评价

（1）教师："小司机下班回小椅子上休息了。"

（2）表扬在游戏中能与同伴友好合作，并能完整地进行对话的幼儿。

4. 文学活动

文学活动是以幼儿文学作品为基本教育内容而设计组织的语言教育活动。其目的在于引导幼儿感受作品的情趣，体验作品的情感，欣赏作品的语言美和文学美，学习作品的精美语言，喜爱倾听和阅读作品。

在幼儿园的文学作品学习中，应贯穿整合教育的思想，积极开展文学网络活动。教师要从一个具体的文学作品入手，充分挖掘作品的教育内涵，围绕这个作品展开一系列相关的活动，将各领域的教育内容整合在一起，为幼儿提供与作品互动的多种途径，帮助幼儿多角度地理解文学作品所展示的丰富的情感、优美的艺术语言和生动有趣的情节，促使幼儿将作品的经验与自身的生活经验紧密结合，全面地沉浸在作品的意境中，获得充分的语言学习机会。

📚 案例

活动名称：中班故事欣赏活动"小兔子找太阳"。

活动目标：

（1）引导幼儿理解作品内容，学习作品语言。

（2）在游戏活动中，体验寻找太阳的乐趣，发展幼儿观察力，培养幼儿爱动脑筋的习惯。

活动准备：

（1）前期准备：环境创设，教室内挂上红灯笼、红气球，墙上布置红萝卜。

（2）动画《小兔子找太阳》、配乐故事录音、轻音乐、太阳公公头饰。

活动过程：

1. 通过游戏引入

通过游戏活动"找朋友"，帮助幼儿感知"红灯笼""红气球""红萝卜"和"太阳"有许多相似的地方，为幼儿理解作品做铺垫。

（1）让幼儿明确寻找的目标。

教师戴上太阳公公头饰："小朋友们好！我一个人住在天上怪闷的，我想请你们帮我找几个朋友，你们愿意吗？我喜欢红红的、圆圆的、和我长得很像的朋友。"反问："你们说太阳公公喜欢什么样的朋友？好！让我们在教室里帮太阳公公找找朋友吧！"

（2）在教室里寻找太阳公公的朋友。（播放轻松音乐）

（3）交流活动。

教师："宝宝们，你们找到我的朋友了吗？让我们坐下来休息一下吧！"

提问：你找到了谁来做我的朋友？你为什么要请它来做我的朋友呢？

小结：宝宝们真能干，帮我找到了这么多红红的、圆圆的朋友，我真是太高兴了，谢谢大家。

2. 引导幼儿理解作品

欣赏动画《小兔子找太阳》，引导幼儿理解作品内容，学习作品语言。

（1）教师："听说有只可爱的小兔子它也想来和我交朋友，可是它不认识我。现在正到处找我呢，你们猜它能找到我吗？我呀先不告诉你们，让我们一起来看看《小兔子找太阳》的故事吧！"（欣赏动画《小兔子找太阳》，小兔子找到红气球后暂停一下）

（2）提问：小兔子找到我了吗？它找到了谁？红灯笼、红气球、红萝卜是我吗？它们是谁呀？

（3）教师："小兔子找不到我，多着急呀，如果你是兔妈妈你有什么办法能帮小兔子找到太阳呢？小兔子在小朋友们的帮助下能不能找到我呢，请继续往下看！"（继续欣赏动画）

（4）小兔子找到太阳了吗？好，我们拍拍手庆祝一下吧！

（5）提问：小兔子找到的太阳是什么样的呢？让我们再来听一听这个好听的故事。（完整放动画）

提问：现在请你来告诉我，小兔子找到的太阳到底是怎样的？（个别说、集体说）

3. 结束活动

教师："宝宝们，你们喜欢我这个太阳公公吗？如果没有太阳，世界会变得怎么样呢？时间不早了，我该回到天上去为人类服务了，你们愿不愿意帮我画张像做个留念啊？"（幼儿画太阳）

5. 早期阅读

早期阅读是指 0~6 岁幼儿凭借变化着的色彩、图像、文字或凭借成人形象生动的读讲来理解读物的活动。幼儿园的阅读活动主要为幼儿提供阅读图书的经验、前识字经验与前书写经验，帮助幼儿提高阅读兴趣；认识书面语言和口头语言的对应关系，养成良好的阅读习惯；掌握一定的早期阅读技能，增强对书面语言的敏感性，促进幼儿自主学习能力和自主阅读能力的发展。

📚 案例

活动名称：中班阅读活动"被澡盆卡住的熊"。

活动目标：

（1）在"看看""讲讲"中，阅读小熊被小澡盆卡住和小河马帮忙解救小熊的主要情节。

（2）感知逐渐长大的小熊与小澡盆间的关系，并联系生活，体验事物之间的变化关系。

活动准备：

大书一本，小书人手一本，绘本 PPT，胡椒粉。

活动过程：

一、进场

1. 用自己的方式与老师们打招呼

教师："跟老师打个招呼，你可以用动作，也可以用语言。"

2. 暗示中班幼儿应该养成阅读的习惯

教师："今天我给你们带来了一样礼物，这是什么？"

幼儿："书。"

教师："想看书的请举手（幼儿举手）！对，中班的孩子肯定喜欢看书。"

二、导入

观察澡盆图，让幼儿尝试用细致观察的方法了解画面信息，感知故事的大致背景。

1. 观察图片上的细节，猜测事件

教师："请小朋友看屏幕，故事的主人公是小熊，它在干嘛？"

幼儿："洗澡。"

教师："同意的举手，从哪儿看出来小熊要洗澡？"

幼儿："泡泡、沐浴露。"

教师："谁有补充的？一样的就不要说了。"

幼儿："……"

2. 出示小书封面，再次细致观察

教师："你们能通过看书，知道沐浴露是什么香味的吗？"

多位幼儿猜测后，教师问理由，幼儿说出沐浴露瓶上画着苹果，所以是苹果味的。

三、自由翻阅

1. 巩固取放、传递书的习惯

教师："许多书放在一起变成一叠书，老师把它分成两半给这两个孩子，然后该怎么做呢？"

幼儿："传下去、传接力棒。"

教师："对，像传接力棒一样传过去。"

2. 找最喜欢的页面

（1）教师简单强调阅读要求，并让幼儿自己找最喜欢的那一页。

（2）个别交流。个别幼儿说出页码，大家翻到那一页，进行个别交流。

（3）回应指向。

① 面向全体的："还有喜欢这一页的吗？谁还有补充？"

② 强化体验的："你是不是也想和小熊一样洗个澡？和好朋友一起真开心呀！"

四、有目的地局部精读

1. 提出阅读的要求

教师："小熊洗澡的时候遇到了什么麻烦事，第几页上有？"

（1）再次提醒阅读方法：从封面开始有序翻阅。

（2）先让幼儿自由说一说，再个别交流。

（3）幼儿回答多样：摔跤、哭了、河马欺负它……

（4）教师小结幼儿想法：一是都认为和河马有关；二是河马要吃了它，同意的举手；三是河马嘲笑它，同意的举手。

（5）让持其他态度的幼儿说明理由。

（6）有幼儿说到不可能在木盆里洗澡，教师由此引导封面的阅读。

2. 观察封面，了解故事题目，体会图文对应的作用

（1）小熊到底遇到了什么，封面上已经告诉我们了，封面上除了图，还有字，谁认识？（个别幼儿念出"卡""熊""住"等字）

（2）教师带着幼儿一起念题目："秘密藏在字里，不行的话，我来帮忙，被澡盆卡住的熊。'卡'是什么意思？"（屁股被卡住了）

（3）（教师开始读成卡车的卡，有一幼儿念对了）教师随机丰富"卡"是多音字的概念。

3. 小熊被卡的焦急心情

（1）再次提醒阅读方法：从封面开始一页一页翻。

（2）个别交流，请幼儿说出页码并讲述理由。幼儿找得不一样，有的是第二页，有的是第五页。

（3）精读第二页，要求幼儿从动作、表情等判断小熊是否真的被卡住了。

（4）观察后提问："卡住了是什么感觉？（好痛）有什么办法？（聊天、拔出来、咬出来）"丰富词汇："'咬'是叼出来的意思，是吗？"

（5）模仿对话，体验情绪。让个别幼儿模仿小熊求助，引导他们表现焦急的情绪。体验后渗透：什么是好朋友，遇到困难时第一时间想到的朋友就是好朋友。

4. 第三次有目的地阅读

让幼儿找到"河马来帮忙"的第六、七页内容，运用观察、动作模仿、图文结合、联系上下文阅读、感官体验等方法理解情节。

（1）找页面。小河马帮助小熊的内容在哪一页？

（2）定页码。有幼儿错误地说第三页，教师引导幼儿互相帮助："这时它被卡住了吗？谁有不同意见？"

（3）提要求。第六、七页上都有河马，看看河马用了什么方法帮助它，仔细看图。

（4）通过文字、动作等理解第六页情节。

① 体验图文对应。幼儿回答，教师读文字后提问："嗨哟嗨哟……拉出来，河马用什么方法？（拉）它是咬吗？"

② 幼儿模仿拉的动作。

③ 观察图片，体验情感。为什么要张那么大的嘴？（很吃力、用力）它在大口呼吸，发出嗨哟嗨哟的声音。

（5）通过观察、形容词讲述、胡椒粉体验理解第七页情节。

① 大致了解。第七页用了什么办法？（小熊翻过来……）翻过来想什么办法？

② 丰富动词"掀"。大家都发现小熊翻了个身，有小朋友看到河马的手在哪里？（在盆里）这个动作用个好听的词叫什么呢？（掀）

③ 运用前后页的连贯阅读理解情节发展。成功了吗？（幼儿有不同意见）教师让幼儿观察后来回答（有的幼儿凭空猜测，有幼儿翻到第八页说出了胡椒粉）有什么办法？（胡椒粉）胡椒粉发挥什么作用呢？（一男孩答不上，教师请前面说过的一女孩重复）好朋友要互相学习，来，小姑娘，响亮地说一遍。

④ 用夸张的语句来形容打喷嚏（世界上最大的喷嚏）。引导幼儿学习倾听刚才幼儿的形容词，并让幼儿竞相用夸张语句描述喷嚏（比地球还大，比太空还大……），用动作表现最大的喷嚏。

⑤ 出示胡椒粉。先让幼儿说说以前闻过的感受（咸、辣），幼儿表现出非常想闻的愿望，有的说："我一次也没闻过，我从来没闻过。"教师肯定幼儿语言的多样性，再让幼儿竞相学着表达。最后，请一个幼儿闻胡椒粉并用面部表情告诉大家其感受。

五、情感体验，拓展延伸

1.教师质疑，引发讨论

（结合PPT）以小熊的口吻讲述一段话，大意是澡盆为什么越变越小？（长大了）

2.联系生活

通过联系生活，体验自己越来越大、物品越来越小的关系。

（1）生活中什么东西越来越小？会变魔术的东西在生活中有很多，我们长大了，它们越来越小了。

（2）你们长大了，有什么优点？教师回应，强化幼儿长大的自豪感，表扬幼儿爱劳动等。

附：

被澡盆卡住的熊

小熊非常喜欢他的小澡盆，天天用它洗澡。小熊一天天长大了。小河马邀请小熊到池塘里去洗澡。小熊不愿意，他害怕小鱼、小虾会钻进他的胳肢窝。有一天，小熊在洗澡的时候被澡盆卡住了，怎么也出不来。嗨哟，嗨哟，小河马拉不出小熊。小河马把澡盆翻个身，用力掀也没有把澡盆掀下来。小河马拿来胡椒粉抹在小熊鼻子上。小熊打了个大喷嚏，终于自由了。小熊跟着小河马到池塘洗澡。这儿真是一个大澡盆呀！

（二）渗透性语言教育活动

渗透性语言教育活动是指在日常生活、游戏活动、其他领域活动以及家庭生活中的语言交流和学习活动。它是专门性语言教育活动之外的各种语言渗透和融合的学习方式，能够促进幼儿频繁地运用语言，以锻炼他们的语言表达能力。

1. 日常生活中的语言学习

无论是在幼儿园还是在家里，幼儿总是有意无意地与教师、同伴及家长进行语言交往。这些发生在生活中的自然交往情境，为教师和家长对幼儿进行语言教育提供了很好的机会。家长可以通过日常交往了解幼儿语言发展的现状，在交往中为幼儿提供语言示范，丰富幼儿的词汇，帮助幼儿建立生活常规，提高幼儿按语言指令行动的能力。

2. 游戏活动中的语言学习

在各种游戏中，语言成为幼儿与同伴进行交往、合作、分享的工具，也成为指导和调节自己选择游戏内容、游戏伙伴和游戏材料等行为的工具，还成为解决与同伴在游戏内容、材料的选择以及游戏规则的制定过程中出现的矛盾冲突的工具。教师应注重在自由游戏、区域活动和创造性游戏中指导幼儿充分运用语言。

3. 其他领域活动中的语言学习

在其他领域活动中，语言也是幼儿学习和接收经验的工具。渗透在其他领域活动中的语言教育可以帮助幼儿获得有益的语言经验，包括集中注意倾听教师布置活动任务；学习运用语言指导观察，思考事物之间的相互关系，学习表达对观察对象的感受和认识；理解语言与其他活动内容之间的相互关系，学习运用语言促进相关领域知识的掌握和能力的提高等。

4. 家庭生活中的语言学习

幼儿在家庭生活中与家人的语言交往是非常频繁的，幼儿在家中的各种场合都有语言运用与学习的时机。家人应重视与幼儿的密切交谈，为幼儿创设幸福、温馨的家庭环境，让幼儿在家中无话不说，愿意向家人表达自己的想法，喜欢与家人谈论感兴趣的事情，乐于描述幼儿园发生的事情，能够有礼貌地、热情地接待客人，并能持续地开展亲子阅读。教师也应与家长积极配合、密切合作，鼓励幼儿在家多说话，多与人交往，提高幼儿的语言表达能力。

第二节
如何实施幼儿园语言领域活动

✈ 案例导入

案例："小猴卖'〇'"活动过程

——幼儿园中班童话故事活动

1. 谈话方式，引出课题

教师："小朋友，你们去商店买过东西吗？买过什么东西啊？你们是怎么买的呢？"（幼儿回答）

教师："买东西时必须告诉别人你要买的东西，付了钱才可以拿走。可是有个百货商店的售货员小猴却遇到了一个难题。小朋友，你们猜一猜，小猴遇到了什么难题呢？"（幼儿回答）

教师："小朋友说得真不错，现在呀，我们一起来听听故事里的小猴遇到了什么难题。"

2. 欣赏故事，理解故事内容

（1）教师第一遍讲述故事，让幼儿大致了解故事内容。

教师："这故事的名字叫什么啊？小猴的百货店来了哪几位顾客？他们手里都拿着什么？小猴有没有让他们满意地买到所需要的东西？"

待幼儿零散回答一些问题后，教师："我们再来完整听一遍，看看究竟是怎么一回事？"

（2）教师第二遍讲述故事，让幼儿深入理解故事。

① 教师利用教具讲述故事的前半部分：小猴是幼儿百货商店的售货员，他很会动脑筋。一天，店里来了5个伙伴，他们手里都拿着一张纸片，每张纸片上画着个"〇"。"咦，这'〇'是什么意思呢？"小猴糊涂了，他摸摸脑袋想着办法。

教师："小朋友，你们觉得这个'〇'是什么呢？"（让幼儿猜想，注意幼儿的语言表达）

教师："哦，小朋友想了很多，那小猴是怎么做的呢？我们继续来听下面的故事。"

② 教师将故事讲完，边讲边把图片贴好。

③ 教师利用图片提问，引导幼儿分析各种小动物的"〇"各表示什么。

教师出示小猫，提问："你们知道小猫买的'〇'是什么东西吗？你们是怎么知道的？"（幼儿回答）

教师将小猫手里的"〇"换成镜子图片，等幼儿都明白了小动物们都买了什么后提问："小朋友，小动物买的是游泳圈、镜子、铁圈、足球和饼干，为什么只在纸片上画个圆呢？你们觉得小猴是只什么样的小猴呢？"（幼儿回答）

3. 理解、体验文学作品

小朋友参与故事表演，帮助其理解故事角色、情节。

教师："现在咱们都知道故事中的每个'〇'是什么意思了！现在请小朋友来讲这个好听的故事吧。老师会邀请表现好的小朋友来表演这个故事。"待小朋友讲完故事后，请对故事情节记得比较清楚的6个小朋友戴着不同头饰进行故事表演。

4. 迁移作品经验

带领幼儿玩"到小猴家买东西"的游戏，加深小朋友对故事的理解。

教师："今天我们也要到小猴的百货店买'〇'，小朋友们你们要买什么'〇'啊？"让一名幼儿讲讲自己要买的"〇"是干什么用的，让另一名扮演小猴的幼儿猜出他要买什么。

5. 活动延伸

教师："现在请小朋友讲讲在家里见到哪些'〇'的伙伴，在别的地方见过哪些'〇'的伙伴，我们的教室有哪些'〇'的伙伴呢？请小朋友找一找。在生活中有哪些东西是三角形、方形的，请小朋友把它们也编进故事中去吧。"

附：

小猴卖"〇"

小猴是百货商店的售货员，他很聪明、肯动脑筋。一天，店里来了5位顾客，每个人手里拿着一张纸片，每张纸片上画着个"○"。"咦，这个'○'是什么意思？"小猴摸摸脑袋想办法："有了，我要问清楚这个'○'的用处！"

小猴问小鸭："你买'○'干什么呀？"小鸭说："我要学游泳。"小猴明白了，给了小鸭一个大纸包，小鸭付了钱，高兴地走了。

小猴问小猫："你为什么买'○'？"小猫说："我想用它照着洗脸、梳头。"小猴拿出一个纸袋，装上东西给小猫，小猫看看，付了钱，满意地笑了。

小猴问小狗："你为什么买'○'？"小狗举起铁钩子说："我要和小熊一起玩！"小猴很快把一个东西装进纸袋，卖给了小狗。

小猴问小老虎："你为什么买'○'？"小老虎说："瞧我脚上的新球鞋，今天我们有一场比赛。"小猴很快拿出一个东西装进纸袋，卖给了小老虎。

最后轮到小兔，小兔说："妈妈今天要出门去，要我买些'○'当早点。"小猴拿出一个食品袋，装了三四样东西卖给小兔，小兔一蹦一跳地回家了。

要求：根据案例回答以下问题。

（1）材料中教师运用了什么语言教育策略？

（2）你认为语言教育活动的开展需要注意哪些问题？

（3）你认为材料中的语言教育活动有何需要改进之处？

知识讲解与案例分析

为了富有成效地开展语言教育活动，实现语言教育目标，教师需要精心设计语言教育活动。幼儿语言教育活动的设计是将一定的目标、内容及活动方式转化成一个个具体方案的过程，具体包括确定活动目标、选择活动内容、策划活动流程、拟订活动方案等工作。

一、探索幼儿园语言教育活动的设计要点

（一）确定活动目标

活动目标是教育活动的出发点和归宿。确定幼儿语言教育活动的目标，是语言教育活动设计中最重要的一环，活动目标的确定恰当与否，将对整个活动设计的好坏产生决定性的影响。为此，教师在确定活动目标时应考虑如下问题。

1.目标应凸显幼儿语言的发展

活动目标的确定不仅要适应幼儿已有的语言发展水平，符合幼儿语言发展的规律，而且要将促进幼儿的语言发展作为落脚点，以促进幼儿掌握语言内容、语言形式和语言运用技能等方面的经验为重点。因此，语言教育活动目标的确定应始终以促进幼儿语言发展为中心，要在目标的制定中体现幼儿新的语言经验获得。

2.目标应做好逐层准确的分解

幼儿语言教育目标是一个完整的体系，是由语言领域总目标、各类型语言教育目标、各年龄段教育目标和具体的教学活动目标构成的，体现出由高层到低层、由概括到具体的不同层次的结构和体系。高层的、概括性的总目标要通过各类型语言教育目标、各年龄段

教育目标等层次转化为低层的、具体的教学活动目标；反之，实现了低层的、具体的教学活动目标，才能够逐步地实现总目标。为此，教师在确定具体的教学活动目标时，要做好逐层准确的分解，在方向上应与上一层的教育目标相一致，为上一层的教育目标服务。

3. 目标的涵盖面要齐全

幼儿语言教育目标的制定应包括情感态度、认知和能力三个维度。目标要突出幼儿在语言学习中兴趣、态度和积极情感的培养，要着重凸显活动的情趣性，让幼儿充分感受语言学习的快乐，获得愉悦的情感体验。此外，还应明确地提出语言认知和能力的要求，明确让幼儿在语言活动中获得哪些新的语言经验，提高哪些方面的语言能力。

4. 目标的表述要具体简洁

表述活动目标时要简洁明了，分点逐条写，要用陈述句表达，不能写成一段话，不能用疑问句。同时，每条表述的角度要一致，一般要从幼儿的角度提出发展性目标，条目中不能出现"让幼儿……""引导幼儿……""培养幼儿……"等词句，且要用行为目标的表述方式，即用可观察到的行为或产物来作为活动目标的术语，如"理解……""懂得……""能用……""正确使用……"等。

（二）选择活动内容

活动内容是开展幼儿语言教育的媒介，是实现教育目标的载体，是将活动目标转化为幼儿语言发展的中间环节，也是活动设计和组织的主要依据。因此，活动内容的选择是设计语言教育活动的核心工作。

1. 选择的内容应具有针对性

应根据幼儿语言教育目标、不同类型的语言教育特点和本班幼儿语言学习的实际水平，有针对性地选择各年龄段的语言教育内容。教师要把教育目标中的各项要求转换为幼儿学习语言的内容，将语言理解能力和表达能力作为语言教育的重点和难点内容，使幼儿通过学习获得语言经验，促进幼儿语言更好地发展。

2. 选择的内容应具有适宜性

教育内容的选择要与幼儿的心理发展特点和语言发展水平相适应，适合幼儿学习。教师应根据幼儿心理发展特点、语言发展水平和已有经验选择适宜的教育内容，使教育内容既适合幼儿现有的接受水平，又有利于促进幼儿的语言发展，并对幼儿具有一定的挑战性，促使幼儿通过学习获得新的语言经验，提高语言能力。

3. 选择的内容应具有情趣性

教育内容的选择要富有趣味性和新颖性。教师应依据幼儿语言学习的特点来选择教育内容，使所选的内容能够激发幼儿的学习兴趣，便于幼儿学习运用；能为幼儿提供发挥想象和自由创造的空间，使幼儿感到新奇生动，为幼儿所喜闻乐见，使幼儿在充满情趣的内容学习中促进语言的发展。

4. 选择的内容应具有整合性

教育内容的选择应体现前后内容的连续性和横向内容的关联性，应着重考虑幼儿新旧语言经验间的内在联系，促使幼儿每一次获得的语言经验都能成为以后语言学习的基础，使经验与经验之间既有纵向的连续性，又有横向的相关性，不断促进幼儿语言的有效学习和良好发展。

（三）策划活动流程

幼儿语言教育活动的流程是教师开展语言教育活动和幼儿进行语言学习活动的时间流程，也是教育内容、教师的指导活动和幼儿的学习活动如何展开的过程。教师在策划活动流程时应注意做好如下工作。

1. 创设良好的活动环境

语言教育活动的有效开展需要良好的活动环境，教师在策划活动流程时应考虑如何从空间布置和氛围营造方面为幼儿创设适宜的语言环境。教师应在安静、舒适、宽松、温馨的环境中开展语言活动，使幼儿置身于自由交谈、充分操作、自主体验、合作学习的良好环境中，充满兴致地参与活动。

2. 做好充分的活动准备

语言教育活动的顺利开展需要幼儿生活经验和操作材料的支撑。教师需要为幼儿准备相关的生活经验，提供必要的教具、学具、活动设备等物质条件，并细致考虑各类物质材料的具体内容、表现形式，活动时间和方式等问题。必要时，教师还需自制活动课件、教具和学具，为幼儿提供表演的头饰和动手操作的材料，帮助幼儿直观生动地学习和运用语言。

3. 选用恰当的活动方法

教师要根据活动流程中不同教育任务和语言学习内容的需要，灵活选择和运用恰当的活动方法，确保教育活动的有效开展。如在语言教育活动中，教师恰当选用视听欣赏法、讲解示范法、感知体验法、模仿练习法、游戏激趣法、角色扮演法、朗诵复述法等多种活动方法，生动活泼地展开教育活动，促进幼儿自主、积极地参与语言活动。

4. 讲究多样的组织形式

策划活动流程时需要讲究多种多样的组织形式，包括集体活动、分组活动和个别活动等不同组织形式。这样既能面向全体开展教育活动，又能做好个别指导工作，使活动过程动静结合，更好地体现幼儿的学习主体地位，促使幼儿在活动中提高语言水平。

5. 合理地安排活动环节

教师在策划活动流程时，应将活动划分为不同环节，并合理地安排各个环节，使各个环节层层递进、密切相连；使活动过程围绕活动目标，突出内容重点，逐步有序地展开各个环节的活动，促使幼儿的学习由浅入深，逐步扩展经验，增强语言运用能力，提高语言水平。

（四）拟订活动方案

为了实现幼儿语言教育的目标，使语言教育活动更具有目的性和计划性，教师在确定活动目标、选择活动内容和策划活动流程的基础上，还须认真拟订一份合理的语言教育活动方案。活动方案包含一定的教育指导思想和理论观点，能使教育实践活动沿着预定的轨道、朝着预期的目标展开。教育活动方案的写法多种多样，但拟订语言教育活动方案的项目一般包括以下几个方面。

1. 活动名称

活动名称可以作为大标题写在第一行的居中位置，也可以作为小项目写在标题下面的第一行。活动名称要求写清楚语言教育活动的年龄班、具体类型及具体内容，如中班文学活动"我是三军总司令"。活动名称要简洁，并易于幼儿接受。

2. 活动目标

活动目标是幼儿通过本次教育活动应该达到的具体目标。根据教育整体性和语言教育渗透性的原则，每次活动目标的确定应体现有关认知、情感态度和能力方面的要求，表述要具体准确、简洁明了，从幼儿的角度提出。活动目标的制定，是语言教育活动设计中最重要的一环。它的恰当与否，将对整个教学活动的设计起决定性影响。但长期以来，幼儿语言教育中普遍存在只有内容没有目标，或者先选择内容后制定目标的现象，使教育出现了极大的盲目性。因此，想要幼儿语言教育活动能够达到预期的目的，产生良好的效果，就要制定好活动目标。教师在制定活动目标时应遵循以下原则。

（1）目标应着眼于幼儿的发展。该原则包含两层意思：

第一，目标的制定应适应幼儿已有的发展水平，符合幼儿语言发展的规律；

第二，目标的制定应将促进幼儿语言发展作为落脚点，落实到幼儿对语言内容、语言形式和语言技能的掌握上。

（2）活动目标的内容和要求在方向上应与总目标、年龄阶段目标相一致。也就是说，活动目标要为阶段目标和总目标服务，通过一个个具体的活动目标，能最终达成年龄阶段目标和总目标。要根据幼儿的年龄特征和发展水平，注意由浅到深、循序渐进地提出目标，使幼儿从具体到抽象、从直接到间接地获得语言经验。

（3）目标应涵盖认知、情感态度和能力三个方面。

第一，认知方面应涉及知识概念的学习，包括所获得知识的数量和种类，以及操作这些知识的技能。例如，要幼儿掌握多少词汇，掌握多少句式，以及懂得在什么样的语境下运用这些词汇和句法。

第二，情感态度方面应涉及情感态度的培养，包括兴趣、态度和价值观等方面的变化。例如，要使幼儿有耐心地倾听别人的说话，产生在集体面前讲述自己经历的事和图片内容的兴趣，懂得并遵守语言交往中的一般规则。

第三，能力方面，应涉及能力的训练，包括组词成句的能力和在具体语境中运用语言的能力。例如，根据不同的听者、不同的情境，恰当地运用有关的词汇、语法和语调；能用连贯的语句说清楚自己所要表达的意思，也能听懂别人所表达的意思。

（4）教育活动目标陈述的，应是幼儿通过教育活动之后，在语言方面的能力和情感、行为技能方面的变化。教育活动目标不应陈述"教师应该做什么"，因为教育活动目标预期的是幼儿的学习结果，用"教师应该做什么"的语句陈述，在逻辑上是讲不通的。

（5）考虑语言教育活动的不同类型。幼儿语言教育中，各种不同类型的教育活动各自所要实现的目标是有所侧重的。例如，文学作品活动主要是向幼儿展示成熟的语言，提高幼儿对语言多样性的认识，通过接触文学语言，鼓励幼儿创造性地运用语言，提高幼儿灵活运用语言的能力；而讲述活动，则侧重于培养幼儿感知、理解、讲述对象的能力，独立构思与清楚、完整表述意识和情感的能力，以及对语言交流情绪度的调节能力等。

（6）教育活动目标的陈述，要尽量用具体、明确、可观察、可测量的行为术语。陈述预期幼儿要获得的学习结果，应尽量避免使用含糊的和不切实际的语言陈述教育活动目标。因为教育活动目标是以具体明确的表述方式说明幼儿完成学习任务以后要达到的"目的"。目标不明确，对确定教育活动内容，对教育活动过程与教育活动策略的安排，以及对学习结果的评价，都是不利的。例如，早期阅读活动"农场里的叫声"，将目标定为初步了解象声词，就不具体，不便于检测。应避免语言空洞无物，超越幼儿的实际水平，或概括性太强，用在哪一个活动方案上似乎都可行，缺乏具体的活动目标。制定具体、可测量的教育活动目标的目的：

第一是使整个教育活动过程目标明确，有利于教育活动的开展；

第二是更好地对教育活动的结果进行评价；

第三是教育活动目标要有代表性，每一个教育活动目标均是单独的内容，目标内容之间不要有交叉重复。

案例

小班语言故事《不怕冷的大衣》

原活动目标：

（1）知道冬天多运动就不怕冷。

（2）通过体育运动进一步体验"不怕冷的大衣"。

活动评析：

显然，这些目标虽体现了整合的教育理念，但却忽视了"语言教学"这一重要目标。学习目标的制定应符合本学科的特点，即使进行整合教学，也必须以本学科的内容为重点，整合进来的内容应是为本学科的教学目标来服务的。

新活动目标：

建议将上述活动目标改为如下三点。

（1）能认真地倾听故事，了解故事内容。

（2）能响亮地说出故事中主要人物，读准动词：躲、跑、跳。

（3）通过运动感受到"不怕冷的大衣"就是运动。

小班儿歌《伞》

原活动目标：

在感受、理解儿歌的基础上，初步学念儿歌，并能大胆表现。

新活动目标：

运用已有经验帮助小动物寻找合适的伞，尝试用儿歌表现，体验帮助小动物的快乐。

活动评析：

原活动目标指向儿歌的学习，重在知识的获得。新目标关注幼儿表现技能的提升，关注幼儿能否运用在主题活动中积累的已有经验。儿歌表现是一种载体，活动不特别强调学会具体的儿歌，应关注活动中幼儿的情感体验，关注幼儿的和谐发展。

中班语言活动"我喜欢的书"

原活动目标：

（1）在"看看""讲讲"的交流活动中，丰富与阅读有关的经验。

（2）体验在阅读中发现的快乐，激发阅读的兴趣。

活动评析：

目标第一条中所提到的"与阅读有关的经验"过于宽泛，空洞无物。教师对幼儿在阅读方面的经验已有初步的了解，在本次活动中可以对哪些具体的阅读经验进行归纳、梳理和提升，同时又可以丰富哪些新经验，都应该在目标中予以较清晰的表述。这样才能帮助教师在设计活动过程时，有针对性地围绕目标层层展开。

新活动目标：

（1）在"看看""猜猜""讲讲"的过程中，进一步了解书的结构和特征，知道不同的人喜欢看不同的书。

（2）提高阅读的兴趣，能积极地参与自主阅读并有初步的理解。

3. 活动准备

活动准备是顺利开展语言教育活动的必要准备，是在活动之前必须完成的工作。在活动准备工作中，教师既要做好活动方面的准备工作，如环境布置、座椅安排、玩教具的制作、操作材料的准备、教材的分析等，也要做好幼儿学习方面的准备工作，如幼儿的学习经验、心理准备、从幼儿角度预设的问题等。

教育活动方案中的活动准备一般分为经验准备和物质准备两大项目。经验准备侧重幼儿的相关知识、语言经验准备和心理准备等；物质准备侧重环境创设和相关玩教具、操作材料的准备等。

4. 活动过程

活动过程即活动展开的具体过程，包括几个环节，每个环节列出小标题，体现清晰合理的活动流程。在阐述活动过程时，教师要合理安排活动的开始部分、基本部分和结束部分；要预先设计启发提问，设计指导策略，突出活动的重难点；要充分估计幼儿的学习情形，并在活动过程中为突发事件和临时调整留有余地，确保活动过程的有效展开。

（1）开始部分。开始部分主要是组织教学活动、集中幼儿注意力的重要环节。教师需要设计一个新颖的内容把幼儿的注意力吸引到教学活动中来。开始部分的设计要具有情、新、奇、趣的特点，即要富有感染力，能激起幼儿思考和探究的欲望，富有情趣，使他们感到新奇。在语言教学活动中，一般常采用以下方式导入。

① 儿歌谜语导入，即以儿歌、谜语引出教学内容。例如，小班语言活动"小小电话"，就可以这样引入："叮铃铃，叮铃铃，这儿说话那儿听，两人不见面，说话听得清。"当幼儿猜出谜底"电话"时，便可以自然地引入教学内容。

② 演示导入，运用与教学内容密切相关的小教具或道具加以演示，再巧妙引入课题。例如，谈话活动"有趣的广告"，可以先播放几段广告视频来导入活动。

③ 承接的方式导入，以与本活动相关的小朋友较熟悉的内容，巧妙衔接并导入新内容。例如，教学散文诗《冬爷爷的胡子》时，可以这样导入："请小朋友告诉老师，爷爷的胡子是怎样的？谁知道冬爷爷的胡子是什么样的？"

④ 故事导入，通过讲述与活动内容相关的小故事，自然导入。诗歌、古诗常采用这种方式。例如，学习绕口令《打醋买布》，可以用一则小故事引入内容："有一位姓顾的老爷爷，他到街上去买一瓶醋，还想买一块布……"由于这则故事贴近幼儿生活，幼儿在理解的基础上学习绕口令，就容易多了。

⑤ 悬念导入，教师通过精心设计的问题，造成悬念，激起幼儿的探索欲望，导入新课。例如，学习故事《小羊和狼》，教师可以说："狼最喜欢吃羊，是不是羊一遇到狼就会被吃掉呢？小朋友听完故事《小羊和狼》，就知道了。"短短的几句话，激发了幼儿强烈的好奇心，促使幼儿集中注意力听教师讲故事。

⑥ 歌曲导入，选取与活动内容有密切联系的歌曲，让幼儿在活动开始时吟唱也是一种好的导入方法。例如，谈话活动"夸夸我的好妈妈"，开始可组织幼儿演唱歌曲《我的好妈妈》，用歌声感染幼儿，调动幼儿的积极性。又如，大班学习诗歌《春天的秘密》前，让幼儿欣赏歌曲《春天在哪里》，使幼儿从歌曲中获取更多有关春天的知识，为后面的活动做好铺垫，也调动了幼儿的兴趣。

⑦ 情境表演导入，这种方法是由教师事先排练一段情境表演，活动开始时让幼儿观看，随着情节发展引发出的问题展开讨论，再进一步引入新内容。例如，大班语言活动"想办法"，就可以用这种方法来导入。可以设计以下情境让幼儿观看：奶奶戴着眼镜在缝衣服，小明和小伙伴在一旁踢毽子，突然一不小心，奶奶的针掉到地上，奶奶怎么找也找不到，小明和小伙伴一起想办法帮奶奶找针。这时，教师再引导幼儿讨论找到针的办法，鼓励幼儿各抒己见。当幼儿说出某种可行的方法时，教师就给予肯定，并启发他们想出更好的方法。这样的引入，能使幼儿的注意力迅速地集中起来，并将问题自然地呈现在幼儿面前，使幼儿产生解决问题的愿望。

⑧ 游戏导入，游戏是幼儿最喜爱的活动，因此在活动时可以用游戏的方式来引出活动，激发幼儿的学习兴趣。例如，看图讲述"捉迷藏"，开始时教师告诉幼儿："今天小动物来和我们一起捉迷藏，你们赶快躲起来。"于是，幼儿纷纷躲藏，教师扮演小动物开始寻找，让被找到的幼儿用方位语言描述自己刚才躲藏的地方。然后教师通过游戏性的口吻，自然地引出"捉迷藏"这一新内容。

值得注意的是，语言教育活动的导入环节不是活动的主体，更不是活动的重点，它所占的时间一般较短。此外，一个活动的导入方式并不是唯一的，而是多种多样的。只要教师时刻站在幼儿的角度，立足于幼儿的身心发展特点，就一定能设计出有吸引力的导入方法，从而使教学收到预期效果，更好地开展语言教育教学活动。

（2）基本部分。基本部分是活动的主体部分。具体如何设计活动，要由内容来定。不同类型的语言教育活动，它的基本部分有自身特定的结构和模式。如果是语言教学游戏，要交代游戏规则，教师示范参与游戏，再带领幼儿参与游戏，还要进行游戏评价。如果是讲述活动，则要引导幼儿感知理解讲述对象，运用已有经验讲述，然后引进新的讲述经验，最后巩固和迁移新的讲述经验。这部分是活动方案的主要内容，要写得稍详一些。要求步骤清楚、环环相扣、时间分配合理。

（3）结束部分。结束部分是活动的最后环节。一个完美的结束形式，可以对活动起到画龙点睛的作用，因此教师要精心设计结束部分。结束部分有很多形式，常用的有以下三种。

① 总结性结束：教师把活动的主要内容加以总结，加深幼儿对活动的印象，帮助幼儿有重点地记住活动内容。

② 悬念性结束：指教师的"结尾性"教学用语具有悬念性，能够激发幼儿的想象和探索的欲望，为延伸活动做铺垫，也可为幼儿提供更广阔的空间。例如，"龟兔赛跑"，在结束部分教师设问："如果龟兔举行第二次赛跑，谁会赢呢？为什么？"

③ 活动性结束：活动结束时，可采用和教学内容相关的游戏、表演等活动方式结束。例如，"龟兔赛跑"故事结束时，教师弹奏乐曲，幼儿学乌龟爬行或小兔子跑跳，在自由表演活动中结束。

活动的结束也要讲究教学艺术，一般要简洁明快、生动有趣，使幼儿有意犹未尽的感觉。具体选用哪一种方式，均需在教案中简练、明确地写出来。

5. 活动延伸

语言教育活动可以围绕几个方面进行拓展和延伸：日常生活、家庭、其他领域（科学、健康、社会、艺术领域）、区角活动、环境创设。

6. 活动反思及评价

活动反思及评价是幼儿语言教育活动整体结构的组成部分。反思及评价可以使教师了解语言教育活动的目标、内容、过程、指导方法以及环境、操作材料等教育因素是否适合幼儿的发展水平，是否能有效促进幼儿语言能力的发展，是否能够达到预期的目标、有效地完成教学任务，并通过活动反思及评价总结成功的经验，查找问题的原因和解决策略，不断提高教学质量。

📖 案例

活动名称：绕口令活动："盆和瓶（中班）"

活动目标：

（1）了解绕口令内容，尝试正确发音"盆、瓶、碰"。

（2）熟悉绕口令内容，能朗读绕口令。

（3）引发幼儿对绕口令的兴趣。

活动准备：

桌子、盆、玻璃瓶，与绕口令内容相关的图片。

活动过程：

1. 播放歌曲《中国话》中的一段绕口令片段，引起幼儿兴趣

（1）教师："你们听过这段念词吗？听到了什么？"

（2）教师："这就是绕口令，由很多很像的词句组成，念起来可以很快、很通顺。"

（3）教师："你们知道哪些绕口令？可以念出来和大家分享。"

2. 学习绕口令《盆和瓶》

（1）出示盆和瓶，引出今天的绕口令题目，贴上黑板。

（2）教师把盆放在桌上，引出第一句念词"桌上放个盆"，贴相应图片在黑板上。（注意盆的发音）

（3）教师把瓶放进盆中，引出第二句念词"盆中放着瓶"，贴相应图片在黑板上。（注意瓶的发音）

（4）教师分别敲击盆和瓶，学习"乒"和"乓"。

（5）教师：盆和瓶碰到一起会是什么声音？学习念词第三句"乒乓一声响"。

（6）教师："你们知道是瓶碰盆，还是盆碰瓶？"学习念词第四句"不知瓶碰盆，还是盆碰瓶"。

（7）教师："绕口令里有些字的发音很不容易念清楚，小朋友要认真地学，注意正确发音。"

3. 教师朗诵

教师完整朗诵绕口令，幼儿跟读，教师认真听，纠正不正确的发音。

4. 幼儿分组巩固练习，并展示成果

（1）把幼儿分成几个组，每组发一张绕口令完整图画，幼儿进行练习、巩固，教师巡视。

（2）幼儿展示自己练习后的成果。

（3）全体幼儿念绕口令。

5. 活动结束

回家后可以把图涂上自己喜欢的颜色，并且将自己所学的绕口令教给爸爸妈妈，和他们一起分享快乐。

附：《盆和瓶》

<blockquote>
桌上放个盆，
盆中放着瓶，
乒乒一声响，
不知瓶碰盆，还是盆碰瓶。
</blockquote>

活动延伸：

教师可组织班级开展一次绕口令比赛，幼儿既可以巩固已学知识，也可以从他人那儿获得新知，还可以培养良性竞争意识。

活动反思及评价：

在这次教学过程中，教师发现要在一个课堂教学的时间内，让大部分幼儿都能口齿清楚地念出这个绕口令很不容易。特别是最后"不知瓶碰盆，还是盆碰瓶"这两句，幼儿特别容易搞混。虽然在教学过程中，教师将绕口令的内容用图片按顺序摆放在黑板上，帮助幼儿分辨绕口令中的内容起到了一定的作用，但是在活动中，发现幼儿按图片的指示念绕口令的时候，很容易出现思维跟不上眼睛、嘴巴的情况。而且有很多小朋友会说错"有个盆"和"放着瓶"这两个短语，这可能是因为幼儿思维总是不像成人那样清晰。所以在以后执教时也应该把这个短语写在黑板上，虽然幼儿不认识字，但摆在那里，至少幼儿就知道那儿该注意。

二、探索幼儿园语言教育活动的指导原则

高质量的教育活动需要教师的有效指导。教师在教育活动中的指导方式和策略是灵活多样的，无论采用何种方式和策略，都必须遵循教育活动的指导原则。幼儿语言教育活动的指导原则是指教师在开展语言教育活动时需要遵循的基本准则，它是确保教育活动取得良好成效的基本要求。

（一）发挥幼儿学习自主性的原则

自主学习是幼儿良好的学习品质。教师在尊重幼儿语言学习特点的基础上应充分发挥幼儿语言学习的自主性，通过创设自主活动和语言环境，增加幼儿的自主体验，促使幼儿与环境互动。幼儿通过参加活动获得对外界的清晰印象，并将这些印象积累起来形成语言表达的经验和素材，促进语言表达能力的发展。在语言教育活动中贯彻这一原则，教师必

须做到以下几点。

1. 调动幼儿参与活动的主动性

语言教育活动是在教师组织下进行的一种有目的的学习活动。在活动过程中，教师如果能够成功地激发幼儿学习、探索的动机，使其积极主动地参与活动，就可能使活动产生良好的效果。

2. 明确语言活动的对象

无论是教师的活动还是幼儿的活动，都要指向一定的对象。活动对象的不同会导致活动之间的差别，因此教师在组织语言教育活动时，一定要明确活动的对象，始终将语言学习的内容和幼儿学习的特点作为活动的对象。教师通过明确的语言活动对象，充分调动幼儿学习的自主性。

3. 重视幼儿在活动中的操作

幼儿参与操作能够充分发挥学习的自主性。幼儿参与操作能够使他们有效地运用语言，帮助他们实现动作与形象思维的联结，有利于促进幼儿语言和思维的发展。幼儿是操作的主体，教师是幼儿的引导者。操作包括动手操作、动脑操作和语言操作等。在语言教育活动中，幼儿操作的方式主要是指语言操作。教师在组织相应的语言教育活动时，要充分创造语言操作的条件，使幼儿在操作中习得和巩固语言。

（二）促进幼儿语言发展的原则

幼儿是在运用语言的过程中获得语言发展的。在语言教育活动中，教师必须遵循在运用中促进幼儿语言发展的原则。为了能够准确理解和具体把握这一原则，教师应注意以下问题。

1. 了解语言教育领域的目标

为了让幼儿通过有组织的语言教育活动获得语言的发展，教师必须了解语言教育领域的目标，牢固树立目标意识，以目标指引教育活动的进程，围绕目标创设良好的语言运用环境，从而使幼儿的语言发展有明确的指向。

2. 明确语言教育活动的落脚点

语言教育活动内容丰富，形式多样。不论教师选择哪种语言教育活动，都要明确指导思想，把促进幼儿的语言发展作为语言教育活动的落脚点。无论活动形式多么生动，教学手段多么先进，都必须为幼儿语言发展服务，有利于幼儿语言的发展，否则，一切教育形式和手段都是无效的、多余的。

3. 按照幼儿语言发展的规律设计活动

学前阶段，幼儿语音、词汇、句子以及语用技能的发展都有一定的规律，表现为一定的先后顺序。这就要求教师在设计语言教育活动时，必须遵循幼儿语言发展的规律，既不可任意超前，也不可盲目滞后。

（三）自由与规范相统一的原则

语言教育活动本身就是通过规范学习语言的过程，这就要求幼儿在规范的情境中接受规范的语言，练习规范的语言，用规范的语言进行语言交际。在贯彻这一原则时，教师应注意以下几点。

1. 为幼儿提供自由说话的机会

在活动实施中，教师不要按照事先设计的方案来限制幼儿说话，应创造让幼儿自由说话的机会。无论是哪一类活动，在幼儿获得新的语言经验之前，教师要为幼儿提供一定的时间和空间，让幼儿运用已有的语言经验自由地交谈。即使幼儿获得了新的语言经验，也要允许他们在一定的规范范围内自由练习所习得的新的语言经验。

2. 引导幼儿养成运用规范语言的习惯

幼儿语言教育的目的是使幼儿习得规范的语言，并且要在反复的练习和运用中养成规范地使用语言的习惯。因此，教师在组织语言教育活动时，不仅自身要在语言形式、语言内容和语言运用方面为幼儿作出规范语言的示范，为幼儿提供学习的范例，而且要对幼儿提出规范的要求。

（四）示范与练习相结合的原则

幼儿学习语言，尤其是学习规范的语言，往往是通过模仿进行的。对幼儿来说，教师的示范是幼儿进行语言模仿的基础。但是要使教师示范的语言为幼儿所习得，并被幼儿牢固掌握和灵活运用，教师就要为幼儿提供机会进行反复练习。因此，教师在组织语言教育活动时，必须坚持教师示范与幼儿练习相结合的原则。要贯彻这一原则，教师应注意以下几点。

1. 教师的示范不要限制幼儿的思维

教师在活动中做示范时，注意不要让幼儿死套教师的语句，不要限制幼儿的想象和思维，要鼓励幼儿在模仿的基础上大胆创新，允许幼儿说出不同于教师的语句及叙述程序。

2. 注意运用隐性示范

对于幼儿语言教育来说，单纯运用显性示范太单调、太枯燥，同时，要求幼儿较长时间集中注意力于教师的示范，也不符合幼儿的心理特点。因此，教师在活动过程中，要以一个参与者的身份与幼儿平等地开展活动，通过主导活动的方向和进程，通过种种暗示来给予示范。

3. 提供充分练习的机会

练习是幼儿学习语言的重要方法。在活动中，教师给予幼儿以某种语言示范后，就要提供充分的时间和空间，让幼儿反复练习。语言教育活动的类型不同，练习的方式和内容也不尽相同，如通过回答进行练习、通过游戏进行练习、通过表演进行练习等。

📚 案例

案例 1：幼儿园故事活动 1

活动名称：小班语言故事活动"孤独的小熊"。

活动目标：

"孤独的小熊"是一则关于情感教育的故事，故事中小熊的孤独和快乐有着明显的对比，引发幼儿感同身受地体验小熊的孤独感，从而体会微笑面对朋友的重要性，使幼儿能设身处地地领悟对朋友板着脸是多么糟糕。通过对这个故事的理解，幼儿会在以后与朋友的交往中逐渐构建和谐的伙伴关系。

（1）在生动形象的故事情境中，体验小熊孤独和快乐的情绪。

（2）了解微笑在交往中的重要作用，尝试用完整的语言表达。

活动准备：

幻灯片，背景音乐，毛绒玩具小熊（系红领结）一个。

活动过程：

1. 激发兴趣，引出主题

教师：（出示玩具小熊，引起兴趣）"今天，老师请来了一位小客人，你们看是谁？"

幼儿："小熊。"

教师："我们一起看看他长什么样子？"

幼儿："红色的衣服，脖子上有个红色的蝴蝶结……"

教师："可这只漂亮的小熊每天孤零零，谁也不跟它玩，这是为什么呢？猜猜看！"

幼儿："它跟好朋友们吵架了，它打它的好朋友了……"

教师由玩具小熊开始导入，提问小熊长得怎么样，激发幼儿对主人公"小熊"的兴趣。由"一只漂亮的小熊，为什么谁也不跟它玩"引入主题，引发幼儿思考，为欣赏故事做铺垫。

2. 欣赏故事

（1）欣赏故事第一段，从开头至"小熊每天孤零零的，谁也不跟它玩"。

教师："小熊先去找谁玩？"

幼儿："小猪。"

教师：小猪和它玩了吗？

幼儿："没有。"

教师："小熊又去找谁玩？它们玩了吗？"

幼儿："小猴。也没有玩。"

教师："大家都不跟小熊玩，这时候小熊的心情怎么样？"

幼儿："很伤心，很难过……"

（2）欣赏故事第二段：从"小熊找到大河马"至"你照着镜子瞧瞧"。

教师："小熊问大河马，大河马是怎么回答的？"

幼儿："你要对别人笑啊。"

幼儿："好朋友们都喜欢看你笑。"

（3）欣赏故事第三段：从"小熊心里想"至故事结尾。

教师："小熊真的笑了，小熊笑一笑，动物们发生了什么事情？"

幼儿："小动物们都跟它玩了。"

幼儿："动物们都跟它一起做游戏了。"

教师："动物们喜欢什么样的小熊呢？"

幼儿："喜欢爱笑的小熊。"

教师小结：小动物们喜欢的不是小熊的圆鼻子，也不是它脖子上的红色领结，而是好看的微笑。

3. 观看照片，自由讲述

教师："今天老师还给你们请来了两位小朋友呢！大家看到她脸上的表情怎么样？"

幼儿："她翘着嘴巴。"

幼儿："很生气的样子……"

教师："我们再来看一张照片，她脸上的表情怎么样？"

幼儿："她很开心，在笑……"

教师："你喜欢哪一张？为什么？"

幼儿："笑的那一张照片。"

幼儿："因为她笑了，很好看、很漂亮……"

教师小结：原来大家都喜欢开心的朋友，不喜欢板着脸的小朋友，"板着脸"可真是件糟糕的事情啊！老师也喜欢小朋友的笑。小朋友笑的时候真漂亮！微笑不仅能使别人喜欢我们，还有利于健康呢！如果经常微笑，我们就很少生病，而且越长越漂亮呢！

活动反思及评价：

对小班的幼儿来说，他们很难理解孤独一词的含义，要让幼儿在故事中感受、表达漂亮的小熊为何孤独。所以，教师一开始就出示板着脸的孤零零的小熊，让孩子们讨论为什么小熊长得这么漂亮却谁也不愿意跟它玩。给幼儿创设了一个想说、有机会说的环境。接着问小熊心里会怎么样，如果你的朋友都不愿意跟你玩你会感到怎么样，幼儿都说不开心、很难受等，让幼儿从自己的内心出发感受"孤独"的心情。在幼儿寻找到小熊为何孤独的原因之后，教师问："小熊应该怎样做，小动物们才愿意跟它玩？"孩子们大声说："对朋友要微笑。"教师就巧妙地说："听听小熊是不是照小朋友说的那样去做了？小熊笑了之后小动物们又是怎么样的？"让孩子们带着问题去听故事，有效地调动了幼儿有意倾听的良好习惯，帮助幼儿理解故事的内容。最后环节利用照片让幼儿做对比，通过幼儿的回答可以看出他们对故事的理解已经很透彻了，并且大胆地说出了自己的想法和意见。

本活动内容的设计既符合小班幼儿年龄的特征，又间接促进了幼儿语言认知、情感态度等的发展。

案例2：幼儿园故事活动2

活动名称：中班语言故事活动"小乌龟开店"。

活动目标：

小乌龟开店的故事情节简单有趣，形象鲜明突出，贴近幼儿生活，易于幼儿理解。中班幼儿通过家庭、社会活动、角色游戏等途径对成人社会的不同工种及其特征有了一定程度的认识，并表现出了较为浓厚的兴趣，他们乐于模仿、表演，乐于借此进行游戏、交往。而"小乌龟"这一动物形象是幼儿所熟悉和喜爱的，并且有着鲜明的外形特征，较易引发幼儿的多种联想。《幼儿园教育指导纲要（试行）》（以下简称《纲要》）中指出，"既符合幼儿的现实需要，又有利于其长远发展；既贴近幼儿的生活来选择感兴趣的事物和问题，又有助于拓展幼儿的经验和视野"。中班语言活动"小乌龟开店"恰恰来源于生活，又能服务于幼儿的生活，让幼儿在讲述中懂得每个人各有优点，符合中班幼儿的年龄特点和学习特点。此活动的目标如下。

（1）使幼儿乐意参与讲述活动，体验语言交流的乐趣。

（2）引导幼儿根据乌龟的特征大胆思考和想象，帮助小乌龟开店。

（3）引导幼儿根据动物的不同特征大胆想象，发展幼儿的创造性思维。

活动准备：

为了更好地服务于本次的活动目标和完成活动内容，教师做了以下准备工作。

（1）制作计算机多媒体课件。

（2）操作图片、动物卡片若干。

活动过程：

根据中班上学期幼儿学习语言和年龄的特点，结合幼儿园教学工作原则和本次活动的目标，设计以下三个环节。

（1）提出疑问，激发兴趣。"小乌龟也想开一家店，可是开什么店好呢？""小乌龟拿不定主意了，还是让我们和小乌龟一起去看看别人都开了些什么店吧？"兴趣是最好的老师，活动一开始，教师就提出问题，让幼儿带着问题来观看动画，为下面的讲述作铺垫。

（2）观看动画，通过提问引导幼儿帮小乌龟开店。这一环节边观看动画边思考问题，"大象开了什么店？你从哪里看出来的？猜猜大象怎么会想到开花店的？听听大象是怎么说的？"等等，再完整欣赏故事，让幼儿乐意参与讲述，并大胆地把自己所看到的、所想到的表达出来，提高口语表达能力。它是解决活动重点、突破活动难点最关键的一个环节。

（3）活动迁移，找"老板"。主体升华，以幼儿为主体，创造条件让幼儿为商店找"老板"，参与活动，在前面活动的经验上幼儿会更有主见地做出选择。

活动反思及评价：

在设计这一活动时，应打破以往语言课的模式，如采取先讲故事、再请幼儿回答的方式，设计成讲述在前、故事在后的形式，让幼儿作为活动的主角，带着问题积极主动地思考、想象，大胆讲述，更好地理解故事的内容，与此同时也培养了幼儿的创造性思维能力。随着一幅幅画面的出现，激发小朋友的兴趣，运用画面提供的线索，让幼儿尽情想象，并勇敢地将自己的想法表达出来，发挥他们的想象力。

在语言教学活动中，提问得恰当与否非常关键，而传统的语言活动的提问比较单一、封闭。开放式提问是一种全新的提问方式，它是以幼儿为主体，强调幼儿已有的知识经验和技能水平，引导幼儿自己观察和认识世界，从而建立起全新的师幼互动关系的提问方式，它不仅有利于培养幼儿思维的独创性、变通性、精密性，还有利于锻炼幼儿实际解决问题的能力。

在请幼儿为商店选择老板的环节中，教师给幼儿充分自由选择的空间，用开放式的提问让孩子们大胆讲述自己的观点。而整个教学活动贯穿了开放式提问，尽量让幼儿在答题时跳一跳，都能摘到果子，体验到成功的喜悦，从而唤起幼儿的生活经验和记忆，增加幼儿讲述的机会。

案例3：幼儿园文学作品活动

活动名称：大班仿编诗歌《风在哪里》。

活动目标：

幼儿诗歌是孩子们接触较多又非常喜爱的一种文学形式，它包括儿歌、幼儿诗、古诗、谜语、绕口令、散文诗等。《风在哪里》是一首语言优美、富有画面感的幼儿诗歌。

这首诗歌分为两部分：第一部分用拟人化的手法和排比的句式，展现了树儿、花儿、草儿在风中的摇曳姿态；第二部分展现了风给四季带来的不同变化，非常易于幼儿理解和学习。此活动的目标如下。

（1）体验诗歌中蕴含的美感，感受诗歌的语言美和意境美。

（2）能大胆运用语言、动作等形式表现诗歌内容，学习有感情地朗诵诗歌。

（3）初步了解诗歌的句式特点，学习仿编诗歌。

活动准备：

（1）幼儿已学过第一课时，并会初步朗诵诗歌。

（2）诗歌课件、图片，钢琴曲，风声录音。

活动过程：

1. 听风声导入活动

听，这是什么声音？（播放风声）小朋友学过一首关于"风"的诗歌，名字叫什么？能朗诵给老师听一听吗？看谁朗诵得最美、最好听。

2. 进一步理解诗歌内容，学习有感情地朗诵诗歌

（1）运用PPT感受、理解诗歌。

① 诗歌的每一句都问了一个问题，哪个小朋友来学着问一问？教师带领幼儿一起有感情地问"风在哪里？"

② 谁回答的？树儿是怎么回答的？翩翩起舞是什么样子的？请幼儿学一学翩翩起舞的样子。

③ 风在哪里？花儿、草儿是怎么回答的？请幼儿说一说频频点头、轻轻晃动是什么样子。

④ 春、夏、秋、冬四季有什么变化？

⑤ 这首诗歌给你什么样的感觉？我们应该用什么样的声音来朗诵它？

（2）师幼一起有感情地朗诵。

你最喜欢哪一句？请你用好听的声音加上好看的动作来说一说这句诗歌。当幼儿表现翩翩起舞、频频点头、轻轻晃动时，教师适当引导。

（3）配乐朗诵诗歌。教师带领幼儿随着音乐朗诵诗歌。

（4）分角色朗诵。幼儿分别扮演树儿、花儿、草儿，采用老师问、幼儿答的形式朗诵诗歌。朗诵时用好听的声音，并做出相应的动作。

3. 学习仿编诗歌

（1）分析了解诗歌的句式特点。

① 诗歌的前半部分里都有一句相同的话，谁知道是什么？风吹到哪里了呢？它们是怎样回答的呢？

② 教师小结：诗歌的每一句都先问"风在哪里"，风吹到谁那儿，谁就回答说："当我的××……那是风在吹过。"

（2）出示蒲公英图片，教师示范仿编。

① 播放风声，出示图片。风又吹到了哪里？蒲公英感受到风了吗？你从哪里看出来的？风在哪里？谁能按照刚才的句式把它编进诗歌里？还可以怎么编？

② 教师总结、提炼，示范仿编。

（3）教师出示红旗、风车、小朋友图片，幼儿分组讨论并尝试仿编诗歌。

① 呼……呼……风又吹到了哪里呢？幼儿分组讨论、仿编，教师进行指导。

② 每组推选一位幼儿，到前面来说出自己组编出的诗句。

③ 把三组仿编的诗歌连起来，加上动作说一遍。

（4）完整朗诵诗歌。播放PPT，师幼随着轻音乐，把原诗歌与仿编的新诗歌，一起完整朗诵一遍。

4. 拓展经验

（1）听（播放风的声音），风还在继续吹……这一次，风还会在哪里吹？它会怎么说呢？请幼儿根据自己的想象和经验仿编诗歌，并有感情地朗诵出来。

（2）教师小结。风还在哪里？下课后去找一找，把它编成好听的诗歌讲给你的好朋友听！

活动反思及评价：

朗诵作为一种文学创作活动，是幼儿学习诗歌的再创造过程，要求幼儿用清晰响亮的声音，正确标准的普通话，把诗歌有感情地诵读出来。教师开门见山，播放风声，提问相关诗歌名称，唤起幼儿对已学诗歌的回忆，激发朗诵诗歌的兴趣，调动幼儿学习诗歌的积极性。在仿编活动中，理解诗歌、能朗诵诗歌是仿编活动的基础。在这一环节中，教师首先借助PPT图片，引导幼儿观察、感受，大胆运用语言、动作等形式理解和表现诗歌内容，并变换各种形式，学习有感情地朗诵诗歌，如齐读、配乐读、分角色读等。学习仿编诗歌既是本次活动的重点也是难点。在这一环节中，教师首先分析诗歌的句式特点，让幼儿把握诗歌的结构；接着教师示范仿编；然后根据幼儿思维具体形象的特点，为幼儿提供直观的图片，分组让幼儿去观察、想象，相互讨论、交流，自主学习仿编诗歌，让幼儿展示朗诵仿编的诗句；最后再连起来完整朗诵。让幼儿在活动中主动建构知识，而教师只是一位引导者、观察者与合作者。由于前面已为仿编活动做了一定铺垫，所以在这一环节中，教师步步深入、循序渐进，加上到位的语言引导，幼儿不仅掌握了"当我的××……那是风在吹过"这一句式结构，而且很自然、流畅地仿编出诗句，非常轻松地突破了难点，完成了仿编这一目标。

❀ 拓展训练

观摩幼儿园小、中、大班语言教育活动各一个，讨论其活动设计步骤是否合理，撰写观摩报告。

▤ 学习总结

本章以《3~6岁儿童学习与发展指南》（以下简称《指南》）中的幼儿语言教育活动为出发点，主要针对幼儿语言教育活动的基础内容进行讲解。内容包括幼儿语言教育活动的特点、类型、设计要点以及活动指导的原则，增强学生对学前教育专业知识的认识，提高学生对幼儿语言教育基础知识的理解能力和分析能力。

第二章
发现幼儿的语言

🌱 **导学**

在本章中你会学习到幼儿语言发展的基本规律有哪些，3～6岁不同年龄阶段的幼儿语言发展规律是什么，分析语言发展规律与教育指导之间有着怎样的联系。

📋 学习目标

（1）了解0～3岁婴幼儿语言发展的基本规律。
（2）了解3～6岁幼儿语言发展的基本规律。
（3）明确幼儿语言发展与教育指导的关系。

🔗 思维导图

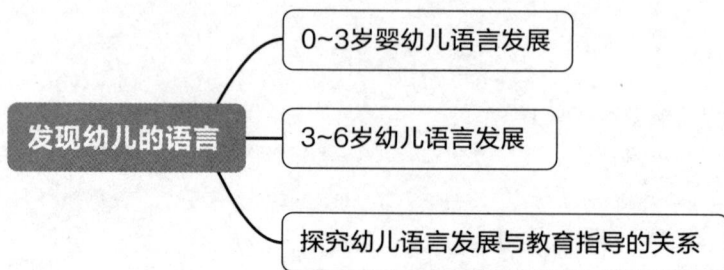

第一节

0～3岁婴幼儿语言发展

✈ 案例导入

豆豆妈妈的烦恼

豆豆是个2岁的小男孩，长得非常可爱帅气，平时爸爸妈妈工作比较忙，都是姥姥在照顾，孩子身体很健康，吃得好，睡得香。可是最近妈妈还是很烦恼，原因是看到同龄的孩子都能够说出简单的词语来表达自己的想法了，可是豆豆才刚刚只会叫"妈妈"。豆豆妈妈甚至带孩子到医院去检查是不是豆豆的语言发展出现了问题。

要求：根据案例分析以下问题。
（1）0～3岁语言发展的规律是怎样的？
（2）材料中豆豆的妈妈应该如何帮助豆豆学习语言呢？

✂ 知识讲解与案例分析

幼儿语言教育是专门研究0～6岁幼儿语言发展及其教育的一门学科。幼儿心理学的研究成果和长期的教育实践已经证明，婴幼儿期是人一生中掌握语言最迅速的时期，也是最关键的时期，一旦错过就丧失了发展语言的良机，所以需要在这一时期大力发展他们的语言能力。在正确的教育引导下，幼儿入学前就能自如地运用口语表达自己的见闻、愿望和情感等。为此，我们应了解和把握幼儿语言发展的基本规律，依据幼儿语言发展的规律开展教育活动，使语言教育活动建立在科学的心理学基础上，从而促进幼儿语言的有效发展。

3岁前是人一生中学习语言最迅速、最关键的时期。在短短的3年中，婴幼儿从能听懂成人的话语、学说单词句，发展到能运用基本完整的句子表达自己的意思。

3岁前婴幼儿语言的发展是连续的、有顺序的、有规律的过程，是不断由量变到质变的过程，其发展阶段可划分为：0～1岁前语言阶段，1～2岁语言发展阶段，2～3岁基本掌握口语阶段。

一、0~1岁前语言阶段

婴幼儿感知语音的能力是他们获得语言的基础。前语言阶段是幼儿在语言获得过程中的语音核心期，在这一阶段幼儿发展了三方面的能力，即前语言感知能力、前语言发音能力和前语言交际能力。幼儿通过倾听声音，获得大量感知语言的经验。除此之外，他们学习语言的另一种主要现象是前语言发音。前语言发音是指幼儿正式说话之前的各种语音发声，类似于说话之前的语音操练。幼儿从第一声啼哭到咿呀学语为说话做准备，经历了大量的发音练习，大致可分为三个阶段。

（一）简单音节阶段（0~3个月）

在简单音节阶段，婴儿语言发展的特点如下。

1. 听觉较敏锐，有一定辨音能力

近年来国内外的一些研究表明，早在胎儿期5～6个月，胎儿就具备了听觉，因为胎儿内耳在妊娠中期已完全发育，可对各种声音起反应。如在子宫内，子宫动脉节律性的血流声；在子宫外，猛烈的关门声或响亮的音乐等。当然，胎儿对母亲的声音在母体内已开始熟悉，以至刚出生就能分辨母亲与其他妇女的声音。新生儿在0～3个月这一时期形成了感知辨别单一语音的能力，具体表现在以下方面。

（1）婴儿首先学会分辨语音和其他声音。幼儿人生语言感知的第一步，是将语音从其他各种声音中分化出来。出生12天的新生儿能以目光、吮吸、蹬腿等身体行为，对说话声音或敲击物体声音的刺激做出不同的反应。如婴儿知道哪些是小鸟的叫声，哪些是勺子搅拌时碰撞杯子的声音，哪些是人说话的声音，并能对人说话的声音给予更多的目光追随或反应。

（2）婴儿获得辨别不同话语声音的感知能力。出生24天之后的婴儿能够对男人和女人的声音、父母和他人的声音做出明显不同的反应。这是因为每个人说话时具备由特定的音高、音量和音色综合而成的语音轮廓。婴儿能够辨别这种语音轮廓的差异。

以上现象表明，婴儿敏锐的听觉反应和对人类语音的特别兴趣，是一种与生俱来的生物学现象。

2. 出现交际倾向

1周至1个月期间的婴儿已经能够用不同的哭叫声表示不舒服、叫人来或要吃奶等不同需求，以吸引成人的注意，此时可谓前语言交际的第一步。大约两个月时，婴儿对成人的逗弄和语言刺激报以微笑，或用声音或身体的同步反应给予应答，似在与成人进行"交谈"。

在这一阶段，婴儿的喊叫是纯生理现象，还不能说是有交际意图，它们还不是一种灵活的、有目的的行为。如果一种叫喊不能引起他人的注意，婴儿不会转而采取别的行为。

3. 能发出一些单音节

两个月时，婴儿出现了喁喁作声的情况。在睡醒之后或吃饱穿暖舒服地仰卧时，会发出愉快的自言自语的声音。婴儿此时发出的音节以韵母为主，声母还很少，主要是 h 音，有时是 m 音。

两三个月大的婴儿的单音节发音已与情景发生联系。当婴儿焦急或不舒服时常发出 i 和 e 等音，而在放松状态下则较多发出 a、o、u 等音。我国的婴儿一般在 3 个月左右会用连续的 ai 和 a 声来招呼别人，引起别人注意。这些音节已具有信号作用，与最初的哭叫声相比，声音进一步分化。

🧳 小贴士

语言教育活动（0~3个月）

（1）贴心语。家长贴在婴儿的耳边说悄悄话。

（2）亲子阅读。看简单图片，家长来阅读。家长的手注意沿着字来画，说话声音抑扬顿挫。

（3）做说并行。做什么说什么，培养婴儿理解语言的能力，如一边摇铃一边说"摇……"。

（4）音乐欣赏。一边听音乐，一边随着节拍摇婴儿的小手，培养婴儿空间的理解力。注意音量要放小，每次一曲，时间 10~30 分钟。

（5）发音游戏。成人发出一些简单的韵母音，如 a。成人可以先叫婴儿的名字，然后用目光注视他，并用一种唱歌的声音来发出"a—a—a"的声音，接着再抚摸他，冲他微笑。稍停一会儿（要有耐心，这一阶段的婴儿一般要 10 秒左右才会有反应），如果他真的发出了声音，那么应立即重复他的声音，并且和他反复进行这种游戏。

（6）唤名游戏。靠近婴儿，并呼唤他的名字，如果坚持在每次靠近他时都面带微笑地呼唤他的名字，用不了多久，婴儿便会每次被唤名时都给予积极的响应。

（7）摸脸游戏。两个月左右的婴儿大概只能看清 15~30cm 范围内的物体，刚好能使他在母亲抱他或者哺乳时看清母亲的脸，这是婴儿出生后最初几个月中最重要的目光交流。母亲可以握住婴儿的小手，让他的小手在母亲的脸部轻轻地抚摸，并告诉他摸到的是什么。如摸到鼻子，就发出"鼻子鼻子，你摸到的是鼻子"的声音，使他所感知的物体与相应的语言之间建立必然的联系。

（二）连续音节阶段（4~8个月）

在连续音节阶段，婴儿语言发展的特点如下。

1. 经常发出连续的音节

大约从 4 个月起，婴儿的发音会增加很多重复连续音节。发音内容大多是以辅音和元音相结合的音节，并且有个从单音节发声过渡到多音节发声的过程。

婴儿到五六个月，就进入咿呀学语阶段。他们发出一连串的声音，而且是有节奏、有语调地加以重复，好像自己在和声音玩游戏，如 gu—gu—gu。婴儿最初的咿呀学语往往是在吃饱后仰卧在床上时进行的。这时嘴里有唾液，很容易会出现吞咽动作，于是婴儿就学会发后辅音，如 gu、ga、ka、cha、ru 等。

婴儿 6 个月之后，语言出现较多的重叠性双音节和多音节现象，发音的声调也开始在音节发声中出现。6 个月之后，婴儿开始有近似词的发音，如 ba—ba—baba，ma—ma—mama，婴儿独自待着的时候，或对成人的逗弄作出反应时，他们会操练这些更接近说话的声音。

婴儿的咿呀学语是一个重要阶段。在这一阶段，婴儿学会发各种音素。有些心理学家注意到，到这一阶段为止，世界各地的幼儿所能发出的音素都是相同的，但从此以后，他们就"分手"了，慢慢地变成只会发本族语所有的音素了。

2. 出现学习语言交际"规则"的雏形

大约 4 个月大的婴儿对成人的逗弄开始给予语音应答，仿佛在进行说话、交谈，出现与成人轮流"说"的倾向，即成人说一句，婴儿发几个音，待成人再说一句，婴儿再发几个音。这种语言交往的对话规则的雏形，表明婴儿开始敏锐地感觉到人们语言交往的基本要求。

婴儿在 4~10 个月时，逐渐学会用不同的语调来表达自己的态度，并常伴有一定的动作和表情。如用尖叫声或急促上扬的语调，伴以蹬腿、伸手动作，表明自己不愿意躺下。此时，婴儿的前语言交际已有明显的"社会性"成分。

3. 能辨别一些语调、语气和音色变化

这一时期，婴儿对成人说话的语调十分注意，能从不同语调中判断出交往对象的态度。如当成人吵架时，语调尖而高，婴儿会感到紧张、害怕，可能号啕大哭。而当婴儿饥饿时发出啼哭声，母亲会用柔和的语音、语调回应："宝贝，奶粉好啦，不哭，不哭。"此时婴儿似乎能听懂妈妈的话语，啼哭会减少或停止。

4. 理解具有情境性

由于成人不断给婴儿语言刺激，此时婴儿已能听懂成人日常生活中的很多语言，能辨别家人的不同称呼，会指认一些日常物体。但此时，婴儿的理解具有较强的情境性，他们并没有真正懂得成人说话的含义，只是根据成人的不同语调和手势来判断。如当妈妈穿上大衣准备出门时，会招呼孩子去拿上"帽帽"，此时婴儿根据妈妈穿大衣的动作习惯，知道要戴"帽帽"才能出门。但一旦脱离此时的场景，婴儿就不一定知道"帽帽"是什么东西了。

📋 小贴士

语言教育活动（4~8个月）

（1）亲子阅读。家长跟婴儿面对面地讲故事。家长阅读的方式可采用自问自答式；拉

长最后一个字音；阅读要绘声绘色。

（2）音乐指挥家。4个月的婴儿能够区分音高，6～7个月的婴儿能够区分简单的曲调，建议家长多给婴儿听一些优美、舒缓的音乐。

（3）照镜子。让婴儿认识身体的基本结构，培养婴儿语言理解的能力。在认识五官的时候要注意多重复，学会一样再认一样。在照镜子的时候手不要指着镜子要指着婴儿。

（4）说儿歌。边说儿歌边做动作，可以促进婴儿的理解能力和语言发展能力，如"拉大锯，扯大锯，姥姥家，唱大戏，爸爸去，妈妈去，小宝宝，也要去"。注意每次只教一个动作，不要每句一个动作；在教第一遍时，最后一个字音要加重；在教第二遍时，最后一个字音要拉长；在教第三遍时，最后一个字可以稍微停顿一下，主要目的是让婴儿来接字。

（三）学话萌芽阶段（9～12个月）

在学话萌芽阶段，婴儿语言发展的特点如下。

1. 近似词发音增多

本阶段婴儿的发音形式更加接近汉语的口语表达，有重叠音和声调，似乎在说某个句子，出现"有表情的难懂话"。

2. 开始真正理解成人语言

婴儿大约从9个月开始真正理解成人的语言，即婴儿不需要借助特定情境也能理解语言。如家长问："你的帽帽在哪里？"婴儿能把目光转向帽子或用手指向帽子。婴儿在此阶段还不能说话，但他们的听觉已经开始语言化了。

3. 语言交际功能开始扩展

10个月之后到1岁半，婴儿的前语言交际具有了交际功能。他们可以通过一定的语音和动作、表情的结合，使语音产生具体的语言意义。具体表现为：能执行成人简单的指令，并建立相应的动作联系，如"跟爸爸说再见"，婴儿就会挥挥小手，这是婴儿真正理解语言的一种表现；一定的语音能和实体联系，但缺少概括性，不同的婴儿会用各自经常重复的发音来表达某一种意思，如"嘀嘀"，同时手指汽车或假装手握方向盘转动，告诉成人这是汽车。此时，婴儿逐步会用语音、语调和动作、表情来达到交际的各种目的。

4. 会开口说出第一个有意义的单词

大约10个月时，婴儿会说出第一个有意义的单词，这是婴儿语言发展过程中的一个里程碑。婴儿最初掌握的词语都与某一特定对象相联系，具有专指性，如"狗狗"就是指他自己的玩具狗。婴儿一般较早掌握的是名词，如听见有人说："妈妈回来了。"婴儿会一边叫妈妈，一边向妈妈跑去。

🧰 小贴士

语言教育活动（9～12个月）

（1）丰富婴儿的生活内容，创设适宜的语言环境。生活是语言的源泉，只有丰富的生活才能为丰富的语言提供良好的环境。婴儿学习语言，需与周围的人、物、大自然、社会紧密联系，通过各种感官直接感知，如听、看、触、尝、闻等，获得相关的知识，继而发展语言。研究表明，如果婴儿的家庭语言环境较好，那么他开始说话的时间要比一般婴儿早，语言能力也较强。

（2）鼓励婴儿掌握新的语音，并反复进行练习，当婴儿试着学习一个新语音时，成人一定要及时给予鼓励，如鼓掌拍手叫好、亲亲他、摸摸他的头等。这种热情的鼓舞将使婴儿受到鼓励。当然，婴儿第一次尝试发出的语音，也许并不准确，成人可以用多种形式示范纠正，让婴儿及时调整，反复练习。

（3）在活动中伴随语言刺激，让婴儿学说话。在活动中，成人要和婴儿不断地用语言进行交流，成人应主动地与婴儿交谈，如和婴儿讲正在做的事情，讲将要做的事情。这可以使婴儿说话的机会增加，从而促使婴儿语言能力的不断提高。

（4）开展早期阅读，初步培养婴儿良好的阅读习惯。给婴儿提供阅读图画书的空间和时间，培养婴儿良好的阅读习惯，教会他拿书的方法、阅读的正确姿势。成人应允许婴儿自己独立地看图画书。当发现婴儿一会儿把书拿倒了，一会儿又从后向前翻书，一会儿又连翻好几页时，成人千万不要因此而制止他，因为这正好表明婴儿在"研究"和"探索"书。

二、1~2岁语言发展阶段

1岁前为口语发生期，从1岁起幼儿进入了正式学习语言的阶段。1~2岁幼儿的口语处于不完整句时期，从单词句阶段发展到简单句阶段。

（一）单词句阶段（1岁~1岁半）

单词句指幼儿用一个单词来表达比该词意义更为丰富的意思。单词句阶段的词所表达的意思是不精确的，往往是和这个词的相关情境相联系，成人需要将幼儿说话时附加的手势、表情、体态等因素结合起来理解，才能确定他们说话的意思。

在语音方面，幼儿模仿发音的积极性明显提高，常常自发地模仿他所听到的音。这个阶段幼儿模仿发音的特点：

（1）单音重叠的现象普遍；连续的音节增多，如 ba—b—ba—ba；

（2）近似词的音节也增多，如 ba—bu；

（3）无意义的音节逐渐减少。

不完整地模仿词音，如成人说"小汽车"，幼儿会说"车"或者"车—车"；成人说"喝水"，幼儿会说"水"或者"水—水"。这种现象与幼儿的语言听觉和语言动觉之间尚未能协调活动有关。

在词汇方面，"以声代物"是1岁半以前的幼儿说出词汇的明显特点，如把汽车叫"嘀嘀"，把小狗叫"汪汪"。这种现象固然与成人常对幼儿以声代物说话有关，更主要的是因为音是物体或活动的鲜明特征，容易记住。另外，消极词汇（能理解但不会运用的词，如热、冷、快、慢）迅速增加，积极词汇（能理解又会运用的词，如走、拿、吃）明显增多。这个阶段说出的词有三个明显的特点：一是以词代句，即明显的单词句特点，如幼儿说"球球"，不同的情境代表不同的意思，"这是球球""我要球球""球球滚走了"等；二是一词多义，说出的一个词并不只代表一个意思，而是代表着多种意思，如幼儿说

"妈妈"，这时"妈妈"代表的意思有可能是让妈妈抱，也有可能是想喝水或吃东西，还有可能是要玩玩具；三是词的泛指性，如"饼饼"代表所有的食品。

🎁 小贴士

语言教育活动（1岁~1岁半）

（1）将语言与行为结合起来，如带婴儿出去玩时就要对他说："宝宝，我们出去玩。"看见爸爸回家了，就对孩子说："宝宝，爸爸下班了。"

（2）教婴儿说出各种事物名称。这是教婴儿学习说话的基础，说出事物的名称越多越好。

（3）教婴儿学会说"这是什么""那是什么"等短句。当孩子能说出"汽车""球"的名词以后，可以指着这些物品问他："这是什么？""那是什么？"教婴儿学会用"汽车""球"等单词来表达，以后逐步转为会用"这是汽车""那是球"等短句来回答。

（4）教婴儿学习一些简单句。婴儿用句子来表达语言，首先是从说简单句开始的。因此，大人要注意在生活中多用简单句同婴儿交流，如"宝宝笑、吃饼干、妈妈坐、宝宝乖、宝宝穿衣、爸爸推车"等，这些简单明了的主谓结构和谓宾结构的短句，婴儿听多了自然就会模仿。另外，对这些简单句也可以有意设置一些情境引导婴儿表达出来，如大人和婴儿一起做游戏，大家都开心地笑起来了，爸爸可以问婴儿："妈妈怎么了？"引导孩子说出"妈妈笑"；又如爸爸做一个推车的实景，问婴儿："爸爸在干什么？"引导他说出"爸爸推车"或"爸爸上班"等简单句。

（5）背简短儿歌和小古诗。刚开始大人要一句一句地将整首儿歌或古诗反复背诵出来，不要求婴儿马上跟着背诵，时间长了，往往是大人背诵前面的内容，婴儿附和着说最后一个字或几个字。如妈妈说"床前明月……"，婴儿马上接着说"光"。以后妈妈只说前面的两个字，婴儿就跟着说后面的三个字，再以后自己就会背出整首诗。教婴儿背儿歌和古诗是训练婴儿口语的有效方法。

（6）教婴儿用词或短句表达自己的需求。这一时期婴儿有需求，不要马上满足他，要"逼"他用词或短句来表达，哪怕是一个字也好。如婴儿一手拉着妈妈，一手指着门，意思是要出去玩。这时，大人不要马上回应，应该教婴儿说"出去玩"。先"逼"他说出一个"玩"字也是好的。如果不逼婴儿说话，他就总不想说话。许多婴儿一直到2岁还不愿说话，一个重要的原因就是在1岁半左右，家长害怕婴儿哭闹就习惯于满足他身体语言的要求。

（二）简单句阶段（1岁半~2岁）

在语音方面，幼儿已经掌握了双唇音、舌唇音、舌面音的发音，但还不会区分平舌音 z、c、s 和翘舌音 zh、ch、sh，前鼻音 n 与后鼻音 ng，不会准确发边音 l。

在词汇方面，幼儿的词汇量迅速增加，由掌握几十个词，发展到掌握300多个词，会使用的词近70%仍然是名词，但动词、形容词、数词、副词等也出现在幼儿的话语中。这个阶段的幼儿也进入了真正掌握词汇的阶段，其标志是幼儿已经可以脱离情境，准确地把词与物体或动作联系起来。另外，词对幼儿心理活动和行为的调节作用也日益明显，逐渐能按照成人的语言指示去支配和调节自己的行为。

在句式方面，幼儿此时期是多种句式并存的阶段。常用的句式有单词句（大约占三分之一）、简单句（占一半以上）、复合句（不到十分之一）。他们能使用结构完整而无修饰语的简单句，每个句子大都在 5 个字以内，如妈妈抱抱、宝宝走。两岁左右的幼儿开始使用少量的复合句，多是属于最简单的、只有两个短句组成的句子，不用连接词。

🎒 小贴士

语言教育活动（1岁半~2岁）

（1）教婴儿学说主谓宾句式的语句。在婴儿会说简单句的基础上学说含有主谓宾句式的完整简单句，如"宝宝吃饭""我们出去玩""爸爸回家了""小狗玩皮球"等。家长应在生活中随时随地地教婴儿说这种句式。这些伴随生活情节的语言，婴儿容易理解和模仿。

（2）教婴儿回答疑问句。在生活或游戏中教婴儿回答"某某东西在哪里"等疑问句，如将孩子喜欢的玩具小皮球、小汽车等，放在他看得见但拿不到的地方或藏起来，问婴儿："小皮球在哪里？"一边鼓励他去寻找，一边教他说出"在这里"或"不知道""没看见""找不到"等话。这种训练也可以在户外随时进行，如抱着婴儿边走边问"树在哪里""滑梯在什么地方"等，让婴儿回答。

（3）教婴儿学习形容词。成人在生活中要利用实物、图片或日常生活经验，经常向婴儿说说各种物品的特性，如"大苹果，小苹果""红蝴蝶，黄蝴蝶""熊猫胖，小猴瘦""大象高，小狗矮"等。

（4）教婴儿回答小故事中的问题。这一时期的婴儿语言理解能力有了较快的发展，婴儿也喜欢听故事。成人要学会抓住时机，每讲完一个故事都要对婴儿提一个小问题让他回答，如讲完龟兔赛跑的故事，可以问婴儿："谁赢了？谁输了？"婴儿若答："乌龟赢了，兔子输了。"成人可以接着问："为什么乌龟赢了？兔子输了？"回答问题的准确性不是最重要的，关键是培养婴儿回答问题的兴趣，以训练他听和说的能力。

（5）教婴儿理解选择式问句。成人在生活中可以让婴儿回答选择式的问句，如家长准备好一些物品，然后依次问婴儿："你是要饼干，还是要糖果？""你是要香蕉，还是要苹果？""你是要布娃娃，还是要小汽车？"让婴儿做出选择回答。

（6）继续教婴儿背诵儿歌或顺口溜。两岁左右的婴儿，其发音器官尚未发育成熟，往往吐字不清，如将"老师"说成"老西"，这是很正常的，但可以通过教婴儿背儿歌或顺口溜，训练婴儿逐步把字音发准，这是一个十分有效的方法。

三、2~3岁基本掌握口语阶段

这一阶段是婴幼儿基本掌握口语的阶段。他们基本上能运用语言与人交往，语言成了这一阶段婴幼儿进行社会交往和思维活动的一种工具。

（一）初步掌握口语阶段（2岁~2岁半）

这一阶段，婴幼儿开始能用比较完整的句子与人交往，学会了复合句，对话变得更加自由和顺畅，并学会倾听别人的讲话，表达自己的要求和愿望。

在初步掌握口语阶段，婴幼儿语言发展的特点如下。

1. 语音逐渐规范和稳定

由于发音器官逐渐发育成熟，婴幼儿在发音方面的困难减少。发唇音已基本没有困难，但需要舌头参与的音还存在一些困难，尤以舌尖音突出，如 zh、ch、sh、r 等。

2. 基本理解成人所用的句子

婴幼儿已基本能理解简单句，但一些复杂句，如被动句和双重否定句还不能理解。这一时期婴幼儿词的泛化、窄化、特化现象明显减少，对词义的理解也接近成人用词含义。词的概括程度进一步提高。

3. 能运用多种简单句，复合句初步发展

婴幼儿所使用的句子中，简单句约占90%，复合句约占10%，句型主要是主谓结构、主谓宾结构和主谓补结构；使用的复合句大多是不完全复合句，是省略连词的简单句的组合。

4. 疑问句增多

2岁左右是婴幼儿疑问句的主要产生期，2岁出现反问句（呢、吧、什么等）。who（谁，2岁）、how（如何、怎么，2岁2个月）、where（什么地点，2岁3个月）、what（什么，2岁3个月）、when（什么时候，2岁4个月）、why（为什么，2岁4个月），这6个"W"是婴幼儿疑问句的主要表现形式。

🎒 小贴士

语言教育活动（2岁~2岁半）

（1）让婴幼儿多看、多听、多说、多练。成人可以有计划地带领婴幼儿直接观察、接触外界物体，积累感性经验，此外，婴幼儿还可以通过看书、图片、电视等获得现实知识。成人要让婴幼儿多听故事，邀请同伴交谈，听各种声音；给婴幼儿创设说的环境，与婴幼儿多交谈；还要注意在实践中对语言的学习掌握。

（2）鼓励婴幼儿同伴间相互交谈和模仿。

（3）在多种形式的游戏中练习说话。可通过儿歌、故事等载体穿插游戏活动，学习口语。如儿歌《大卡车》，"大卡车，运货忙，嘀嘀嘀嘀喇叭响，运来一车大苹果，我请大家尝一尝。"妈妈问："大卡车今天非常忙，要运货，会运什么呢？"让幼儿闭上眼睛。然后妈妈把苹果放入车中，"嘀嘀嘀"地开过来，问幼儿："大卡车运来了什么货物？"让幼儿说出大卡车运来了苹果。学习儿歌《大卡车》，反复几遍后，妈妈说上半句，让幼儿接下半句。幼儿熟悉儿歌后，可试着改编儿歌。例如，将苹果换成西瓜、菠萝、橘子、香蕉等。请幼儿扮演小司机和装卸工，将筐中的水果一个接一个地传递到妈妈手中，这样更能激发幼儿学习儿歌的兴趣。

（二）目标口语阶段（2岁半~3岁）

目标口语是指成人的标准口语形式。婴幼儿在这一阶段已经掌握了语言系统和基本的

语法规则，能运用语言进行一般的日常语言交际。

在目标口语阶段，婴幼儿语言发展的特点如下。

1. 能抽象句子规则

婴幼儿运用语言的同时也在总结语言规则以创造语言，用已知去把握未知，这是婴幼儿的一种重要的认知惯性。这种惯性有时成功，有时则不成功。不成功的主要原因是原有规则不能同化新的语言现象，出现特例，如"天黑—天白""吃过饭—再过见"。这些特例需要成人重点解释，帮助婴幼儿恢复原有的认知平衡。

2. 能说出完整的句子，出现复合句

到了3周岁，婴幼儿说话的方式基本上和成人一致，开始能用完整的句子与人交往。在其使用的句子中，陈述句占绝大多数，经常出现的复合句占总句数的1/3以上。其中，联合复合句占60%~90%，偏正复合句占10%~30%。

3. 说话不流畅

婴幼儿经常会出现结结巴巴、"破句"现象，显得气喘吁吁，往往在不该断句的地方断句，使人担心口吃。这是因为在这一时期他们的思维速度往往超过说话的速度。

📦 小贴士

语言教育活动（2岁半~3岁）

（1）创造一个良好的语言环境。只要幼儿醒着，成人就要让幼儿无时无刻不在听、说、读，即使是大班的内容两岁的幼儿一样也会记住，如大班绕口令《七个果子》：一二三四五六七，七六五四三二一，七个阿姨来摘果，七个花篮手中提，七个果子摆七样，苹果、桃子、石榴、柿子、李子、栗子、梨。家长与幼儿在平时散步、游戏、走路时，都用有表情、有节奏、有动作的方式来读，只是不作任何的要求，让幼儿认为是无意的，实则是在无意的环境中加强语言刺激。3岁是"潜性吸收性"心理阶段，其学习模式就像"摄像机"一样，在无意识中可吸收大量的知识，具有无限的学习潜能。

（2）激发幼儿听、说的欲望。对于2~3岁的幼儿来说，"想"和"愿意"是关键的关键，"想"的前提是"兴趣"。兴趣的来源不仅有内容本身，还有成人能否激发幼儿说的欲望。

（3）用积极的态度对待幼儿的听、说活动。2~3岁是幼儿学语言的预备期，要让幼儿感觉到自己说的时候有听众，这会让幼儿充满说的自信，为下一次张嘴说他想说的话奠定基础。有时，家长可能听不懂幼儿说的是什么，但即便是这样家长也要微笑地看着幼儿，鼓励他把话说完。家长要将幼儿当成自己的朋友，朋友之间的交流和沟通是平等且愉快的。

（4）培养婴幼儿的阅读能力。家长尽量不给幼儿阅读的任务和压力，让幼儿在轻松、愉快的环境中阅读，并对幼儿的阅读材料进行分类，如哪些是适合和成人一起阅读的，哪些是适合听录音的，哪些是适合幼儿自己阅读的。成人要在一天中安排固定的阅读时间，让幼儿养成良好的阅读习惯。

第二节
3～6岁幼儿语言发展

📨 案例导入

不爱说话的北北

班上有个叫北北的小男孩，刚来幼儿园时只会说一个音节的字，家长非常困惑，甚至认为是孩子的发音器官出了问题，结果到医院检查一切正常。老师通过家访了解到，父母对孩子的语言交流、相关的语言刺激太少，孩子喜欢独自一人闷玩，长此以往，孩子养成了不愿开口说话的习惯，而肢体语言却表达得很好。了解到这些后，老师找到了北北语言发展滞后的原因，于是帮家长进行了分析，并提出了一些具体的方案（给孩子听录音带，陪孩子边玩边说，每天睡前给孩子讲一个小故事，走近大自然有意识地和孩子聊天，利用孩子喜欢的东西去刺激他愿意开口说等），同时对孩子的发音长短作了一个循序渐进的训练计划。一年后，北北的语言发展有了极大提高：从一个音节"师"到两个音节"老师"，再到四个音节"小张老师"，最后到一句话"小张老师再见"。

要求：根据案例分析以下问题。

（1）案例中体现出幼儿语言发展具备哪些特点？

（2）如何促进幼儿语言的发展？

🧩 知识讲解与案例分析

3～6岁幼儿语言发展包括语音、词汇、语法、口语理解能力及表达能力等方面。

一、语音的发展

（一）幼儿语音发展特点

1. 发音逐渐清楚、正确，逐渐掌握本民族语言的全部语音

幼儿期是掌握语音的关键期，语音是语言的物质外壳，语言分辨能力强弱、发音正确与否，直接影响语言的可塑性。掌握本民族语言的全部语音，包括准确分辨语音和正确发出语音两方面。

3岁左右的幼儿听觉的分辨能力和发音器官的调节能力都比较弱，对个别相似音的分辨还可能混淆，如b和p、d和t。正确的发音一般比听音困难。例如，不会发舌根音g、k，常以舌尖音d、t代替，把哥哥说成"得得"或"多多"，把巧克力说成"巧特力"；将f发成h，如吃饭说成切换。韵母发音的正确率较高，声母较低。幼儿发错最多的音是翘舌音zh、ch、sh、r和齿音z、c、s。

4岁以后的幼儿的发音器官已发育完善，如果家长和教师能坚持用普通话与幼儿交流，幼儿就能基本掌握汉语的全部语音。

幼儿在语音方面的发展规律，表现为由易到难，即双唇音的形成在前，舌尖塞擦音靠后，翘舌音更靠后。

2. 语音意识开始形成

幼儿开始能自觉辨别发音是否正确，自觉模仿正确发音，纠正错误发音。幼儿语音意识的形成主要表现为以下两方面。

（1）能够评价别人发音的特点，指出或纠正别人的发音错误。伯科和布朗发现，一个幼儿把他的玩具鱼称为"fis"（正确发音是 fish），当成人故意模仿他的错误发音时，他却试图纠正成人模仿的发音，说"不是 fis，是 fis"，反复数次，几乎发火。当成人改正时，他才认可。这种现象表明幼儿听辨语音的能力已有相当发展，但发音能力还不健全，从而导致听音和发音的不同步。

（2）能够意识并自觉调节自己的发音。如有的幼儿不愿意在别人面前发自己发不准的音。如有的幼儿发出一个不正确的音之后，不等别人指出，自己就脸红了；有的幼儿说自己不会发某个音，希望别人教他。

（二）幼儿语音教育

1. 培养幼儿的听音能力

能分辨语音的细微差别，是发音正确的前提。幼儿尤其要能够辨析某些近似音，这将为其正确地感知与发出词音打好基础。例如，教师可在区域活动中设置倾听区，在倾听区中收集并录制故事磁带，提出一些要求以及设置提问和自我评价环节，引导幼儿有目的地倾听和进行自我评价。再如，倾听游戏——听录音、看图、排序、讲故事，即教师选择一套有多种排法的图片，用不同的方法合理排出顺序后，录制成一个个小故事。幼儿在听了录音后，排出相应的图片的顺序，并模仿讲述故事。而其中教师正确的发音、规范的语法、有条理的表达，对幼儿语言的发展起着潜移默化的作用。

2. 教幼儿正确发音

清楚、正确的发音是运用口语进行交际的必要条件。教师应教会幼儿按照普通话的基本发音标准，准确地发音，使他们在入小学前能基本掌握普通话的发音音节。首先，要做到发音规范，排除幼儿的方言干扰；其次，教会幼儿发好儿化音；再次，要明确本地区哪些语音是幼儿容易发错的，重点突破，进行正音训练。例如，南方幼儿说普通话往往 n、l 混淆，zh、ch、sh 和 z、c、s 混淆；上海方言中有时 h、f 不分，无前鼻音、后鼻音之分，也常常干扰幼儿的正确发音，如将"蝴（hu）蝶"发成"蝴（fu）蝶"，"老师（shi）"发成"老师（si）"。为此，家长可选择一些有针对性的儿歌以训练幼儿正确发音。例如，利用儿歌《柿子》教幼儿学习 sh、z 发音。

柿子

柿子红，柿子黄，

柿子柿子甜似糖。

红柿子，树上长，

摘下柿子大家尝。

3. 教幼儿正确的声调

声调是指音节的音高。汉语是有声调的语言，不同的声调和不同的声母或韵母一样，能代表不同的意思。例如，bā（巴）、bá（拔）、bǎ（把）、bà（爸），音同调不同，意思也完全不同。其中，轻声也列入声调之一，如爷爷（yéye）、兔子（tùzi）。所以，在训练幼儿发音时，必须教给他们正确的声调。例如，教师或家长可设计接龙和传话游戏，培养幼儿有目的地听，激发幼儿模仿、学说的兴趣。

4. 培养幼儿准确的语言表情

在口语表达中，人们为了准确和富有表现力地表达思想，就需要声音的性质有所变化。教师要培养幼儿会用与表达内容一致的语调，即根据表达内容的需要控制调节自己的音量，构成不同的语言表达，要求幼儿自然、大方，富有感染力和表现力。幼儿的语言离不开教师的榜样作用。因此，教师需用规范的、抑扬顿挫和声情并茂的语调与富有感染力的语言并配以相应的肢体语言，激发幼儿学表达的欲望。例如，教师引导幼儿讨论、分析故事中角色之间的对话应用什么样的声音、语调，并鼓励幼儿根据故事中的不同角色或情节进行表演。例如，教师在进行小兔乖乖的故事教学活动中，当幼儿理解了故事的主要情节之后，可问幼儿："兔妈妈唱的歌和大灰狼唱的歌一样吗？为什么它们的声音会不一样呢？"鼓励幼儿用自己的方法表演兔妈妈和大灰狼。

5. 根据幼儿的年龄特点进行语音教育

幼儿学习发音是靠模仿形成语言反应。这一反应必须经过多次的重复练习，以不断发展他们发音器官的肌肉组织进行细小动作的协调性，发展听觉器官的敏感性，这对小班幼儿尤其重要。中、大班幼儿虽然在掌握语音方面有了长足的进步，但在呼吸的长度和强度方面还需要不断练习，只有这样才能使他们善于支配自己的呼吸和调节声音的强弱。对于中班后期幼儿和大班幼儿，还需要培养他们语言的表现力，即表述时能用抑扬顿挫的语调变化表达自己的情感。由此可见，小、中、大班语音教育应有不同的侧重。小班幼儿年龄小，他们是通过知觉形象思维进行活动的，因此，可利用日常活动中的各个环节引导幼儿在玩中学习语言。如在餐前餐后播放故事、儿歌、绕口令等，让幼儿始终处在一个良好的语言环境之中。当幼儿进入中班时，可开设"小小广播员"岗位，请幼儿主动轮流担任广播员，向大家介绍来自环境或媒体的新闻。当幼儿进入大班后，可设计"语言扑克"和"说话棋"等有竞赛因素的玩具。

二、词汇的发展

（一）词汇量不断增加及内容不断丰富

1. 词汇量不断增加

幼儿在 3 岁以后的词汇量为 1000～1100 个，到 6 岁时达 3000～4000 个，发展呈直线上升趋势。

2. 词汇的内容不断丰富

随着幼儿生活范围的扩大和思维能力的发展，其所获得的各类词汇内容不断扩充。例如，幼儿掌握得较早、较多的名词是与他们日常生活关系密切的名词。其常用名词中包括人物的称呼、身体部位、生活用品、交通工具、自然常识、社交、个性，时间、空间概念等抽象名词量随年龄增长逐渐扩大。

3. 词类范围不断扩大

词分为实词和虚词。幼儿一般先掌握实词，然后再掌握虚词。在实词中幼儿最先掌握的是名词，其次是动词、形容词、副词，最后是数量词。幼儿也能逐渐掌握一些虚词，如介词、连词，但这些词所占比例很小。此外，幼儿的积极词汇（主动词汇，即既能理解又能使用的词）不断增加，消极词汇（被动词汇，即对词义不十分理解，或者虽然有些理解但不能正确使用的词）不断转化为积极词汇。

4. 词义逐渐确切和加深

对于同一个词的含义，不同年龄段的幼儿的理解水平是不同的。例如，"有头无尾"，年龄较小的幼儿会说是"人"，而年龄稍大的幼儿则会理解其深层含义；"勇敢"最初被理解为打针不哭，和幼儿的具体生活情境相联系，后来则脱离具体情境，含义更加深刻。又如，幼儿在3岁左右时只知道小孩子有爸爸、妈妈，随着年龄的增长则知道大人也有爸爸、妈妈。

（二）幼儿词汇教育

1. 理解词义

幼儿学习词汇首先要理解词汇所表示的意义，教幼儿理解词义必须考虑幼儿的思维特点，只有适合幼儿思维具体形象特点的教词方法，才能取得良好的效果。下面介绍几种一般的丰富词汇的方法。

（1）感知法。感知活动是幼儿认识事物的重要方式，也是幼儿学习词汇的主要方式。让幼儿将词汇与具体的事物、现象联系起来，运用多种感官获得对词汇的感性认识，是幼儿理解词义最基本、最有效的方法。如学习词汇"五颜六色"，就应让幼儿动用视觉观察五颜六色的花朵、五颜六色的彩旗等；学习词汇"光滑"，就应让幼儿摸摸玻璃、桌面等；学习词汇"清香"就应让幼儿动用嗅觉闻清香的菊花、清香的果子等。在感知的同时，将词与相应的事物、现象联系起来，幼儿就能准确地理解词义。

（2）对比法。对比是指将词汇的本义与其相反的或不同的意义对比展示给幼儿，这样做能澄清混淆，突出词汇的含义，如教幼儿理解"透明"的词义，就可让幼儿对比观察茶水在玻璃杯中与在瓷杯中，隔杯可见与不可见的现象，从而使其区别透明与不透明，较好地掌握"透明"的词义。

（3）演示法。演示法即用动作将词义具体形象化，该方法最适合教动词。如教幼儿学习"抬头挺胸"这个词组，可让幼儿看别人"抬头挺胸"的动作，也可让幼儿自己用动作演示"抬头挺胸"。成人可根据幼儿的动作演示有针对性地讲解，将词组与动作联系起来，幼儿就会掌握得又快又好。

（4）操作法。手脑并用实际操作是幼儿学习词汇的有效方法，特别适用于幼儿学习逻辑、数学概念词，如学习"多""少""相等"就必须让幼儿亲手摆弄物品，只有用对应的方法进行比较，才能较准确地把握词义。

2. 运用词汇

幼儿的语言是在实践中不断发展起来的，对于所学的词汇，在幼儿理解的基础上，必须让幼儿多次练习，创造条件让幼儿运用，这样才能真正达到提高幼儿口语表达能力的目的。指导幼儿运用词汇应注意以下几点。

（1）首先应有意识地利用一切时机让幼儿练习运用词汇，注意幼儿用词是否正确、贴切。如到公园游玩的时候，应在观赏景色的同时让幼儿积极运用词汇进行描述："绿油油的小草""鲜艳的花朵""美丽的金鱼"等。家里来客人了，应让幼儿主动使用礼貌词语"您好""请坐""再见"等。幼儿练习用词的机会越多，对词汇的掌握就越准确。

（2）当幼儿出现用词不当时，应注意合理纠正。在纠正幼儿用词不当的时候要爱护幼儿用词的积极性，切忌指责，应用启发式的方法指导幼儿改正用词不当。如幼儿说"白颜色的水"，这反映了幼儿认识的不准确，成人不应只是简单地让幼儿换一个修饰词语，而是要启发幼儿掌握水的特点，如让幼儿将水与白颜色的东西进行比较，让幼儿冻一块冰，在冰里冻一些各种颜色的东西让幼儿观察，使幼儿知道水不是白颜色的，应该用"透明""无色"来描述。

（3）指导幼儿运用词汇，应适合幼儿的理解能力与生活经验，坚持由近及远、由浅入深、由具体到抽象的原则。如运用"明亮"一词就应从幼儿身边的具体内容开始，如"明亮的玻璃窗""明亮的教室"，然后逐渐扩展到"明亮的眼睛"等，再逐渐扩大运用词汇的范围和难度。这对幼儿的语言发展与思维发展都有益处。

三、语法的发展

（一）幼儿语法发展特点

幼儿对语法结构的掌握表现在语句的发展和理解两方面。

1. 语句的发展

（1）句型由简单到复杂。幼儿掌握句型的顺序依次为单词句、双词句、简单完整句、复合完整句。这体现了句型由简单到复杂的过程，同时，由陈述句发展到疑问句、祈使句、感叹句等多种形式，并从无修饰句发展到修饰句。

（2）由简单句向复合句发展。2岁以后，简单句逐渐增加，然后复合句发展，但简单句使用比例仍较大。简单句的主要类型有：主谓结构，如兔兔跑、妈妈抱；谓宾结构，如吃果果、找妈妈；主谓宾结构，如宝宝打球球、妈妈爱宝宝。

2. 语句的理解

幼儿在能说出某种句型之前，已能理解这种句子的意义，但对一些复杂的句子，如被动句、双重否定句等还不能正确理解。

在幼儿期，幼儿虽然已经能够熟练说出合乎语法的句子，但并不能把语法当作认识对象。他们只是从语言习惯上掌握了它，专门的语法知识学习要到小学才能进行。

（二）幼儿语法教育

（1）一般来说，上一阶段已经能理解的句式可能要到下一阶段才能运用，幼儿能理解的句子远远比能说出的句子多。教师和家长首先应了解幼儿的语法接受水平，在日常与幼儿进行交流时所使用的句子应尽量与幼儿的理解水平相适应。在幼儿能够较好地理解某些较为简单的句式之后，教师和家长可以适当地提高交流中句子的难度，这对幼儿的句式理解和句子运用都会有积极的作用，尤其是语言发展迟缓的幼儿，更应该加强这方面的训练。

（2）教师在语言教育中要了解幼儿的学习基础和思维能力特点，选择适合幼儿学习的方法和途径。幼儿时期是语言发展的成熟期，幼儿学习语言的过程和方法是以"语言运用"为中心的，即学习是为了运用，而且要在一定的语境中运用。教师不能以"语法分析"为中心去教幼儿学习语言，让他们脱离语境孤立地去记词语、背句子，应在教学设计中把对幼儿语言理解和表达能力的培养与思维能力的培养结合起来。

（3）在培养幼儿的社会认知能力时，教师可以利用多种方式帮助幼儿理解事物的因果关系，这也在无形中训练了幼儿的语言和思维。例如，教师向幼儿呈现一张图片，图片中一只小兔在焦急地奔跑，教师问："它为什么这么慌张呢？"要求幼儿猜测并讲出来；然后教师再出示另一张图片，图片显示一只大老虎在紧追小兔，教师问："它为什么这么慌张呢？"要求幼儿猜测原因并讲出来。这样的训练可以帮助幼儿理解事物的因果关系，使他们明白同样的结果可能会有许多种不同的原因。到了大班，教师可以帮助幼儿逐渐掌握因果复句，并学着正确使用因果连接词，以促进他们思维的进一步发展。

四、口语理解能力与口语表达能力的发展

口语理解能力指幼儿能安静、有礼貌地倾听别人的讲话，能准确地理解，能知道别人讲话的主要内容。口语表达能力指幼儿能利用语音、词汇、语句正确完整地表达思想，真正发挥语言的交际作用。这两种能力是在幼儿与他人交往和交流中不断发展和提高的，是幼儿语言发展水平的重要指标，也是幼儿阶段语言教育的基本任务。

3~4岁的幼儿在与成人、同伴的交往中往往出现有趣的"集体讨论"现象。表面上看，他们似乎很热烈地交谈着，但实际上内容是毫无联系的，或者由他人的谈话很自然地联想起自己所要说的内容，其中却没有任何逻辑顺序。这时期的幼儿已有了向别人独立表达思想、讲述自己经验的愿望，但常常不敢或不善于在大家面前讲话，所以说起话来断断续续，带有很强的情境性。另外，他们的讲述还表现出明显的无逻辑性，如主题不明确，只罗列具体的事物或现象等。

4~5岁的幼儿逐渐能就某一个主题展开谈话，并注意事物之间的联系和讲述的重点。幼儿能独立讲故事或叙述各种事情，连贯性、完整性也有所增强，描述事物时有了时间、地点、起因、经过与结果的概念。

5~6岁幼儿的讲话连贯性、逻辑性更为突出。在连贯性、逻辑性发展的同时，幼儿也能逐渐掌握和运用一些说话技巧，如表情、语调、语速等。这一时期，有些幼儿已能生动、有感情地描述事物，但这些能力的获得，主要来自成人的培养和教育。

第三节
探究幼儿语言发展与教育指导的关系

✈ 案例导入

腼腆的丢丢

丢丢是一个比较腼腆的男孩子，活动中基本不会主动交流和表达自己的意见。这天在活动中李老师提出了一个比较简单的问题，丢丢的手半伸着，但是看到李老师看向了他，就赶紧低下了头，把手放下了。李老师觉得丢丢肯定会，就是不敢说出来。李老师说："请丢丢来回答这个问题。"可是丢丢不愿意站起来，只是愣愣地看着老师。李老师很执着，希望他能够说出点什么，继续鼓励他："没关系，你认为是什么就说吧！"丢丢很想表达，却羞于表达。憋了好长时间，丢丢终于说出了自己的想法，可是他的答案是错误的。李老师仍然鼓励他："再想一想，再说一说。"最终李老师以足够的耐心引导他多想多说，不打断、不制止他的讲话。尽管丢丢最后的答案不完全正确，但李老师还是奖励了他一个小贴纸，表扬丢丢会动脑筋想问题，并且敢于举手回答问题。丢丢得到小贴纸的时候，开心极了，很珍惜地把贴纸藏在了口袋里，还会时不时地摸一摸……

要求：根据案例分析以下问题。

（1）李老师的做法对幼儿的语言有哪些促进？

（2）你认为对幼儿进行语言指导时应注意哪些问题？

✄ 知识讲解与案例分析

幼儿语言发展概况为我们揭示了幼儿语言发展的一般规律和各年龄段的发展特点，为教育指导的针对性和适切性提供了科学依据。只有遵循幼儿语言发展的规律，抓住语言发展的关键期并给予适宜的教育指导，才能使教育更贴近幼儿语言的发展水平，才能有效地促进幼儿语言的发展。

一、幼儿语言发展的规律为教育指导提供了科学依据

幼儿语言发展是一个不断积累又不断突破的过程，呈现出发展的连续性和阶段性的特点。语言教育要以这些发展规律和特点为依据，不仅要考虑幼儿已有的语言经验和能力水平，还要考虑幼儿语言发展现实和未来的需要，循序渐进地开展教育指导。

（一）幼儿已有的语言发展水平和语言经验为教育指导提供依据

语言教育必须根据幼儿的语言发展水平和语言经验制定教育目标、选择教育内容和运用教育策略，这样才能使幼儿理解和掌握教育活动所提供的语言经验，并内化为他们自身语言经验体系的一部分，促进新旧语言经验间的联系，从而促进幼儿的语言在原有水平上得到提高，有效地发展幼儿的语言，否则，就不利于提高幼儿的语言发展水平。例如，如

果在幼儿还没有掌握不完整句的情况下，就迫不及待地引导他们运用完整句，显然就违背了幼儿语言发展的规律，从而阻碍了幼儿语言的发展。

（二）幼儿语言发展的关键期为有效的教育指导提供时刻表

心理学中的关键期是指在个体的生命历程中，最容易获得某种知识技能或行为动作的特定年龄时期。这个时期会对某种刺激特别敏感，而过了这个时期，同样的刺激便不会再有同样的效力。

有关人类学习母语的很多研究表明，2岁是口头语言发展的关键期，4～5岁是学习书面语言的关键期。这说明幼儿正处在语言学习的敏感期或者关键期，特别是语音发展的敏感期。虽然目前理论界对语言关键期的年龄划分尚未达成共识，但对幼儿语言学习的敏感性却毋庸置疑。幼儿语言模仿能力强，尤其体现在语音学习上。幼儿教师必须把握幼儿语言发展关键期的有利时机，及时对他们进行适当的教育，力求达到事半功倍的效果。

二、幼儿语言教育指导要适合其语言发展水平

幼儿语言教育要适合幼儿语言的发展水平，即幼儿语言教育的内容、方法、进度等要与幼儿语言发展的实际情况相适应，适合幼儿语言发展的实际水平，使幼儿在语言教育活动中能够有效地进行交际和学习，较好地掌握相应的语言知识、技能和方法等。

（一）幼儿语言教育指导要适合幼儿的语言学习特点

幼儿的语言学习受环境的直接影响，是在宽松自由、平等交流的良好语言环境中自然习得的。幼儿语言学习的主要特点表现为语音、词汇、语句的发展循序渐进，是从不理解到部分理解再到完全理解，是从倾听、理解到表达，积少成多，逐步完善的。因为幼儿对语言的掌握、词义的理解、语法的运用还不成熟，常常出现理解错误、表达不准确等情况，所以幼儿教师要考虑其语言学习的特点，注意自己的说话方式，多用短句，多做描述，语音要清晰，语速要放慢，多提供语言范例，多介绍各类幼儿文学作品，丰富他们的语言经验。这对幼儿语言的发展不仅有现实意义，也有长远意义。

（二）幼儿语言教育指导要适合不同幼儿的语言发展水平

幼儿的语言发展虽然具有普遍性的特征，但也存在着明显的差异性。这种差异性表现在不同母语的幼儿、不同地区的幼儿、不同个体的幼儿身上。无论是语言表达的内容，还是语言表达的形式，幼儿的语言都表现出较为明显的个体差异。

因此，幼儿语言教育要适合母语为汉语的幼儿、本地区的幼儿以及个别幼儿的发展水平。在指导过程中，教师要根据母语为汉语的幼儿的语言发展特点制订语言教育方案，根据本地区幼儿的语言发展实际策划语言教育方案，根据个别幼儿语言发展的特殊性制订具体的语言教育方案，从而使教育适合每位幼儿的语言发展水平，促进不同水平的幼儿的语言得到发展。

案例

案例1：小班语言活动

活动名称：小班语言活动"太阳和月亮"。

活动目标：

诗歌《太阳和月亮》的内容贴近幼儿的生活，形式简单，语言多重复，易于小班幼儿理解和记忆。根据小班幼儿直觉行动思维的年龄特点，结合幼儿的生活经验，再加上幼儿喜欢朗朗上口的诗歌，尝试通过引导幼儿以儿歌欣赏和音乐体验的方式，体会文学作品的情趣。选择《太阳和月亮》这篇充满趣味性、童真性的诗歌，也有助于萌发幼儿对诗歌活动的兴趣，使其乐于参与集体教学活动。

（1）感受"白天真热闹"与"夜晚静悄悄"两者视听觉对比形成的动静交替及诗歌所营造的艺术氛围。

（2）体验"热闹"与"安静"所带来的不同情绪，学习有表情地朗诵诗歌。

活动准备：

两段不同风格的音乐，两幅不同意境的背景图，与诗歌内容相关的小图片。

活动过程：

1. 游戏"为太阳公公、月亮阿姨找朋友"

以故事引入：从幼儿的好朋友谈起，小鸡和小鸭是好朋友，小花和小草是好朋友，太阳公公和月亮阿姨也想找到他们的好朋友。太阳公公说："我喜欢热闹。"月亮阿姨说："我喜欢安静。"谁是他们的好朋友呢？小朋友能帮忙找一找吗？

提供橘黄色背景纸和黑色背景纸，分别弹奏两段不同风格（欢快跳跃的、舒缓轻柔的）的音乐，教师随音乐语言提示"太阳公公出来了""月亮阿姨出来了"，鼓励幼儿把小图片（与儿歌内容有关的玩耍中的小动物，睡梦中的小景物）送到不同的背景纸上。

让幼儿一起观察两组图片，说说太阳公公（月亮阿姨）的好朋友是谁，为什么是太阳公公（月亮阿姨）的好朋友。引导幼儿说出：太阳公公出来了，天亮了，小动物们都醒过来了，都到外面来玩了；月亮阿姨出来了，天黑了，小花、小草都睡着了。

2. 利用图示学习诗歌

（1）这些小图片中藏着好听的诗歌，请小朋友们仔细听，诗歌里说到了谁，把他们从小图片中找出来，按顺序排队。（教师用两种不同的语调示范朗诵：太阳出来了，小兔醒来了，小狗醒来了，白天真热闹；月亮出来了，小花睡着了，小草睡着了，夜晚静悄悄）

（2）随钢琴伴奏朗诵第二遍，请小朋友跟着朗诵，检查小图片是否排对了，并去除多余的小图片。

（3）提问：为什么说白天真热闹？（小结：太阳出来了，小动物们都醒来了，大家在一起玩，白天真热闹）夜晚是怎样的？（小结：月亮出来了，小花、小草都睡着了，到处都很安静，夜晚静悄悄）

一起念一念这首好听的诗歌。（有几张小图片藏起来了，小朋友能把这首诗歌念出来吗？）

3. 学习创编诗歌

（1）老师把藏起来的小图片找出来（出示不同的两幅小图片），小朋友能把它们编进诗歌里吗？（请小朋友排列两幅小图片，然后根据图示念一念）

（2）请小朋友来找找躲起来的小图片（提供与之前不同的图片），排一排，念一念。

（3）教师为幼儿创编的儿歌钢琴伴奏，一起念一念新编的儿歌。

小结：这首儿歌有个好听的名字，叫"太阳和月亮"，谁知道为什么叫这个名字？

（这首儿歌讲的就是太阳公公、月亮阿姨和好朋友一起玩的事情）

4. 游戏"和太阳公公、月亮阿姨一起玩"

小朋友愿意和太阳公公、月亮阿姨一起玩吗？请你听仔细，谁出来了？你可以怎样玩？鼓励幼儿听音乐做动作，两段不同风格的音乐交替，最后随太阳出来的音乐到外面玩。

活动反思及评价：

（1）活动关注了幼儿的学习过程和教学策略的支架作用，从"先行组织者"的难点前置策略运用，到兼顾幼儿注意特点的图片暗示策略，真实分解了孩子的学习难点，"一玩、二找、三体验"环环相扣的活动程序，循序渐进地引领幼儿重组生活经验，记忆诗歌内容，感受音乐，创编诗歌，轻松而有趣味地获得了语言、音乐相结合的新体验。真实的，才是有效的；推动发展的，才是有价值的。教学活动要让幼儿有真正学习的机会，并最大限度地推动幼儿的发展。

（2）活动体现了师幼互动的最高境界——教师和幼儿之间的滚动式互动。由找朋友游戏起始，教师简练有效的指导语便激起了一场密切的师幼互动。从找身边的朋友到帮太阳、月亮找朋友，幼儿从倾听教师的朗诵到给小图片排队再到自由创编，最后和太阳、月亮玩游戏，整个活动营造出了和谐温馨的情感氛围，分不清哪里是由老师发起的互动，哪里是由幼儿发起的互动，让幼儿完全陶醉其中。有效的师幼互动不仅推动了幼儿之间的同伴互动，提高了整个教学活动的效益，也感染了幼儿的活动情绪。有效的师幼互动，源于教师娴熟的教育技巧，体现了教师恰当处理活动中各因素之间相互关系的能力，同时也使教师的教学更有意义，使幼儿的学习更有意义。

案例2：中班语言活动

活动名称：中班语言活动"我从哪里来"。

活动目标：

（1）通过"看看""讲讲"，初步了解自己的成长过程；了解家长在养育自己的过程中所付出的艰辛。

（2）在日常生活中能体谅、关心孕妇及自己的父母。

活动准备：

（1）准备录像带（幼儿的成长过程）。

（2）联系怀孕的老师。

（3）请家长、幼儿共同完成调查表：小时候，爸爸妈妈为我做了什么？

活动过程：

1. 初步了解孕妇在行动上的不便，激发幼儿关心、帮助孕妇的愿望

（1）小宝宝在出生之前，生活在哪里？

（2）我们幼儿园姜老师肚子里有了小宝宝后，生活上有哪些不方便？

（3）小朋友，你怎么关心姜老师？你能为她做什么？

教师小结：小朋友都愿意关心、帮助姜老师，姜老师心里一定很高兴，小宝宝也会生活得更舒服，长得更健康。

2. 看看、讲讲胎儿的生长发育及父母的准备工作

小宝宝在妈妈肚子里是怎么长大的？妈妈要为他准备哪些事情？

教师小结：小宝宝在妈妈的肚子里越长越大，等到妈妈的肚子里放不下时，小宝宝就出生了。

3. 交流调查信息

小时候，爸爸、妈妈为你做了哪些事？

4. 激发幼儿爱父母、感激父母的情感

讨论：我们应该怎样关心爸爸、妈妈？将来怎样报答爸爸、妈妈？

5. 活动延伸

（1）鼓励幼儿在日常生活中为怀孕的老师、阿姨做力所能及的事。

（2）幼儿带一套自己从小到大的照片，在语言区讲述自己成长的趣事。

活动反思及评价：

幼儿目睹了怀孕的老师在工作、生活中的诸多不便，因此在讲述过程中幼儿积极性很高，帮助怀孕老师的愿望便油然而生，教师抓住这一契机对不同的幼儿进行有针对性的教育，使第一环节成为关爱教师和幼儿自我教育的过程。幼儿通过观看录像了解：小宝宝在妈妈肚子里吸收的是妈妈的营养，是靠脐带吸收营养；长大一点小脚会踢来踢去，还会翻身。幼儿们的注意力完全被直观形象的录像吸引住了，他们都发出惊叹：我们小时候都是这样的！幼儿了解了许多以前不知道的事情。在调查活动中，幼儿的主动性得到了充分发挥。在调查和交流活动中，幼儿感受到父母的养育之恩，体会了父母的艰辛劳动，特别是家长和幼儿们共同完成调查表的过程，更是融洽了亲子关系。通过本次活动，幼儿对父母的辛劳有了更深刻的认识，他们从心底里爱自己的亲人。通过相互讲述，幼儿们表达了自己关心报答父母的美好愿望。

案例3：大班语言活动

活动名称：大班语言活动"风在哪里"。

活动目标：

（1）围绕诗歌内容，丰富有关风的知识，激发探究自然界奥秘的愿望。

（2）大胆想象，运用已有的知识经验，利用诗歌的结构进行仿编活动。

活动准备：

小风车或幼儿自带的可产生风的小扇子、小气筒等，抒情的音乐磁带，幼儿已经认识过空气。

活动过程：

1. 诗歌朗诵活动

教师和幼儿一起回忆已学过的诗歌《风在哪里》的内容，并在音乐的伴奏下有感情地朗读。

2. 科学小实验"风是怎样产生的"

（1）幼儿用手在脸旁扇动，产生风，从而知道空气流动形成了风。

（2）利用小风车的转动，让幼儿了解到：空气流动得越快，风就越大；反之，风就越小。

（3）鼓励幼儿用不同的方法让身边的空气流动起来，产生风，如用扇子扇、压打气筒等。

（4）同伴之间互相交流"怎样才能产生风"。

3. 户外观察活动

指导幼儿观察风来时天空、陆地、水的变化，并对这些变化的形态进行联想，学习用诗歌的语句描述出来，如彩球说："当我在天空中轻盈地飞舞，那是风在吹过。"

4. 教师示范仿编诗歌

（1）帮助幼儿分析诗歌的结构。教师提问："诗歌共有几段？前三段有什么地方相同？"让幼儿知道，前三段首尾句结构相同，句子的数量也相同。诗人用排比的手法说明风无处不在，对自然界和人们的生活有很多用处；用拟人的手法说明风很可爱，表现人们非常喜爱风。

（2）教师启发和鼓励幼儿把户外观察到的有关风的情景大胆表达出来。请幼儿说说老师和幼儿编的诗歌与原来的诗歌有什么不一样，帮助幼儿掌握仿编的方法，然后指导幼儿进行仿编活动。

5. 美术延伸活动

鼓励幼儿回家后把看到的、想到的风来时引起的变化画出来，教师要布置一个"风来的时候"小画展。

附：

风在哪里

风在哪里？树儿说：当我的枝叶翩翩起舞，那是风在吹过。
风在哪里？花儿说：当我的花朵频频点头，那是风在吹过。
风在哪里？草儿说：当我的身体轻轻晃动，那是风在吹过。

风在哪里？风就在我们身边。春天，它吹绿了大地；夏天，它送来了凉爽；秋天，它飘来了果香；冬天，它带来了银装。

活动反思及评价：

这是一个典型的语言领域和科学领域以及美术领域学科整合的教育活动。教师在幼儿学习作品之后，安排一系列有关风的科学实验活动，通过用手扇风、风车转动、打气筒打气等操作活动，使幼儿掌握有关风的相关知识，进一步帮助幼儿理解作者笔下的物质世界和精神世界，并让幼儿进行户外观察，积累经验，将文学作品内容加以整合纳入自己的经验范畴，为幼儿仿编诗歌做知识方面的准备。美术延伸活动让幼儿创作绘画"风来的时候"，既是美术活动的有机整合，完成直接经验与文学作品间接经验的双向迁移，又为幼儿进一步仿编提供了有利条件。前后两个活动相呼应，为幼儿积累了较丰富的知识经验。然后仿编活动就正式拉开了序幕，教师首先帮助幼儿分析诗歌的语言结构，训练幼儿依据诗歌原有的句式学习仿编诗歌，同时又启发幼儿将户外观察到的情景编进诗歌，这使得幼儿的仿编不仅"言之有物"，而且"言之有序"，有利于提高幼儿的诗歌仿编水平。

纵观整个活动，不仅体现了领域间整合的特点，即语言领域、科学领域和美术领域的整合，还体现了语言领域内整合的特点：既是文学作品的学习与运用，又是谈话活动和讲述活动的体现。如让幼儿自由交流怎样产生风，这是谈话活动内容；指导幼儿观察风来时天空、陆地、水的变化，并联想这些变化的形态像什么，学习用诗歌的语句描述，如彩球说："当我在天空中轻盈地飞舞，那是风在吹过"，这是想象讲述的内容。同时，这些内容又都是围绕诗歌《风在哪里》，依据幼儿的发展水平和教育要求有机整合相关领域、相关内容，活动过程非常具有层次性、递进性、连续性，体现了从理解到表达、从模仿到创新、从接受到运用的语言能力学习和培养要求。活动的内容既是前一层次的延续，又是后一层次的前奏，环环相扣，层层推进，为幼儿的语言学习与发展铺设了阶梯。

❀ 拓展训练

（1）简述 0～3 岁婴幼儿的语言发展规律。

（2）简述 3～6 岁幼儿的语言发展规律。

（3）简述幼儿语言发展与教育指导的关系。

📄 学习总结

在本章中我们了解到幼儿语言发展的基本规律，对 0～3 岁、3～6 岁不同年龄阶段的语言发展规律进行总结归纳，并针对语言发展规律分析与教育指导之间的联系，以便更高效地对幼儿的语言发展进行指导。

第三章
文件引领下的语言领域

在本章中你会学习到幼儿园语言教育活动的相关文件解读，包括《幼儿园教育指导纲要（试行）》和《3～6岁幼儿学习与发展指南》中对于语言领域的目标、内容要求及指导要点，并对文件进行详细的解读与分析。

📖 学习目标

（1）明确《纲要》《指南》中语言领域的总目标。
（2）掌握《纲要》《指南》中语言领域的内容与要求。
（3）牢记《纲要》《指南》中语言领域的指导要点。

🔗 思维导图

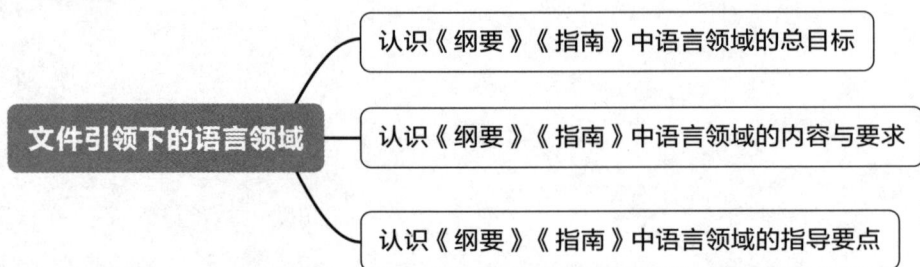

文件引领下的语言领域 → 认识《纲要》《指南》中语言领域的总目标
文件引领下的语言领域 → 认识《纲要》《指南》中语言领域的内容与要求
文件引领下的语言领域 → 认识《纲要》《指南》中语言领域的指导要点

第一节

认识《纲要》《指南》中语言领域的总目标

✈ 案例导入

大班语言活动"美丽的小孔雀"

教师："有一只美丽的小孔雀也来参加森林选美大赛，它做了哪些准备？"

（幼儿欣赏老师的孔雀舞表演）

教师："刚才小孔雀做了哪些准备？"

幼儿："她动了动翅膀，她用嘴巴动了动羽毛，她在整理羽毛。"

（教师出示"舔"的字图卡，伸直左臂嘴部做轻抚的动作，告诉幼儿这是"舔"的动作。）

教师："我们一起学学小孔雀舔羽毛的动作吧！"

教师："小孔雀还做了哪些准备？"（老师用舞蹈动作再次表演）

幼儿："我真漂亮呀！照一照水里的影子，哎呀！我好美呀！"

教师："请你把这句话用动作做出来！"

教师："我们一起学学这个动作吧！小孔雀还做了哪些准备？"

幼儿："孔雀还'抖一抖'，再开屏。"

（教师与全班幼儿一起模仿动作，教师先后顺序出示"照""抖"等图卡，引导幼儿随音乐进行故事中孔雀梳理羽毛、照一照水里的影子、展开抖一抖等动作。）

要求：根据案例分析以下问题。

（1）案例中的教学内容是否符合大班幼儿的语言学习特点?

（2）请根据《指南》和《纲要》中提出的幼儿语言领域的目标写出适用于该班级阶段的活动目标。

❖ 知识讲解与案例分析

从《纲要》到《指南》不断地强化幼儿语言学习与发展的核心价值观念，这一核心价值观是幼儿语言交往能力的发展，包含口头和书面语言交往能力的发展，关键是口头语言能力的发展。因为幼儿的语言能力是在交流和运用的过程中发展起来的，教师必须为幼儿创设自由、宽松的语言交往环境，鼓励和支持幼儿与成人、同伴交流，让幼儿想说、敢说、喜欢说并能得到积极回应。为此，教师要深刻理解《纲要》和《指南》中语言领域的总目标。

一、《纲要》中语言领域的总目标

《纲要》指出，幼儿园的教育内容是全面的、启蒙性的，可以相对划分为健康、语言、社会、科学、艺术五个领域，也可做其他不同的划分。各领域的内容相互渗透，从不同的角度促进幼儿情感、态度、能力、知识、技能等方面的发展，其中对语言领域的目标界定如下。

（1）乐意与人交谈，讲话礼貌。

（2）注意倾听对方讲话，能理解日常用语。

（3）能清楚地说出自己想说的事。

（4）喜欢听故事、看图书。

（5）能听懂和会说普通话。

二、《指南》中语言领域的总目标

《指南》从健康、语言、社会、科学、艺术五个领域描述幼儿的学习与发展。每个领域按照幼儿学习与发展最基本、最重要的内容划分为若干方面。每个方面由学习与发展目标和教育建议两部分组成，其中将语言领域分为倾听与表达、阅读与书写准备两个子领域，并分别提出了如下目标。

（一）倾听与表达方面

（1）认真倾听并能听懂常用语言。

（2）愿意讲话，并能清楚地表达。

（3）具有文明的语言习惯。

（二）阅读与书写准备方面

（1）喜欢听故事、看图书。

（2）具有初步的阅读理解能力。

（3）具有书面表达的愿望和初步技能。

三、解读幼儿园语言教育的总目标

语言领域的总目标指出了语言教育重点要追求什么，指明了语言教育的价值取向。《纲要》《指南》从倾听与表达、阅读与书写准备等方面确定幼儿园语言教育总目标，具体包括倾听、讲述、文学活动和早期阅读等内容，并且注意从以下几个方面对幼儿实施语言教育。

（一）重视情感态度，培养文明语言习惯

总目标中追求情感态度的教育价值，注重引发幼儿体验与人交谈、倾听故事等的兴趣，注重引导幼儿体会学习语言和运用语言的快乐，提出要培养幼儿文明的语言习惯，这些是我们在开展语言教育活动中始终要贯彻和落实的重要精神。

（二）重视倾听习惯，发展语言理解能力

倾听是幼儿感知和理解语言的行为表现，是幼儿语言学习和发展不可缺少的一种行为能力。幼儿只有懂得倾听、乐于倾听并且善于倾听，才能真正理解语言的内容、语言的形式和语言运用的方式，掌握与人进行语言交流的技巧。

（三）重视交流表达，发展完整讲述能力

鼓励幼儿大胆、清楚地表达自己的想法和感受，尝试说明、描述简单的事物或过程，发展思维能力和语言表达能力。以一定的语言内容、语言形式以及语言运用方式表达和交流个人观点的行为，是幼儿语言学习和语言发展的主要表现之一。幼儿只有懂得表述的作用、愿意向别人表述自己的见解，并且具备表述能力，才能真正与人进行语言交际。

（四）重视文学欣赏，增进直观体验理解

引导幼儿接触优秀的幼儿文学作品，使之感受语言的丰富和优美，并通过各种活动帮助幼儿加深对作品的体验和理解。幼儿在学习文学作品中形成的综合的语言能力，能够增强他们对语言核心操作能力的不同层次的敏感性。

（五）重视阅读活动，发展阅读理解能力

培养幼儿对生活中常见的简单标记和文字等的兴趣。利用图书、绘画和其他多种方式，引发幼儿对书籍、阅读和书写的兴趣，培养前阅读和前书写技能。

第二节
认识《纲要》《指南》中语言领域的内容与要求

📝 案例导入

乐乐的烦恼

乐乐小朋友是从南方转学到北方的。刚入园的时候，因为方言无法与老师、其他小朋

友顺畅交流，有的小朋友嘲笑他的方言，而且纷纷模仿。乐乐的自尊心很强，觉察到这一点后，就很少和老师、同伴交流了。

要求：根据案例分析以下问题。

（1）如果你是乐乐的老师，你准备怎样引导他进行语言交流呢？

（2）请依据《指南》和《纲要》中对于幼儿语言领域的目标和要求进行指导说明。

✖ 知识讲解与案例分析

《纲要》明确提出了幼儿园教育内容与要求、组织与实施以及教育评价等方面的内容。《指南》明确提出了3～6岁各年龄段幼儿学习与发展目标和相应的教育建议。其中，对语言领域的要求和精神需要教师不断深入地领会和贯彻。

一、《纲要》中语言领域的内容与要求

（1）创设一个自由、宽松的语言交往环境，支持、鼓励、吸引幼儿与教师、同伴或其他人交谈，体验语言交流的乐趣，学习使用适当的、礼貌的语言交往。

（2）养成幼儿倾听的习惯，发展语言理解能力。

（3）鼓励幼儿大胆、清楚地表达自己的想法和感受，尝试说明、描述简单的事物或过程，发展语言表达能力和思维能力。

（4）引导幼儿接触优秀的幼儿文学作品，使之感受语言的丰富和优美，并通过多种活动帮助幼儿加深对作品的理解。

（5）培养幼儿对生活中常见的简单标记和文字符号的兴趣。

（6）利用图书、绘画和其他多种方式，引发幼儿对书籍、阅读和书写的兴趣，培养前阅读和前书写技能。

（7）提供普通话的语言环境，帮助幼儿熟悉、听懂并学说普通话。民族地区还应帮助幼儿学习本民族语言。

二、《指南》中语言领域的内容与要求

（一）倾听与表达方面

1. 认真听并能听懂常用语言

3～4岁	4～5岁	5～6岁
（1）别人对自己说话时能注意听并做出回应。 （2）能听懂日常会话	（1）在群体中能有意识地听与自己有关的信息。 （2）能结合情境感受到不同语气、语调所表达的不同意思。 （3）少数民族幼儿能基本听懂普通话	（1）在集体中能注意听老师或其他人讲话。 （2）听不懂或有疑问时能主动提问。 （3）能结合情境理解一些表示因果、假设等的相对复杂的句子

2. 愿意讲话并能清楚地表达

3～4岁	4～5岁	5～6岁
（1）愿意在熟悉的人面前说话，能大方地与人打招呼。 （2）能表达自己的需要和想法，必要时能配以手势动作。 （3）能口齿清楚地说儿歌、童谣或复述简短的故事	（1）愿意与他人交谈，喜欢谈论自己感兴趣的话题。 （2）基本会说普通话的日常会话。少数民族聚居地区幼儿愿意学说普通话。 （3）能基本完整地讲述自己的所见所闻和经历的事情。 （4）讲述比较连贯	（1）愿意与他人讨论问题，敢在众人面前说话。 （2）会说普通话，发音正确、清晰。少数民族聚居地区幼儿会用普通话进行日常简单会话。 （3）能有序、连贯、清楚地讲述一件事情。 （4）讲述时能使用常见的形容词、同义词等，语言比较生动

3. 具有文明的语言习惯

3～4岁	4～5岁	5～6岁
（1）与别人讲话时知道眼睛要看着对方。 （2）说话自然，声音大小适中。 （3）能在成人的提醒下使用恰当的礼貌用语	（1）别人对自己讲话时能回应。 （2）能根据场合调节自己说话声音的大小。 （3）能主动使用礼貌用语，不说脏话、粗话	（1）别人讲话时能积极主动地回应。 （2）能根据谈话对象和需要，调整说话的语气。 （3）懂得按次序轮流讲话，不随意打断别人。 （4）能依据所处情境使用恰当的语言。如在别人悲伤时会用恰当的语言表示安慰

（二）阅读与书写准备方面

1. 喜欢听故事，看图书

3～4岁	4～5岁	5～6岁
（1）经常主动要求成人讲故事、读图书。 （2）喜欢跟读韵律感强的儿歌、童谣。 （3）爱护图书，不乱撕乱扔	（1）经常反复看自己喜欢的图书。 （2）喜欢把听过的故事或看过的图书讲给别人听。 （3）对生活中常见的标识、符号感兴趣，知道它们表示一定的意义	（1）经常专注地阅读图书。 （2）喜欢与他人一起谈论图书和故事的有关内容。 （3）在阅读图书和生活情境中对文字符号感兴趣，知道文字表示一定的意义

2. 具有初步的阅读理解能力

3～4岁	4～5岁	5～6岁
（1）能听懂短小的儿歌或故事。 （2）会看画面，能根据画面说出图中有什么，发生了什么事等。 （3）能理解图书上的文字是和画面对应的，是用来表达画面意义的	（1）能大体讲出所听故事的主要内容。 （2）能根据连续画面提供的信息，大致说出故事的情节。 （3）能随着作品的展开产生喜悦、担忧等相应的情绪反应，体会作品所表达的情绪情感	（1）能说出所阅读的幼儿文学作品的主要内容。 （2）能根据故事的部分情节或图书画面的线索猜想故事情节的发展，或续编、创编故事。 （3）对看过的图书、听过的故事能说出自己的看法。 （4）能初步感受文学语言的美

3. 具有书面表达的愿望和初步技能

3～4岁	4～5岁	5～6岁
（1）喜欢用涂涂画画表达一定的意思。 （2）尝试正确握笔	（1）愿意用图画和符号表达自己的愿望和想法。 （2）在成人提醒下，写写画画时姿势正确	（1）愿意用图画和符号表现事物或故事。 （2）会正确地写自己的名字。 （3）写写画画时姿势正确

三、解读语言领域的内容与要求

语言领域的内容与要求指明了有哪些教育内容，教师应该做什么、怎么做等问题。理解了《纲要》和《指南》中语言领域的内容与要求后，教师要在语言教育中积极组织适合幼儿的活动，创设适宜的教育环境，促进幼儿主动学习。具体可以从以下方面对幼儿实施语言教育。

（一）注重真实语言交往环境的创设

幼儿语言的学习主要是以习得的方式获得的。语言习得是一个无意识、自然而然地学习、使用并掌握语言的过程。《纲要》和《指南》都提出，幼儿园语言教育实施的关键在于创造一个自由、宽松的语言交往环境，支持、鼓励、吸引幼儿与教师、同伴或其他人交谈，体验语言交流的乐趣，这与语言习得观相吻合，在自由、宽松、真实的语言环境中，幼儿会自然而又灵活地学会运用有关语言规则与人交往。

（二）注重幼儿良好倾听习惯的培养

《纲要》和《指南》指出，养成幼儿注意倾听的习惯，发展语言理解能力。倾听是幼儿感知和理解语言的行为表现，只有懂得倾听，乐于倾听，并且善于倾听别人的谈话，才能真正理解谈话内容，掌握与人进行语言交流的技巧。倾听可以说是幼儿学会谈话的第一步，培养幼儿倾听的习惯是学习倾听技能的前提，教师要有意识地培养幼儿的三种倾听技能：一是有意识地倾听；二是辨析性地倾听；三是理解性地倾听。

（三）注重幼儿语言运用能力的培养

研究者将幼儿语言学习的内容分为语言内容、语言形式和语言运用三类。其中，语言运用的流畅性是幼儿语言发展的根本。语言运用的准确性与敏感性是在语言运用过程中逐渐提高的，语言内容与语言形式也是在语言运用过程中逐渐掌握的。《纲要》和《指南》明确提出语言运用能力的具体要求：幼儿的语言能力是在交流和运用的过程中发展起来的，要鼓励幼儿大胆、清楚地表达自己的想法和感受，尝试说明、描述简单的事物或过程，发展语言表达能力和思维能力。在语言教育活动中，教师要重视幼儿语言运用能力的培养。

（四）回归文学作品学习的本意

幼儿文学作品学习的价值在于培养幼儿初步感知和欣赏文学作品语言的能力，获得精神上的愉悦和满足。《纲要》和《指南》将"喜欢听故事、看图书""引导幼儿接触优秀的幼儿文学作品，使之感受语言的丰富和优美"作为主要教育目标，更加强调故事、儿歌等文学作品在幼儿语言发展过程中的独特作用，回归了文学作品学习的本来价值。

（五）注重在生活中学习和运用语言

学前幼儿的语言学习主要以自然习得为主。他们使用语言主要是为了表达自己的情感和对周围事物及其简单关系的认识。语言对他们来说是一种工具。《纲要》和《指南》指出，幼儿的语言学习需要相应的社会经验支持，应通过多种活动扩展幼儿的生活经验，丰富语言的内容，增强理解和表达能力。教师应当多渠道地丰富幼儿的生活经验，引导幼儿在有趣的、合适的、真实的生活环境中积极地学习和运用语言，促进语言发展。

（六）注重早期阅读能力的培养

《纲要》和《指南》不仅提出了"喜欢听故事、看图书""培养幼儿对生活中常见的简单标记和文字符号的兴趣"等目标，而且明确指出要"利用图书、绘画和其他多种方式，引发幼儿对书籍、阅读和书写的兴趣，培养前阅读和前书写技能"。因此，教师要积极为幼儿提供丰富的低幼读物，经常和幼儿一起看图书、讲故事，丰富其语言表达能力，培养阅读兴趣和良好的阅读习惯，进一步拓展学习经验。教师应在生活情境和阅读活动中引导幼儿自然而然地对文字产生兴趣，而用机械记忆和强化训练的方式让幼儿过早识字是不符合其学习特点和接受能力的。

第三节
认识《纲要》《指南》中语言领域的指导要点

案例导入

中班创编活动"伞"

教师："你们看到了什么？"

幼儿："我看到红的花。"

教师："哦，是红红的花朵。旁边有什么？"

幼儿："绿绿的叶子，绿绿的大树。"

幼儿："大大的蘑菇，黄黄的落叶。"

教师："下雨了，怎么办？"

幼儿："可以躲在蘑菇下。"

教师："可以躲在蘑菇下怎么样啊？"

幼儿："躲在蘑菇下当伞。"

教师："跟上图的节奏怎么说更好些？"（同时出示图谱）

幼儿："大大的蘑菇是我的伞。"

教师："还有谁，有什么好办法吗？"

幼儿："可以躲在大树边。"

教师："大树边当什么？"

幼儿："大大的树儿是我的伞。"

教师："我们赶紧去找伞吧！"

（幼儿自由找"伞"，边用图谱的方式记录创编的儿歌）

要求：根据案例分析以下问题。

（1）结合案例中的内容讨论对于语言创编活动的指导需要注意哪些要点。

（2）材料中的教育指导有何需要改进的地方吗？

知识讲解与案例分析

语言领域的指导要点指明了语言教育领域知识的主要特点，其教和学的主要特点以及应当注意的有普遍性的问题等。教师应结合教育实践全面实施指导要点的精神。

一、《纲要》中语言领域的指导要点

（1）语言能力是在运用的过程中发展起来的，发展幼儿语言的关键是创设一个能使他们想说、敢说、喜欢说、有机会说并能得到积极应答的环境。

（2）幼儿语言的发展与其情感、经验、思维、社会交往能力等其他方面的发展密切相关，因此，发展幼儿语言的重要途径是通过互相渗透各领域的教育，在丰富多彩的活动中扩展幼儿的经验，提供促进语言发展的条件。

（3）幼儿的语言学习具有个别化的特点，教师与幼儿的个别交流、幼儿之间的自由交谈等，对幼儿语言发展具有特殊意义。

（4）对有语言障碍的幼儿要给予特别关注，要与家长和有关方面密切配合，积极地帮助他们提高语言能力。

二、《指南》中语言领域的指导要点

《指南》在每一目标下都有相关的教育建议，6 条目标总共有 15 条建议。这些教育建议是结合幼儿语言学习的特点及发展的规律，从幼儿的角度提出的，是教师和家长开展语言教育活动的主要途径和重要方法。

（一）倾听与表达方面

1. 目标 1——认真听并能听懂常用语言的教育建议

（1）多给幼儿提供倾听和交谈的机会。如经常和幼儿一起谈论他感兴趣的话题，或一起看图书、讲故事。

（2）引导幼儿学会认真倾听。如成人要耐心倾听别人（包括幼儿）的讲话，等别人讲完再表达自己的观点；与幼儿交谈时，要用幼儿能听得懂的语言；对幼儿提要求和布置任务时要求他注意听，鼓励他主动提问。

（3）对幼儿讲话时，注意结合情境使用丰富的语言，以便于幼儿理解。如说话时注意语气、语调，让幼儿感受语气、语调的作用。如对幼儿的不合理要求以比较坚定的语气表示不同意；讲故事时，尽量把故事人物高兴、悲伤的心情用不同的语气、语调表现出来。根据幼儿的理解水平有意识地使用一些反映因果、假设、条件等关系的句子。

2. 目标 2——愿意讲话并能清楚地表达的教育建议

（1）为幼儿创造说话的机会并体验语言交往的乐趣。每天有足够的时间与幼儿交谈。如谈论他感兴趣的话题，询问和听取他对自己事情的意见等。尊重和接纳幼儿的说话方式，无论幼儿的表达水平如何，都应认真地倾听并给予积极的回应。鼓励和支持幼儿与同伴一起玩耍、交谈，相互讲述见闻、趣事或看过的图书、动画片等。方言和民族地区应积极为幼儿创设用普通话交流的语言环境。

（2）引导幼儿清楚地表达。如和幼儿讲话时，成人自身的语言要清楚、简洁。当幼儿因为急于表达而说不清楚的时候，提醒他不要着急，慢慢说；同时要耐心倾听，给予必要的补充，帮助他理清思路并清晰地说出来。

3. 目标 3——具有文明的语言习惯的教育建议

（1）成人注意语言文明，为幼儿作出表率。如与他人交谈时认真倾听，使用礼貌用语；在公共场合不大声说话，不说脏话、粗话；幼儿表达意见时，成人可蹲下来，眼睛平视幼儿，耐心听他把话说完。

（2）帮助幼儿养成良好的语言行为习惯。如结合情境提醒幼儿一些必要的交流礼节，如对长辈说话要有礼貌，客人来访时要打招呼，得到帮助时要说谢谢等；提醒幼儿遵守集体生活的语言规则，如轮流发言，不随意打断别人讲话等；提醒幼儿注意公共场所的语言文明，如不大声喧哗。

（二）阅读与书写准备方面

1. 目标1——喜欢听故事，看图书的教育建议

（1）为幼儿提供良好的阅读环境和条件。如提供一定数量、符合幼儿年龄特点、富有童趣的图画书；提供相对安静的地方，尽量减少干扰，保证幼儿自主阅读。

（2）激发幼儿的阅读兴趣，培养阅读习惯。如经常抽时间与幼儿一起看图书、讲故事；提供童谣、故事和诗歌等不同体裁的幼儿文学作品，让幼儿自主选择和阅读；当幼儿遇到感兴趣的事物或问题时，和他一起查阅图书资料，让他感受图书的作用，体会通过阅读获取信息的乐趣。

（3）引导幼儿体会标识、文字符号的用途。如向幼儿介绍医院、公用电话等生活中的常见标识，让他知道标识可以代表具体事物；结合生活实际，帮助幼儿体会文字的用途。如买来新玩具时，把说明书上的文字念给幼儿听，使他了解玩具的玩法。

2. 目标2——具有初步的阅读理解能力的教育建议

（1）经常和幼儿一起阅读，引导他以自己的经验为基础理解图书的内容。如引导幼儿仔细观察画面，结合画面讨论故事内容，学习建立画面与故事内容的联系；和幼儿一起讨论或回忆书中的故事情节，引导幼儿有条理地说出故事的大致内容；在给幼儿读书或讲故事时，可先不告诉名字，让幼儿听完后自己命名，并说出这样命名的理由；鼓励幼儿自主阅读，并与他人讨论自己在阅读中的发现、体会和想法。

（2）在阅读中发展幼儿的想象力和创造能力。如鼓励幼儿依据画面线索讲述故事，大胆推测、想象故事情节的发展，改编故事部分情节或续编故事结尾；鼓励幼儿用故事表演、绘画等不同的方式表达自己对图书和故事的理解；鼓励和支持幼儿自编故事，并为自编的故事配上图画，制成图画书。

（3）引导幼儿感受文学作品的美。如有意识地引导幼儿欣赏或模仿文学作品的语言节奏和韵律；给幼儿读书时，通过表情、动作和抑扬顿挫的声音传达书中的情绪情感，让幼儿体会作品的感染力和表现力。

3. 目标3——具有书面表达的愿望和初步技能的教育建议

（1）让幼儿在写写画画的过程中体验文字符号的功能，培养书写兴趣。如准备供幼儿随时取放的纸、笔等材料，也可利用沙地、树枝等自然材料，满足幼儿自由涂画的需要；鼓励幼儿将自己感兴趣的事情或故事画下来并讲给别人听，让幼儿体会写写画画的方式可以表达自己的想法和情感；把幼儿讲过的事情用文字记录下来，并念给他听，使幼儿知道说的话可以用文字记录下来，从中体会文字的用途。

（2）在绘画和游戏中做必要的书写准备，如通过把虚线画出的图形轮廓连成实线等游

戏，促进幼儿手眼协调，同时帮助幼儿学习由上至下、由左至右的运笔技能；鼓励幼儿学习书写自己的名字；提醒幼儿写画时保持正确姿势。

三、解读语言领域的指导要点

落实《纲要》《指南》指导要点的精神要关注幼儿学习与发展的整体性，尊重幼儿发展的个体差异，理解幼儿的学习方式和特点，重视幼儿的学习品质。在实践教育中教师要从如下方面改进教育行为。

（一）创设良好的语言环境

教师应始终将创设良好的语言环境作为语言教育改革的中心工作，并致力于探究良好语言环境的创设以及语言教学中各类语境的创设和运用问题，尤其要基于幼儿的兴趣和经验，营造幼儿乐于交往、乐意表达的情境，促使幼儿全身心地投入其中，不由自主地交流和运用语言。落实《纲要》《指南》的精神，教师可从班级环境的色调氛围、区域布置，玩具材料的投放，作息时间的安排，活动内容的搭配，同伴关系的调整，师幼互动的质量等方面去迎合幼儿的需求，使环境处处蕴含促进幼儿积极运用语言的诱因。

（二）关注日常的语言交往

幼儿常常在自由自在、轻松交谈中获得语言的学习与发展，他们在日常生活中的语言运用远远超过语言集中教育活动。落实《纲要》《指南》的精神，教师应做到细心观察和参与日常生活中幼儿的个别交谈，随时呼应幼儿的提问，即兴展开轻松的对话，随处引发幼儿的倾听、欣赏、朗诵和创作，并创设丰富的语言区或阅读区，组织幼儿在语言区中自由操作和交谈、自主阅读和讲述、自发朗读和表演，促使幼儿轻松自在地运用语言。

（三）引发积极的情趣体验

实施《纲要》《指南》，教师应注意保护和培养幼儿良好的学习品质，在语言教育过程中重视幼儿积极的情趣体验。教师应以生动而富有童趣的语调和情趣感染幼儿，积极地回应幼儿的表现，对幼儿的语言行为给予高度的肯定和赞许，并引发幼儿对活动内容的积极体验，引导幼儿直接地感受活动的乐趣和交谈的愉悦，从而乐意交谈，善于表达。

（四）重视成人的适时引导

实施《纲要》《指南》，教师和家长应落实教育指导和教育建议的各条要求，切实按照教育要点给予幼儿语言学习的有效指导。成人应多陪伴幼儿，以一颗童心对待幼儿的言行表现，在与幼儿的交流中随机进行教育指导。教师应准确把握语言教育的最佳时机，结合幼儿的生活经验自然地引发交谈的话题，跟随幼儿的兴趣走向，巧妙地呼应幼儿语言表达的内容，适时地递词传句、扩充完善讲述内容，并引发幼儿同伴间的小组交流和个别交流，促使幼儿积极有效地运用语言。

（五）综合多种教育途径

实施《纲要》《指南》，教师应综合各种途径实施语言教育，不仅要组织好专门性的语言活动，提高幼儿语言学习的有效性，而且要组织好日常生活及各领域教育中的渗透性语言活动，促进幼儿语言交往能力的良好发展。语言既是幼儿学习的对象，也是幼儿接受教育、获取经验的工具，应通过专门的语言教育、语言区活动，日常生活中的语言交流，区域游戏活动中的语言交往，以及各领域教育和家庭生活中的语言运用，切实有效地促使幼儿学习语言，真正发挥语言与认知、思维、交际和社会等方面的相互促进作用，迅速提高幼儿的语言运用能力。

（六）增强成人的语言素养

实施《纲要》《指南》，成人需要增强自身的语言素养。教师首先应养成文明的语言习惯，注意与幼儿交谈时的姿势、态度、语气及语调变化，应与幼儿平等地交流，耐心倾听幼儿说话，注意不同语境中不同语言表达方式的恰当运用。此外，教师应提升文学素养，带领幼儿一同阅读图书，欣赏体验文学作品的语言美和文学美，并储备足够的文学作品，能够在适宜的场合传递给幼儿不同风格的作品内容，让幼儿在真实的场景中自然地感受作品的优美，从小喜欢听故事、看图书，不断丰富心灵的精神食粮。

（七）推进快乐的阅读活动

实施《纲要》《指南》，应积极推进快乐的阅读活动。教师应创设富有情趣的阅读区，提供丰富多样的阅读材料，营造温馨舒适的阅读氛围，与幼儿一同共享阅读的快乐。家长应结合日常生活中的真实情境，引导幼儿阅读广告招牌、交通信号、路标、公园路线图、玩具说明书、电话本、餐馆菜单等，在生活中进行有益有效的阅读活动。教师和家长应结合写写画画、游戏等活动，引导幼儿感知文字的意义，练习握笔和运笔，提高幼儿对书面语言的敏感性，多形式地开展阅读活动，培养幼儿的阅读兴趣和习惯，促进阅读理解能力的发展。

以《纲要》《指南》引领幼儿园的语言教育改革，教师应不断学习，深入领会，促进教改。教师要全面领会《纲要》《指南》的精神，反思现实中语言教育的问题，转变教育的视角，以幼儿的兴趣、需要及发展水平为教育的起点，迎合幼儿语言学习的特点，遵循幼儿语言发展的规律，保护和培养幼儿良好的学习品质，朝着幼儿语言学习与发展的方向，不断提高幼儿的语言交往能力。

案例

案例1：幼儿园谈话活动

活动名称：小班语言谈话活动"好吃的水果"。

活动目标：

小班的幼儿对自己熟悉的生活会有话说，尤其是吃的和玩的。本次活动就是用幼儿喜欢的水果作为话题，让幼儿调动自己的经验，积极参与谈话活动，注意倾听别人说话，用简短的语言表达自己的意思。同时，让幼儿懂得水果是怎么来的，吃水果要讲究卫生。

（1）幼儿乐于与同伴交流，学会与别人分享。

（2）幼儿知道更多的水果，了解水果的生长过程。

（3）幼儿学会在集体中围绕话题自由谈话，并认真倾听同伴的谈话。

活动准备：

（1）经验准备：幼儿认识常见的水果。

（2）物质准备：幼儿准备一种水果，教师准备几种不常吃到的水果，教师制作树发芽、开花、结果的图片。

活动过程：

1.创设谈话情境，引发幼儿谈话兴趣

（1）教师请幼儿将自己带来的水果放到桌上，并说说自己带来的是什么水果。

（2）教师将自己带来的水果拿出来，先请幼儿说出水果的名字，并说说这几种水果是什么味道的。然后，教师说出自己带来的水果的名字，并用甜甜的、酸酸的等词汇描述水果的味道。

（3）请一两个幼儿说出自己带来的水果的名字、颜色和味道。

2.引导幼儿围绕话题交谈

（1）让幼儿自由结伴交谈，说出自己带来的水果的名字、颜色和味道。教师参与谈话活动，引导幼儿围绕话题谈话。

（2）教师问幼儿为什么要吃水果？小朋友们平时吃水果多不多？

（3）在幼儿自由交谈的基础上，全班幼儿集中谈水果。教师请几个在自由交谈中讲得好的幼儿向大家介绍自己最爱吃的水果的味道，并说说为什么要吃水果。

教师对没说清楚的问题给予补充，让幼儿知道吃水果的好处。

3.引导幼儿逐步拓展话题

让幼儿分组谈论几个关于水果的问题。

（1）好吃的水果是从哪里来的？

（2）小朋友们在吃水果之前要不要洗水果，为什么？

请几个幼儿谈谈他们的谈论结果，之后教师出示准备好的一些果树发芽、开花、结果的图片，让幼儿了解水果的生长过程，并结合水果在生长过程中需要打农药，告诉小朋友吃水果之前一定要洗干净。

4.谈话活动延伸

教师把幼儿带来的所有的水果和自己准备的水果都再洗一洗，分给全班的小朋友品尝。幼儿在品尝水果味道的同时，也学会了分享。活动在欢快的气氛中结束。

案例2：幼儿园文学作品活动1

活动名称：小班儿歌欣赏活动"我有一双小小手"。

活动目标：

幼儿园小班的孩子明显的特点之一是活泼好动，本次儿歌欣赏活动充分利用幼儿好动的特点，调动幼儿已有的生活经验，使幼儿更真切地感受到手的重要性。儿歌押韵，富有节奏，欢快流畅，深受幼儿喜爱，易于激发幼儿诵读的兴趣。此外，儿歌语言简洁明了，便于引导小班幼儿尝试仿编句子。

（1）幼儿学习儿歌内容，萌发爱家人的情感，懂得"自己的事情自己做"的道理。

（2）幼儿牢记一双手十个手指头，尝试区分左右手。

（3）幼儿学习仿编，将个人的经验用儿歌的形式表现出来。

活动准备：

（1）经验准备：幼儿认识自己的小手，知道自己小手的本领。

（2）物质准备：教师准备CD。

活动过程：

1. 创设情境，引出儿歌

（1）请小朋友们猜一猜，有一位好朋友就长在你的身上，每天都你穿衣、洗脸、吃饭、玩玩具、拿东西，它是什么？幼儿回答正确后给予鼓励。

（2）今天老师为小朋友们带来一首儿歌——《我有一双小小手》。（教师先朗读示范，配合肢体语言，再带领小朋友们有节奏、有感情地朗读几遍）

2. 帮助幼儿理解儿歌

（1）请小朋友们说说，你有几只手，共有几根手指头？哪只是左手请举起来，哪只是右手再举起来。（幼儿回答正确后给予鼓励。之后，每两个小朋友一组，说说、猜猜左右手）

（2）儿歌表演。播放CD，师生共同活动，教师在前面带领小朋友一起表演创编的儿歌——《我有一双小小手》，帮助幼儿识记左右手。

3. 迁移儿歌经验

（1）教师请小朋友们说说自己的小手都能做什么。（幼儿自由发言，说出儿歌中的"洗脸、漱口、穿衣、梳头"）

（2）情感教育。教师询问在家里是谁给小朋友穿衣、洗脸、梳头的。（幼儿自由发言）

教师表扬"自己的事情自己做"的小朋友，希望"爸爸妈妈帮着做"的小朋友，以后一定要自己做。为了感谢爸爸妈妈，请小朋友对爸爸妈妈说一句甜甜的话，回家后再把甜甜的话讲给爸爸妈妈听。

4. 仿编儿歌

（1）教师带领幼儿回忆并复习儿歌，然后请全体幼儿一起朗诵儿歌。

（2）激发幼儿讲讲，除了儿歌中提到的，自己的小手还能做哪些事情。

（3）教师先示范，然后让幼儿分组自由仿编，引导幼儿扩展思路，说出手可以写字、画画、买东西、搀扶奶奶、给爷爷捶背、给妈妈搬凳子、给爸爸拿拖鞋等。

（4）最后，教师将每位幼儿轮流说的句子组成一首新的、长长的儿歌——《我有一双小小手》，结束活动。

附儿歌：

我有一双小小手

我有一双小小手，我有一双小小手，

一只左来一只右，能洗脸来能漱口。

小小手，小小手，会穿衣，会梳头，

一共十个手指头。自己事情自己做。

案例3：幼儿园文学作品活动2

活动名称：中班诗歌欣赏活动"小雨滴"。

活动目标：

春天到了，万物苏醒，好一片美丽的春景，偶尔有一些蒙蒙春雨，孩子们十分喜欢下春雨的感觉，总会问一些有关春雨的话题，"春雨有颜色吗？""老师，雨滴落在地上会怎么样？"根据这一自然现象，结合幼儿的年龄特点和兴趣，选择了诗歌《小雨滴》。在本次活动中，借助场景渲染气氛，运用课件中春雨的直观画面和生动的动画形象，让孩子们在活动中感受雨滴的活泼可爱，体会诗歌的优美意境，培养幼儿的文学想象力。

（1）感受诗歌的优美意境，喜欢小雨滴的调皮可爱。

（2）理解词语：晶莹、顽皮等。

（3）激发对大自然的热爱。

活动准备：

（1）经验准备：让幼儿了解下雨的景象和特征。

（2）物质准备：自制多媒体课件，创设下雨的场景。

活动过程：

一、幼儿扮演小雨滴找朋友进入场景，激发他们参与活动的兴趣

提问：小雨滴滴到哪里了？和谁交朋友？会玩什么游戏？

二、结合情境完整欣赏诗歌，感受诗歌的意境美

提问：听完了这首诗歌，你感觉怎样？你听到了什么？最喜欢其中的哪一句？

三、结合课件分段欣赏，理解诗歌的内容

（一）欣赏第一段

提问：

（1）圆圆的小雨滴是从哪里来的？又跳到了哪里？

（2）小雨滴是怎么从屋顶上下来的？为什么说它和小草滑滑梯？

（二）欣赏第二段

提问：

（1）晶莹的小雨滴又跳到了哪里？它在做什么？（学习"晶莹"一词）

（2）为什么说它和小鱼吹泡泡？

（三）欣赏第三段

提问：

（1）顽皮的小雨滴又跳到了哪里？它在做什么？（学习"顽皮"一词）

（2）为什么说它和蚯蚓捉迷藏？

（四）结合课件，引导幼儿完整欣赏诗歌的内容

（五）启发幼儿想象

顽皮的小雨滴还会跳到哪里？和谁玩游戏？

四、配乐朗诵，再次感受诗歌优美、柔和的意境

要求：用柔和的语调，有表情地与教师共同朗诵。

五、活动延伸

组织幼儿在雨滴的音效声中，用肢体、神情、语言等表现对春雨的感受。

附诗歌

小雨滴

圆圆的小雨滴，

从屋顶上滑下来，

跳到草地里，

和小草滑滑梯。

⚙ 拓展训练

（1）简述《纲要》中语言领域的总目标。

（2）简述确定幼儿园语言教育目标应注意的问题。

📝 学习总结

在本章中我们对《幼儿园教育指导纲要（试行）》和《3～6岁幼儿学习与发展指南》进行了解读，针对语言领域的目标、内容要求及指导要点进行学习，使同学们更加明确语言教育活动的指导方向。

第四章
谈话从心开始

在本章中你会学习到什么是幼儿园谈话教育活动，谈话活动有哪些特点，幼儿园的谈话活动应该如何设计和组织，教学指导的要点有哪些。

📋 学习目标

（1）理解幼儿园谈话活动的内涵。

（2）了解幼儿园谈话活动的特点和类型。

（3）明确幼儿园谈话活动的总目标及年龄阶段目标。

（4）能够制定合理的谈话活动目标。

（5）掌握幼儿园谈话活动设计与组织实施的基本思路和方法。

🧩 思维导图

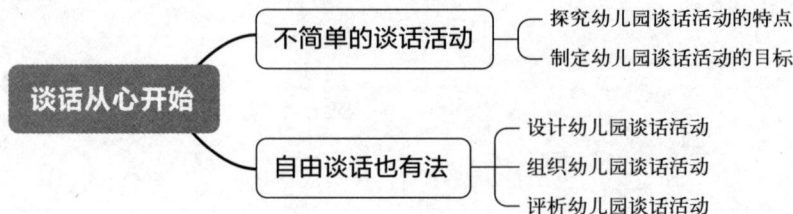

第一节

不简单的谈话活动

✈ 案例导入

不简单的谈话活动

孟老师组织学生到幼儿园观摩了一次幼儿园语言活动，回到学校后，她让同学们进行总结汇报。大家纷纷发言，丽丽问："孟老师，幼儿园谈话活动的组织实施是不是很难？""你为什么这样想呢？"孟老师问道。丽丽继续说："我们听的这节课是中班谈话活动——我的玩具。我们听这个老师讲得很好，可是课后评课的时候，其他老师却说这位老师将谈话活动上成了讲述活动。"孟老师笑了笑说："幼儿园谈话活动和讲述活动确实是不一样的，不同类型的活动有其独有的特点。只有抓住了谈话活动的特点进行活动的设计与组织，才能发挥应有的教育目的。"丽丽听后点了点头。

要求：根据案例分析以下问题。

（1）什么是谈话活动？

（2）幼儿园的谈话活动有哪些特点？

（3）如何有效地设计与组织谈话活动？

知识讲解与案例分析

一、探究幼儿园谈话活动的特点

（一）幼儿园谈话活动的内涵

《纲要》在师幼互动方面指出，要创造一个自由、宽松的语言交往环境，支持、鼓励、吸引幼儿与教师、同伴或其他人交谈。幼儿的交谈是认识世界、获得新知识的有效途径。因此，谈话作为一种致力于提高幼儿语言表达能力的活动，是语言教育的重要形式。但是要合理地设计和组织谈话活动，使其发挥应有的作用却不是一件容易的事。

幼儿园的谈话活动是一种教师有目的有计划地组织幼儿围绕一定的主题进行交谈的教育活动。在谈话中，幼儿积极调动已有经验，听取他人意见，引发对未知事物的探索兴趣，表达自己的想法，是幼儿学习和运用语言的有效途径。需要注意的是，在进行谈话活动时，幼儿应处于一种宽松自由的语言环境中，不要求幼儿使用规范的语言、完整连贯的句式来交谈，只要能够积极地表达自己的见解，与大家共同分享就可以。

（二）幼儿园谈话活动的教育意义

1. 提高幼儿的语言水平和人际交往能力

谈话是一种双向或多向互动的语言交际过程，需要交谈者思路清晰，口齿清楚，正确地选词造句，进而清楚明白地表达自己的想法、意见等。幼儿在谈话活动中，能逐步学会倾听，并根据所获得的信息发表自己的观点，同时还能丰富幼儿的口语词汇，进而激发幼儿的谈话兴趣，提高幼儿的口语交际能力。此外，幼儿在谈话中还能习得一些基本的谈话规则，使其在谈话过程中学会了解别人，尊重他人进而与同伴建立良好的人际关系，学会人际交往。

2. 有利于幼儿认知能力的发展

幼儿在谈话过程中需要注意倾听他人的谈话内容，并通过记忆和分析，借助自己的经验做出恰如其分的应答。同时，幼儿在与不同的对象的交谈中逐渐地学会分辨不同的情境和意义。因此，谈话活动有益于幼儿注意力、观察力、记忆力和思维能力等的发展，既开启幼儿的智慧，又发展幼儿的语言表达能力。

3. 丰富幼儿知识，促进信息交流

幼儿在与他人交谈的过程中，能促进相互之间的信息交流，进而从别人身上获得丰富的知识信息，开阔自己的视野。

4. 促进幼儿养成礼貌的语言习惯

幼儿随着年龄的增长、社会交往活动范围的扩大，在语言学习上必然会受到周围成人、同伴及媒体的影响，不可避免地会接触一些不文明的语言，加之强烈的好奇心促使，某些幼儿在谈话中可能会出现不文明语言。此时，教师和家长都应该及时地加以制止，予以引导。

（三）幼儿园谈话活动的特点

1.谈话活动有一个具体、有趣的中心话题

谈话活动的话题主导幼儿交流的方向，限定幼儿交流的范围，使幼儿的交流带有一定的讨论性质。例如，中班谈话活动"我喜欢的糖果"，幼儿在教师为其创设的语言情境中，围绕糖果的名称、形状、颜色、味道以及糖果的好处、过多食用的影响等各方面进行一层层深入的交流，不会游离在"糖果"的话题之外。

谈话活动的话题多种多样，凡是幼儿熟悉的、感兴趣的都可以作为谈话话题。话题既可以是教师预设的，也可以是幼儿随时提及的，甚至是活动中自然生成的。

在学前幼儿谈话活动中，有趣的中心话题往往包含以下四层意思。

（1）幼儿对中心话题有一定的经验基础。陌生的话题不可能使幼儿产生谈话兴趣。假设话题是幼儿较难理解或不熟悉的，如"地震是如何产生的"，幼儿就无法对这一话题进行有兴趣的交谈。而如果话题改为"地震的危害"，幼儿虽不一定经历过，但在电视上听到过或看到过地震的种种可怕后果，因此会进行一定程度的交谈。

（2）有一定新鲜感。幼儿感兴趣的往往是新颖的生活内容。例如，幼儿对汽车很感兴趣，但如果话题仅仅定为汽车的种类、颜色等就有些老生常谈了。幼儿的思维与成人不同，如果话题为"奇特的汽车""魔幻手机""神奇的衣服""奇妙的鞋"则会引发幼儿天马行空的想象，调动幼儿谈话的兴趣，也将促进幼儿想象能力的扩展。

新鲜感除了体现在新颖性方面外，也表现为及时性。例如，幼儿在刚刚过完中秋节时，及时选择谈话话题"温馨的中秋节"进行交流，幼儿就会有浓厚的兴趣。而如果在中秋节过去很长时间后提起这个话题，或者反复进行这样的谈话，便不能引起幼儿的注意。

（3）与幼儿日常生活中的共同关心点有关。幼儿生活中一定区域内出现的大家共同经历的事，或是电视台最近放映的一部动画片，能够使幼儿产生交流和分享的愿望。例如，在举办奥运会的一段时期，教师适时提出话题"我喜欢的奥运人物"等与奥运相关的话题，幼儿会有极大兴趣。

另外，在幼儿生活中发生的事情，如"水池为什么堵了""他为什么滑倒""晴天好还是雨天好""爸爸总吸烟怎么办"等访谈题目也可以引起幼儿的谈话兴趣。

（4）以前交谈过的幼儿仍有极大兴趣的话题。对于有些话题幼儿是百谈不厌的，因为这些话题可以不断满足幼儿的想象和创造，如"假如我有朵花""我是奥特曼"等。根据幼儿的不同年龄选择话题：对于小班幼儿，可选择练习生活用语的话题，如"介绍班上的老师""你认识小朋友吗""礼貌用语"等；对于中班幼儿，可选择描述季节和节日的话题，如母亲节的"我爱妈妈"，4月份"美丽的春天"，9月份"丰收的季节"等；对于大班幼儿，可选择实时性话题或科普性话题，如"禽流感知多少""地震来了怎么办""这样做对不对"等。

有关情感内容的话题，如"我爱我家""我心爱的小动物"等适合各年龄段幼儿。有些话题范围较广，可以分为几个小话题分次进行交谈。例如，话题"认识小朋友"可以分为"他叫什么名字""谁是你的好朋友""某某小朋友的衣服真干净"等几个小话题；话题"秋季"可以分为"秋天的落叶""秋天的水果""秋天的蔬菜""秋天的庄稼"等小话题。

2. 拥有较丰富的谈话素材

谈话所涉及的素材必须是幼儿知识经验范围以内的，取材于幼儿参观、游览、日常生活中的观察、教育活动、游戏、电影或电视中所获得的知识经验。幼儿的知识越丰富，谈话的素材积累得越多，谈话的内容便越丰富。如果对某个地方或某个事物只观察了一次，所获得的印象只是初步的、粗浅的，幼儿在谈话活动中便无话可说。只有当幼儿对某种事物或某种现象进行了多次观察，从不同角度比较细致地了解以后，幼儿才会有话可谈，谈话素材才能较完整、丰富，才能触及事物的本质特征。例如，教师只是带幼儿观察了青草发芽，就让幼儿谈春天的特征，很容易会以点带面。如果从初春开始，教师就有意识地引导幼儿注意春天到来的特征：太阳晒得人暖洋洋的，冰雪消融，土地松软，小草长出了新芽，柳树长出了芽苞，桃花、梅花、迎春花开了，燕子从南方飞回来了，人们脱下了厚厚的冬装，换上了轻巧活泼的春装，农民们在田头忙着春耕……幼儿积累了丰富的谈话素材，自然就谈得生动、形象。

3. 注重谈话的多方交流

谈话的多方交流可以说是谈话活动和讲述活动最主要的区别之一。讲述活动是发展幼儿的独白语言，而谈话活动则更注重于幼儿的交往语言或对白语言，侧重于师生间、同伴间的信息交流与补充。从语言信息量来看，当幼儿围绕中心话题进行交谈时，他们的思路是呈辐射状向外发散的，而不同个体间的经验也多种多样，因此在谈话中的每个幼儿获取的信息量都比较大。从交往的对象来看，谈话活动可以是幼儿与其他同伴交谈、与老师交谈，也可以是幼儿在集体面前讲述，由此构成了幼儿与教师、教师与幼儿、幼儿与幼儿交谈的三种基本模式。在这三种基本交流模式中，前两种是有一定的区别的。第一种是幼儿主动地运用语言与教师进行交谈，而第二种则是教师引导幼儿运用新的语言经验进行交流，并在必要时给予一定的指导和帮助。

4. 谈话的语境宽松自由

在谈话活动中，谈话的语境是比较宽松自由的。无论原有经验如何，幼儿都可以在活动中畅所欲言，主要表现在以下几个方面。

（1）话题的扩展和见解自由。谈话活动中没有统一的答案和看法，也没有什么一致的讲述经验和思路。幼儿完全可以根据自己的意愿和内心感受，将自己的想法直截了当地表达出来，与大家共享。例如，在谈话活动"我喜爱的玩具"中，幼儿既可以讲自己喜爱的玩具的形状和玩法，也可以讲自己喜欢这个玩具的原因，还可以谈发生在自己和玩具之间有趣的事情。只要话题不离开"我喜爱的玩具"，幼儿完全可以从多方面和多角度去谈论自己的感受和想法。这一点也正是谈话活动的特性所在。由于其派生出的子话题非常丰富，因此教师可以抓住谈话活动的这一特征，启发幼儿积极思维，鼓励幼儿主动、积极地参与到谈话活动中去。

（2）语言自由，不强求规范。谈话活动主要目的是鼓励幼儿大胆地与他人交谈，用语言表达自己的意见和看法，同时不要求幼儿一定要使用准确无误的句式、完整连贯的语言来表达。谈话活动就是要利用一日活动的各个环节，为幼儿提供尽可能多的开口说话和与人交谈的机会，从而使幼儿能经常地练习和巩固已有的语言及经验，提高对语言的敏感程度，不断地发展幼儿的表达能力。

5. 教师在谈话活动中起间接引导的作用

教师是幼儿谈话活动的设计组织者。但是在谈话活动中，教师的指导作用是以间接的方式出现的。他们往往以参与者的身份参加谈话，给幼儿以平等的感觉，这也是创造谈话活动宽松自由氛围的一个重要因素。教师在谈话活动中以参与者的身份出现，并不表明谈话可以成为任意的无计划交谈。教师在设计实施谈话时，仍然需要按照预定的目标内容，紧扣谈话的中心话题，有效地影响着谈话活动的进程。教师的间接引导往往通过以下两种主要方式得以体现。

（1）用提问的方式引出话题或转换话题，引导幼儿谈话的思路，把握谈话活动的方式。例如，话题"动画片里的人物"，老师通过提问："你喜欢看动画片吗？你都看过哪些动画片？"促使幼儿回忆已有经验，激发幼儿谈话兴趣，接着老师进一步引导幼儿讨论："哪部动画片的哪些人物是善良的、聪明的，为什么？"以此转换话题。

（2）用平行谈话的方式对幼儿做隐性示范。例如，教师可以谈论自己的生活经验，自己的感受等，从而向幼儿暗示谈话的内容和方式。

（四）幼儿园谈话活动的类型

一般说来，谈话活动可以分为日常谈话、有计划的谈话活动、讨论活动三种类型。

1. 日常谈话

这是谈话活动中的一种重要形式，是帮助幼儿学习在一定范围内运用语言与他人进行交流的活动。在各种类型的幼儿园语言教育活动中，谈话拥有宽松自由的交谈氛围，允许幼儿根据个人感受、针对谈论主题说自己想说的话、说自己独特的经验，因此交谈时语言信息量较大，思路相对开阔，想象力丰富，能极有效地促进幼儿创造性语言的发展。然而，在教学过程中受主题的局限和教师原有思维模式的限制，加上幼儿缺乏感性经验，谈论片刻便无话可谈，教师又不知如何深入指导，致使师生感觉谈话活动枯燥乏味，教师不敢组织谈话活动，幼儿不想参与谈话活动，以致造成无人能充分领略谈话活动无穷魅力的情况。日常谈话又可分为以下两种形式。

（1）日常个别谈话。在幼儿园一日生活的各个环节中，教师可以利用这些零散的时间与部分幼儿就某个话题进行交谈。但这种交谈并不是随意进行的，而是有一定计划和准备的，教师要考虑好本次谈话与哪些幼儿交谈，与他们交谈什么，在交谈中发展他们的哪些语言技能和态度，有必要的话，教师还应该把这部分内容列入一日活动计划中。比如，早晨来园时，教师计划与班上较内向、语言能力较弱的四名幼儿交谈，话题有二：来园的路上都看到了什么；昨天我最高兴的事。通过与幼儿交谈，教师旨在培养这些幼儿主动、大胆地与人进行语言交流的能力，并调动这些幼儿开口讲述的积极性。在交谈过程中，教师可以与一个或同时与四个幼儿交谈，幼儿可以随时参加或退出谈话。在日常谈话中的个别交流，主要目的是增强部分幼儿的自信心，同时培养幼儿参与活动的兴趣，调动幼儿的积极性。

（2）日常集体谈话。丰富的生活内容与经验是幼儿语言表达的源泉与基础，只有具备了丰富的生活经验与体验，幼儿才会有话可说。教师应有意识地引导幼儿学会观察，帮助他们积累经验。大自然中的一草一木、生活中的每一次经历、游戏中的每一次体验，都可以成为幼儿积累的内容，都可以发展为谈话的话题。工作中，我们常常发现每次活动之后的小结谈话，幼儿的积极性很高，其主要原因就是幼儿的亲身感受。"春节"是幼儿感受较深的节日，开学后围绕"春节"的话题，如"放鞭炮""穿新衣""压岁钱""祝福语"等，幼儿个个津津乐道、乐此不疲。

📑 小贴士

观察幼儿日常生活中的语言表现

分散活动时，两位幼儿为前一天拿错了苹果而争执着。

男孩说："你拿的苹果是我的。"

女孩说："我已经拿回家了。"

男孩很坚决地说："可苹果是我的。"

女孩也坚决地说："拿回家的就是我的。"

男孩还是不停地说："那是我的苹果……"

女孩也不罢休，说："拿回家的就是我的……"

突然，女孩生气地说："你再说，你再说，我回家就吃掉它。"男孩没声了，转去玩其他玩具。

以上案例中，两幼儿为拿错苹果争执，但结果是一方妥协，没有造成僵持或不愉快。女孩坚持自己的意见，但男孩意识到女孩的坚持，并知道自己如果再这样和女孩争执下去会没好结果，所以采取妥协，结束争执。

2. 有计划的谈话活动

这类活动是教师制定一定的计划和教案，依据事先确定的话题，有目的地组织幼儿进行谈话。谈话的话题可以各式各样，凡是幼儿熟悉的或者与他们的生活紧密相关的，都可以选择。幼儿对自己感兴趣的事情更愿意去交谈和探索，教师应随时关注幼儿的活动，捕捉幼儿的兴奋点，抓住各种表达的机会，鼓励幼儿表达自己的感受。

（1）抓住偶发事情——激趣。补餐之后，孩子们在草地上自由活动。突然，洋洋发现了一个蚱蜢，接下来全班孩子都加入了捉蚱蜢的活动。于是，老师及时将下午的活动调整为"我的新朋友——蚱蜢"的谈话活动，给幼儿留下了深刻的印象。

（2）扣住热点话题——引趣。一段时间，幼儿特别热衷于模仿电视广告，于是师幼共同创设了"小小电视台"的场景。每天下午补餐前10分钟的"广告天地"，幼儿可以自由走进"电视"模仿或创编一段广告，这样每名幼儿都有了表达和展现自己的机会，"广告天地"着实让孩子们着迷了很长一段时间。当然，孩子的兴趣是多变的，热点话题也有一定的时效性，这就要求教师做个有心人，及时发现新的热点话题。

在谈话活动过程中教师要注意以下两点：第一，要努力创设良好的语言环境，鼓励每名幼儿都能积极地发表自己的看法和见解；第二，要增加幼儿语言交往的机会，在活动过程中教师不仅要让幼儿自己说，还要让他们积极地与同伴交谈、与教师交谈，在交谈中学习他人有用的经验，不断提高自己的语言运用能力。由于有计划的谈话活动对幼儿的有意注意、有意记忆及语言能力有一定的要求，因此不太适合小班前期的幼儿，一般来说这种教学活动从小班下学期开始进行。

案例

案例材料：为幼儿创设丰富的自由交谈的机会。

在一天午饭后的自由活动时，幼儿正在玩自带玩具，晨晨带了一辆遥控小汽车，大家都围在一起争相看着。琦琦平时比较专横、霸道，这回他也在一边看着。大家一边看一边议论着："这辆车真漂亮。""真好玩！""怎么会自己走呢？""真奇怪！"……琦琦实在忍不住了，就想上前去抢。如果是以前，我早会去阻止这些围观的幼儿了，至少让他们在椅子上规规矩矩地看。但是如果这样的话，幼儿的热情、自发的交谈就会被我扼杀在萌芽之中。我强忍着没有急着去，而是仍在观察着这些孩子们。只见一个孩子对琦琦说："刚才，晨晨说过了，等会儿会让我们一个一个玩的。"琦琦一愣，又霸道地说："那我要第一个玩！"其他小朋友不同意了，这个说："我就在晨晨旁边，我应该第一个玩。"那个又说："不！晨晨说让我先玩的。"大家你一句我一句争论开了。不知谁说了一句："我们按学号排。""那也不行，一号排在第一，他老是第一个玩。"琦琦第一个反对，因为他的学号是第 30 号。"那我们来猜拳，谁胜谁就先玩。"洋洋说。这一下大概大家都认为公平了，谁也没有异议了。

3. 讨论活动

讨论活动是幼儿在幼儿园谈话活动的一种特殊形式。说其特殊，是因为它在话题形式、语言交往和教师指导上都具有开放性的特点。

首先，讨论活动的话题一般是开放性的问题，同时讨论所涉及的事物应与幼儿已有的知识经验相符合，但对幼儿来讲又有一定的难度。例如讨论话题可以是"假如你是超人，你最想做的事是什么""蜜蜂会采蜜，人为什么不会采蜜"等，这些话题可以让幼儿随意发挥，没有固定的答案。

其次，讨论活动是一种开放性的语言交流活动。在讨论中，幼儿可以就自己的观点与他人进行充分的语言交往，既要清晰地向对方表达自己的看法，又要善于倾听他人的见解并进行分析、反驳或接纳，从而使语言交流进行下去。这种语言交往对象可以是一对一，也可以一对多。可见，讨论活动对幼儿的语言能力、思维能力都提出了很高的要求，一般在中班以后开展这项活动。

最后，教师的指导态度要开放。与讨论话题相对应，教师对幼儿提出的看法也应采取开放的态度，不要一味地从成人的角度去评判幼儿的某些看法"行不行得通"。教师要将指导的重点转向幼儿的语言交往能力，而对幼儿的某些富有想象力和创造力的说法采取包容和接纳的态度。例如，幼儿说："人不会飞是由于没有翅膀，但人可以从小天使那儿借到一双翅膀，这样就可以像小鸟一样飞在高高的蓝天上了。"这样的答案教师不但要接受，还要在评议时给予积极的鼓励，引导其他幼儿也能像这名幼儿一样勇于创新、想象，并大胆地将其表达出来。

小贴士

与幼儿交谈的艺术

在"美丽的秋天"主题探究活动中，幼儿们被清凉宜人、美丽如画的季节所吸引，如何引导幼儿寻找秋天的脚步，获得更大的收益呢？教师有意识地引导幼儿细致观察天气、动植物的变化。甜甜小朋友发现：自己不再像夏天那样被蚊子咬了，是因为天凉了，蚊子被冻死了。明明找不到和他一起玩儿的小蚂蚁了，急着跑来告诉我："原来地上蚂蚁可多了，现在不知去哪儿了？"亮亮手里拿着两片落叶跑到我跟前问："小树叶离开大树妈妈之前都是绿色的，离开以后，为什么有的变成黄色，有的变成红色呢？"是啊！这些是我们平时没有注意的，却成了幼儿的关注点。听到幼儿的提问，我感到惊讶和兴奋，于是我把这种惊喜的情感又毫无保留地反馈给幼儿，使他们感受到老师对自己的尊重和关注。我惊奇地说："叶子颜色不一样？快让我看看。呀！有的发黄，有的变红，真奇怪……"幼儿看到老师都这么好奇，就会为自己的发现欢欣鼓舞，更加努力去发现和思考。

二、制定幼儿园谈话活动的目标

（一）幼儿园谈话活动总目标

幼儿园谈话活动的教育目标应该在《幼儿园教育指导纲要（试行）》的指导下，从情感态度、认知习惯和能力技能三个方面出发，基于幼儿身心发展的特点及其谈话活动的内在本质来确定。

1. 幼儿园谈话活动的总目标

情感态度方面：

（1）形成主动倾听别人谈话的愿望、态度和习惯。

（2）认真并有礼貌地倾听他人说话。

（3）乐意和同伴、老师及他人用普通话进行交谈。

（4）积极与他人交谈，乐意说出自己的意见和感受。

（5）主动用适合自己角色的语言交谈。

认知习惯方面：

（1）懂得要认真倾听他人的谈话内容。

（2）知道交谈时要围绕话题来谈，不跑题，并围绕中心话题不断扩展谈话内容。

（3）掌握听说轮换等基本的交谈规则，并知道在谈话中必须运用这些基本规则进行交谈。

能力技能方面：

（1）能倾听他人的谈话，并能及时从中捕捉有效的语言信息。

（2）能围绕一定的话题谈话，会不断扩展谈话内容，充分表达个人见解。

（3）能在适当的场合主动热情地运用基本的交谈规则与他人进行交谈。

2. 幼儿园谈话活动总目标的内涵

（1）培养幼儿有意识的、辨析性的和理解性的倾听能力。

有意识的倾听能力是指主动倾听别人谈话的愿望、态度和习惯。辨析性的倾听能力是指学习从仔细的倾听中分辨出不同的语言声音，包括说话人声音的不同特点、声音所表现的不同情绪等。理解性的倾听能力指能够在倾听时迅速掌握别人所说的主要内容，把握一段话的关键信息，连接谈话内容上下文的意思，从而能够获得谈话的中心内容，以便做出反应，交流见解。

（2）帮助幼儿学会围绕一定的话题谈话。

首先，幼儿应学会围绕中心话题谈话。这是谈话的最基本的思路及其方式方法。3岁以后的幼儿，自我中心语言逐渐减少，社会性语言逐步增加，但是他们仍然需要通过学习来摆脱谈话"天马行空"的状况。

其次，幼儿应学会围绕中心话题不断扩展谈话内容。幼儿只有学会围绕中心话题不断扩展谈话内容，才能在谈话中充分发表自己的意见，才能使得谈话延续深入。

最后，帮助幼儿掌握基本的运用语言进行交谈的规则，提高语言交往水平。

运用语言进行交谈的基本规则，是人们在社会交往过程中约定俗成的一些方式方法。在不同的国家、民族和地区，由于文化和习俗的不同，谈话的基本规则也有差异。在学前阶段，幼儿应学习用于一般社会文化背景的与人交谈的基本规则。

第一，用适合角色的语言进行交谈。幼儿会在不同的场合与不同的人谈话，如幼儿与教师父母、同伴谈话，或进行个别交谈、小组交谈、集体交谈等。幼儿应当学会因个人角色的变化而采用不同的方式来交流。不同的交流方式，包括幼儿在谈话中使用不同的语音语调、不同的音量、不同的组词造句方法与不同的人交谈，这将有利于幼儿获得用适当语言进行交谈的敏感性。如在集体范围内谈话，幼儿应用较响亮的声音和比较正式的语言说出个人的想法；而在与一个同伴或几个同伴的谈话中，幼儿则可以更为随意、积极。

第二，用轮流的方式进行交谈。如果是两人交谈，需要一一对应地谈话，而多人交谈便要求按潜在的顺序逐个说话。许多幼儿刚开始学习谈话时，抢着讲，乱插嘴，或光说不听，教师应在谈话活动中有意识地培养幼儿轮流说话的习惯。

第三，用修补的方式延续谈话。谈话不是瞬间结束的交流方式，参与者要就交流内容做一定时间长度的交谈，应具有修补、延续谈话的意识和技能。谈话的修补有两类：一类是自我修补，另一类是他人修补。自我修补是指说话者在谈话时感觉到别人没有理解自己的意思，于是采用自我重复、自我确认的方法向别人传递自己要说的正确信息。例如，幼儿对别人说："我喜欢吃一种跳跳糖。"当听者没有太多反应时，幼儿会重复说："一种会跳的糖。"帮助听者了解自己的意思。倘若幼儿不看别人反应自顾自地说下去，有可能使听者产生许多模糊的想法，不利于进一步交谈。他人修补是指谈话者在谈话过程中对听到的信息不理解，然后用重复信息提出疑问等方式修补谈话。这样，谈话就在双方理解的状态下继续了。

（二）幼儿园谈话活动目标的制定

《幼儿园教育指导纲要（试行）》在第三部分"组织与实施"中明确指出："教育活动目标要以《幼儿园工作规程》和本《纲要》所提出的各领域目标为指导，结合本班幼儿的发展水平、经验和需要来确定。"因此，幼儿园谈话活动的目标必须在《幼儿园教育指导纲要（试行）》基本精神的指导下，从我国社会发展的需要和幼儿语言发展的实际水平出发，基于谈话活动的基本特征进行科学确定。具体来看，在确定幼儿园谈话活动目标时，需要考虑如下问题。

1. 幼儿的语言发展特点和谈话经验

在确定幼儿园谈话活动目标时，首先应考虑本班幼儿的语言发展特点及其谈话经验。教师需要客观分析幼儿的实际交谈水平，既要从整体上把握每个年龄段幼儿的语言发展特点，又要全面把握当前幼儿语言交流的实际水平及幼儿的个别差异，同时还要了解本班幼儿的已有谈话经验，分析具体的谈话活动是否基于本班幼儿的语言实际发展水平，以及是否有利于提高幼儿的对话能力。

2. 谈话活动的特点和活动任务

谈话活动是围绕谈话话题，双方或多方进行交流的实践活动；谈话情境宽松，语言自由，是培养幼儿对话能力，提高幼儿听说能力的活动。其谈话活动要从自身特点出发，基于承担的活动任务来确定活动目标，这样才具有针对性和可行性。

3. 幼儿园谈话活动的总目标和各年龄段目标

幼儿园谈话活动在总目标的指导下，从每个年龄段幼儿的实际发展水平出发确定各年龄段的目标。在确定具体的谈话活动目标时，必须考虑幼儿的年龄段特点，从每个年龄段幼儿的实际身心发展水平和交流水平出发确定目标。同时，在确定目标时，要注重情感态度、认知习惯和能力技能三个维度在目标中的有效体现和有效联系，从而通过谈话活动促进幼儿的全面和谐发展。

（三）幼儿园谈话活动各年龄班目标

幼儿园谈话活动的年龄段目标是在幼儿园谈话活动总目标的指导下，抓住谈话活动的实质，从每个年龄段幼儿谈话发展的实际水平和需要出发提出的具体要求。

1. 小班

情感态度方面：
（1）喜欢听各种声音，乐意听老师和同伴讲话。
（2）乐意学说普通话，喜欢和老师及小朋友用普通话交谈。
（3）愿意在集体面前讲话，乐意用简短的语言表达自己的意思。
认知习惯方面：
（1）知道听别人说话时要保持安静，不打断别人说话，并养成良好的习惯。
（2）学习围绕主题谈话，知道在集体面前要大声发言，在个别交谈时音量要适中。
（3）初步学习常见的交往语言和礼貌用语。
能力技能方面：
（1）能听懂普通话。
（2）理解较简单的指令并去执行。
（3）会用简单的语言回答问题，表达自己的请求、愿望、感情与需要等。

2. 中班

情感态度方面：
（1）集中注意力耐心地听他人说话。
（2）积极学说普通话，发音清楚，音量、语速适中。
（3）乐意与同伴交流，喜欢用连贯的语言在集体面前说话；能对别人的话做出积极的应答。
（4）积极而有礼貌地参与交谈，不随便插话和打断别人的谈话。
（5）大胆、清楚地表达自己的意见、请求、愿望、情感和需要等。

认知习惯方面：

（1）学会围绕一定的话题谈话，不跑题。

（2）学会用轮流的方式谈话，不抢着讲，不插嘴。

（3）继续学习交往语言，提高语言交往能力。

（4）逐步养成听懂再发言的好习惯。

能力技能方面：

（1）能区分普通话和方言。

（2）能理解并执行多重指令。

（3）能大胆、清楚地表达自己的意见、请求、愿望、情感和需要等。

3. 大班

情感态度方面：

（1）认真地、积极主动地、有礼貌地倾听别人说话，根据谈话主题陈述自己的意见或作出相应的反应。

（2）主动热情地招呼熟人，有礼貌地招呼客人，用恰当的语言处理和调节与别人的关系。

（3）乐于参加讨论，敢于发表不同的意见。

认知习惯方面：

（1）在不同的场合，学会用恰当的音量、语速说话。

（2）逐步学习用修补的方法延续谈话，进一步提高语言交往能力。

（3）养成认真倾听、有礼貌地与人交谈的良好习惯。

能力技能方面：

（1）能辨别普通话声调、语调和语气的不同变化。

（2）理解并执行较复杂的多重指令；集中注意力倾听教师布置活动任务，并坚持完成。

（3）坚持说普通话，发音准确、清楚，能主动、热情、有礼貌地用正确的交流方式与人交谈。

（4）能围绕话题谈话，会用轮流的方式交谈。

（5）能主动、大胆地使用适当的词、句、语段来表达意思和情感。

第二节

自由谈话也有法

✈ 案例导入

小班"我喜欢的玩具"活动过程

活动目标：

（1）注意倾听别人的谈话。

（2）能够用较连贯的话介绍自己的玩具。

（3）用轮流、修补的方式进行自由交谈。

活动准备：

（1）各式各样的鞋子的图片、投影仪和部分实物。

（2）提前通知幼儿带来自己最喜欢的玩具。

（3）绘图用具（纸、彩笔、剪刀等）。

活动过程：

（1）引出话题：教师带幼儿来到布置好的活动角，让幼儿通过观察实物、观看图片、投影等方式，找一找自己最喜欢的玩具。

（2）讨论问题并自由讲述：①你最喜欢的玩具是什么样的？②听一听小朋友中有没有和你喜欢同样玩具的。

让幼儿分别讲述自己喜欢的玩具，并请喜欢同一样玩具的幼儿进行补充；教师引导个别幼儿，并给不同层次的幼儿发言的机会。

（3）教师小结玩具的主要特点及作用。

（4）拓展谈话范围：将来我们要制造怎样的玩具？并让幼儿讲述后画在纸上，最后鼓励幼儿把绘画作品贴在活动角墙上。

要求：根据案例分析以下问题。

（1）谈话活动的话题如何选择？

（2）谈话活动的设计应该注意哪些问题？

（3）谈话活动可以有哪些组织形式？

知识讲解与案例分析

幼儿园谈话活动作为一种重要的语言教育活动类型，与其他语言教育活动相比，有其自身的特点和作用。因此，在进行谈话活动的设计、组织和实施中，教师应从谈话活动的目的、对象等方面进行精心策划和指导，进而创造性地完成谈话活动的任务。

一、设计幼儿园谈话活动

任何活动要想取得良好的效果，必须事先进行精心设计和规划，从活动的目标、对象，以及所具备的实际条件等出发，制订出具体可行的活动方案。幼儿园谈话活动的设计要从以下方面考虑。

（一）选定好谈话活动的话题

谈话活动是围绕中心话题进行的双方或多方互动，所以选定好的话题是谈话活动有效进行的关键。话题的选择是关系到谈话活动发挥教育作用的一个关键问题，所以，首先，话题要鲜明，让人一看就知道本次谈话是围绕什么进行交谈的；其次，话题的确定要考虑本班幼儿的语言实际经验和实际发展水平，符合本班的教育任务；再次，话题范围应该是幼儿生活经验之内的，这样幼儿就会有内容可谈、愿意谈，为谈话活动的顺利开展提供了前提条件。

（二）确定明确适宜的谈话活动目标

目标具有导向和激励作用。谈话活动目标要从幼儿语言发展的实际水平出发，从幼儿语言发展的需要出发，从情感态度、认知习惯和能力技能三个维度进行考虑，客观全面地进行制定。目标的制定要做到明确具体，便于检测，表述口吻要一致，这样才能体现幼儿的主体地位和教师的主导作用。

（三）做好谈话活动的准备工作

为确保谈话活动的有效进行，教师在活动前必须做好精心准备，使活动能按计划有序地进行，最终完成活动任务。谈话活动的准备工作需要做到以下几点。

1. 物质准备

谈话是在宽松自由的情境下进行的，谈话的展开需要教师借助一些物质条件创设一定的情境，如鲜花、录音机、头饰、胸饰等。

2. 经验准备

如果幼儿缺乏话题方面的知识经验，就会感到无话可说，不积极参与谈话。因此，教师在组织幼儿围绕中心话题进行交谈时，应让幼儿观察、参观、查阅资料等，以储备谈话活动中所需的知识信息，使谈话有效进行。

3. 语言准备

在准确发音、丰富词汇和完整地进行语言表达方面，教师在活动前应考虑幼儿的基本语言水平是否有利于交谈，帮助幼儿做好准备。

（四）安排科学有序的谈话活动流程

谈话活动流程即谈话活动的基本过程，从如何导入以激发幼儿的谈话兴趣，到教师如何参与谈话以引导幼儿进行交流，以及隐性示范新的谈话经验，如何通过提问的方式启发幼儿的思维，开启幼儿的智慧，使幼儿畅所欲言，进行热烈的讨论和交流，充分发挥幼儿的主动性，使其在参与谈话活动中提高语言水平。同时，在谈话活动进行的过程中，如何通过多种谈话形式有效地发挥游戏的作用，如何有效操作精心设计的游戏，这些都是教师在整个活动过程中必须要考虑的。此外，活动结束时的设计也应具有很强的教育效果。在设计谈话活动时，教师应该考虑到怎么结束能促使幼儿今后更加积极地参与谈话活动，而且能将谈话内容延续到日常生活中，依然兴致很高地与他人交流。谈话活动的设计要注意以下几点。

1. 直观材料的有效运用

教师可以根据谈话活动的需要运用一些直观材料。这既可以集中幼儿的注意力，又可以启发幼儿的思维，唤起幼儿的记忆，增加幼儿操作的机会，激发幼儿交谈兴趣，使谈话活动不断拓展延伸。

2. 通过提问使谈话逐步深入

提问是组织好谈话活动的关键，它既可以使谈话深入展开，又对幼儿厘清谈话思路和提高谈话水平起到直接的作用。要发挥好提问的作用，关键在于所提问题的质量，问题必须要根据本次谈话的目标，基于幼儿的实际生活经验和思维水平进行设计。教师所提的问题应具体明确，具有启发性和趣味性。

3. 教师的示范和讲解

教师要在参与幼儿谈话的过程中给予示范，以激发幼儿的谈话兴趣，并在谈话方法和谈话内容、语言表达上起示范作用。教师何时介入谈话，进而对幼儿进行隐性示范，应由具体情况而定。教师范讲时，在语言表达上要生动、形象、简练，接近幼儿的口语，符合本班幼儿的接受水平。

4. 以游戏的方式掌握谈话技巧

因为幼儿喜欢游戏，乐于参与游戏，所以教师应把谈话的要求融入游戏规则中，能使所有幼儿在游戏活动中积极发言，主动克服各种困难，最终在游戏中掌握谈话的方法、技巧，以及谈话的规则，进而达到谈话活动的目的。

5. 小结

这里既指谈话过程中的阶段性小结，也指谈话结束时的小结。教师做小结时，语言力求简短、精练；除对幼儿的谈话情况做总评外，还应对所谈内容进行总结，使幼儿对谈话主题有明确的概念。

二、组织幼儿园谈话活动

幼儿园谈话活动大致分为以下四个步骤层次。

（一）创设情境，引出话题

在谈话活动的开端，教师通过一定的情景，激发幼儿谈话的兴趣，启发幼儿对话题有关经验的联想，打开思路，做好谈话准备。谈话情景的创设，可以通过以下几种方式进行。

1. 实物、直观教具

教师可以利用实物、图片、墙饰、多媒体、活动角布置等，向幼儿提供与主题有关的视觉形象，调动幼儿与话题有关的已有经验，激发幼儿谈话的兴趣。例如，在"吉祥的红色"主题活动中，教师穿上红色的衣服，幼儿展示收集到的以红色为主的衣服、饰品、挂件等，请幼儿谈谈这些东西是做什么用的，什么时候用；在"好听的吆喝"主题活动开始时，教师出示冰糖葫芦，引导幼儿观察其特点，并示范简单的吆喝；在"我的一家"主题活动中，教师请幼儿展示各自的全家福照片，并把部分幼儿的照片放在投影屏中，请幼儿介绍照片中的人。

2. 语言

教师通过自己生动的语言，描述一种情景，提出这些问题或者谜语，唤起幼儿的记忆，调动其经验，以便其进入谈话。例如，"怎样过马路"活动开始，教师先说一段自己看到的某个青年人如何过马路的情景，然后提出一些简单问题："过马路时要注意什么，为什么走人行横道线？"又如，在"我有好朋友"活动中，教师提问："你的好朋友是谁？是男孩还是女孩？你们喜欢在一起干什么？"再如，在"风在忙什么"活动中，教师通过谜语"水，见它皱眉；树，见它摇头；花，见它弯腰；云，见它就跑"引出风，不仅调动了幼儿的积极性，而且通过谜语唤起了幼儿对风的记忆。

3. 游戏或表演

例如，"快乐"活动开始，教师请幼儿玩游戏"你快乐吗？我很快乐"，激发幼儿活动兴趣；"请说礼貌用语"活动开始，教师和个别幼儿扮演玩玩具的幼儿，教师扮演的幼儿一句不说就把另一个幼儿的玩具抢过来玩，然后问被抢幼儿的感受，并让其他幼儿讨论，想玩别人的玩具，该如何礼貌地表达。表演的方式生动、直观，可以马上激发幼儿想说的愿望。在"我的一家人"活动中，教师还可以采用导入歌曲《我爱我的家》的方式，活跃课堂气氛。教师在设计组织这一层次活动时，需要注意以下几个问题。

（1）无论以实物的方式还是以语言的方式创设谈话情境，都必须以有利于幼儿谈话为前提。一般来说，幼儿熟悉的话题可以不用实物情境，因为他们不需要借助眼前可视的形象来思考和谈话，而难度越大的话题，越需要考虑创设实在具体的谈话情境。例如，"我有好朋友"活动，朋友就在幼儿身边，时时刻刻相伴，是幼儿熟悉的周围人。因此，教师没有刻意准备实物或多媒体等教具，而是直接提出问题，请幼儿思考，这同样可以使幼儿进入谈话情境，也不显得拖泥带水。

（2）创设的情境要避免加入与谈话内容无关的摆设，避免过于热闹以致喧宾夺主。过于复杂、绕弯会分散幼儿注意力。如"十二生肖"活动开始，有的教师这样提问导入："周末你去哪里玩了？"等有幼儿说出去动物园后，教师马上接着说："在动物园看见什么，喜欢什么动物……"然后根据幼儿的回答，才引出了十二生肖中的各个动物。以上导入中"去哪里玩"和话题没有直接关联，而且过于绕弯，容易使幼儿分散对话题的注意，费力且效果不佳。对于十二生肖中的动物，幼儿大部分都是熟悉的，直接用动物引出也未尝不可。

（3）注意利用谈话情境尽快导入话题。第一层次的活动是整个活动的序幕，不应当花费太多的时间。

（4）问题的提出应按照一定顺序，由表面到深入，由易到难，由具体到抽象。如"过年活动"，有的教师这样开头："怎么过年才高兴？"显然这个问题有些唐突，在幼儿还没有更多直接的感受、经验之前，是一时难以回答出来的。

（二）围绕话题和教师提问交谈

这一步骤紧接第一层次中教师导入时所提问题，使幼儿运用已有经验交流个人见解，使每个幼儿有充分交谈的机会。教师要为幼儿提供自由交谈的机会，调动幼儿的已有经验。这一步骤应注意以下几点。

1. 给幼儿充分的交流机会

教师在指导中尽量做到"一个围绕""两个自由"。"一个围绕"是指教师指导幼儿围绕中心话题大胆与同伴交流；"两个自由"是指交谈的内容自由和交谈的对象自由。教师应放手让幼儿围绕话题自由交谈，允许幼儿说任何有关话题的想法。教师不做示范，不忙于纠正幼儿在谈话中出现的遣词造句错误。幼儿可以选择个别交谈，如和身边的个别同伴或个别好朋友交谈，或者和教师交谈；也可以选择几个人组成一个小组相互交谈；还可以在集体面前谈论自己的交流内容和心得。教师不要干涉幼儿转换交谈的对象，只要他们积极地参与到交谈中，就达到了活动要求。

2. 给幼儿多感官活动的机会

知识经常是与动作联系在一起的，动作是连接主客体的桥梁和中介。谈话不仅是口头语言的操作活动，更是需要动手做、动脑想、用眼看、用耳听等多种感官参与的活动。如果谈话活动仅限于教师和幼儿之间的交谈，呆板长时间的一问一答会使幼儿感到乏味、无趣，以至兴趣逐渐降低，这显然不符合幼儿活泼好动的身心发展特点，以及幼儿园活动设计组织要求。在活动中适当增加一些除交谈之外的操作活动，动静交替，才会激发幼儿谈话的兴趣。

（1）通过看、想、听、画、尝、做等多种感官，激发幼儿的交谈兴趣。教育心理学认为"学习者同时开放多种感知通道，比只开放一个感知通道，更能准确有效地掌握学习对象。"因此，在活动中教师应尽量想办法放手，让幼儿"动"起来。例如，在"西瓜"活动中，教师首先让幼儿动脑猜西瓜谜语，然后看西瓜由瓜苗到生长为大西瓜的视频资料，同时模仿西瓜逐渐变成不同形态的样子，并做出给西瓜浇水的动作；接着用手拍西瓜或放到水里判断西瓜是否成熟；再接着切开西瓜吃、榨西瓜汁喝，并尝试做西瓜拼盘；最后让幼儿讨论西瓜的特征，并学跳西瓜舞，发挥想象画不同形状的西瓜，结束活动。整个活动教师充分调动了幼儿的各种感官，使幼儿对西瓜的感受和了解直观、深刻，积累了大量的西瓜知识和经验，使他们对西瓜有话可说、有话想说。

（2）通过表演、探索，使幼儿亲身体验。心理学表明：凡是人们积极参加体验过的活动，人们会对该类活动的内容和感觉印象更为深刻。例如，在"我的一家人"活动中，教师请幼儿谈论爸爸、妈妈的职业时，可以结合"你来比画我来猜"游戏进行，使幼儿了解各种职业的特征。这样的动作游戏，极大地活跃了幼儿的思维和课堂气氛，可使幼儿积极地参与到活动中。在"我的小手真能干"活动中，教师在导入中提出问题"我们的小手能做什么"后，并没有仅仅让幼儿坐着说，而是让幼儿和教师一起学做手指操、手偶表演等一系列和手有关的小律动，让幼儿在活动手指的同时感受到了手指的灵活和小手的作用。

3. 教师应积极参与活动

（1）教师应在场，使幼儿感到自己说话的意义。

（2）教师应参与谈话，用微笑、点头、拍手等体态语言给幼儿鼓励；或用皱眉、凝视、摇头、抚肩等方式暗示未参与谈话的幼儿。

（3）教师应观察幼儿，用语言引导幼儿。例如，在"认识交通工具"活动中，有的幼儿跑题，说到了汽车撞到人后司机逃跑，这时教师可以及时引导："汽车撞到人，人受伤了应该叫什么车来救护伤者，叫什么车来处理事故？又是什么车去追逃跑的人？"这样既很好地衔接了幼儿的谈话内容，又可使幼儿回归话题。

（三）深层次拓展谈话内容

前两个步骤是在幼儿原有经验的基础上进行的谈话，在这一步骤中教师要提升幼儿的谈话经验，拓展幼儿的谈话范围，但应注意在幼儿的"最近发展区"内适当提升和拓展。例如，对不同年龄班的幼儿在倾听的意识、情感和能力方面，应有不同的要求，应逐步增加新的倾听经验要求。拓展的谈话内容包括以下三方面。

1. 围绕中心话题深入拓展谈话

例如，"我的一家人"活动，中心话题可以这样拓展："家里有谁—家人做什么工作—在家做什么"拓展为"你想对家人说什么关心和爱的话，或者你想为他们做些什么？"以此对幼儿进行情感教育和感恩教育。在"有趣的吆喝"活动中，教师给幼儿一个想象中的物品，引导幼儿从物品的特点入手，邀请同伴进行讨论、创编吆喝，同时引导幼儿对比，让幼儿发现哪种吆喝更有趣、更有创意。可设计这样的游戏——同样卖一种东西，如玉米，一名幼儿在一边独自吆喝，另几名幼儿结伴吆喝，其他幼儿当顾客，游戏结束后让幼儿谈谈自己的感受。

2. 围绕中心话题深入拓展小话题

例如，在"我要上小学了"谈话活动中，教师根据幼儿已有经验基础，谈论了"上小学要准备什么文具，与幼儿园的文具有什么不同"，之后又分解出更多的分话题进行深入谈论——"我的小书包""小课堂""毕业""参观小学"，使幼儿对进入小学有更深刻的了解和准备。

3. 幼儿自己提出话题谈论

教师在集体谈话中预设了很多问题让幼儿谈论，但幼儿也有自己的感受和想法，有时甚至会提出教师想不到的和话题有关的问题，教师应及时发现这些问题的价值并组织幼儿进行交流。在大班，也可采用辩论会的形式展开讨论。教师在引导幼儿拓展谈话内容时，不是用示范、指示的方法直接告诉幼儿，而是通过深入拓展谈话范围的方法将这种经验逐步传递给幼儿。教师可以用提问的方法、平行谈话的方法，通过隐性示范提供新的谈话范例，让幼儿在谈话过程中不知不觉地沿着新的思路去说，潜移默化地获得新的谈话经验。

（四）结束谈话活动

教师可以采用以下两种方式结束谈话活动。

1. 教师总结性谈话

教师可总结幼儿的谈话经验和内容，如哪些幼儿提到了有意思的话题，哪些幼儿的谈话思路比较清晰、如何清晰，哪些幼儿语言运用较好，好在哪里等，使幼儿明白谈话的思路和应学习的经验。教师还可以最后做示范谈话，为幼儿模仿谈话的思路做铺垫。

2. 延伸结束

常用的延伸方式有三种，即家庭延伸、领域延伸、生活延伸。

三、评析幼儿园谈话活动

幼儿园谈话活动的评析就是以谈话活动为对象，收集教育活动过程中的各种信息，然后依据客观标准对谈话活动及其效果做出客观的分析和科学的判断，从而改进活动，不断提高活动效率的过程。

（一）谈话活动评析的内容

1. 对幼儿谈话经验与能力发展及其主体性发挥的评析

谈话活动是围绕话题有效展开的活动，是一种双向或多向互动的实践活动。幼儿只有积极参与谈话活动才能提高对话能力，善于听和说，学会与人交流沟通。因此，对幼儿的评析，其一，要关注通过谈话活动的设计、组织和实施，幼儿的谈话经验是否有所丰富，能力发展水平是否有所提高，从而反馈教师的素质和谈话活动的成效。其二，要关注幼儿参与谈话活动的情况。一方面看幼儿是否愿意参与谈话活动，是积极主动地参与，还是被动地参与；另一方面看幼儿在谈话过程中是积极主动发言，有自己的思想看法，还是被问到才发言，或者总是跟着别人说几句，说别人说过的，没有自己的主见。通过对幼儿的评析，教师应更加注重幼儿在谈话活动中主体作用的发挥，并鼓励全体幼儿积极参与。

2. 对教师在谈话活动中素质体现的评析

在谈话活动中，对教师的评析主要包括对教师语言素养的评价，教师在谈话过程中是否发挥了隐性示范作用，教师创设情境的能力和组织能力等如何。对教师的评价能激起教师工作的热情，也能促使教师不断反思，提高自身素质，不断改进教学。

3. 对谈话活动各方面的评析

对谈话活动的评析包括谈话活动主题是否明确，活动目标是否科学，活动内容是否符合幼儿实际，活动形式是否灵活多样，活动方法是否有效，活动准备是否充分，活动过程是否有序，活动中师幼是否存在互动且关系融洽等。

（二）谈话活动评析过程中应注意的问题

1. 创设的情境应为引出谈话话题服务

在组织谈话活动时设计相关的环境或情境，可以调动幼儿的兴趣，提高幼儿参与活动的主动性。例如，围绕"动物园"的主题谈话，事先带幼儿集体去参观，或者展示丰富的图片、照片，或者采取建筑游戏的形式，再现动物园的环境，使幼儿有大量的感性认识后再组织谈话，既能调动幼儿参与活动的积极性，也丰富了幼儿的经验，为后面的谈话活动做好了铺垫。

教师必须充分认识到：创设谈话情境的目的，无论是实物的方式，还是语言的方式，必须以有利于开启幼儿谈话内容为原则。既要避免与谈话内容无关的摆设，又要避免过于热闹、喧宾夺主，避免分散幼儿谈话的注意力。教师应创设简单明了，能够直接连接话题内容的情境。一般来说，对幼儿已经具备比较丰富经验的话题，或幼儿新近关注较多的话题，可以不采用实物方式创设情境；对幼儿谈话难度较大的话题，则应创设具体的谈话情境。

2. 谈话过程中要注意提问的技巧

谈话活动中如何提问可以说是一种技巧，它将直接影响着谈话活动的质量。教师应力求使自己的提问符合以下要求。一是问题要尽量具体明确，避免抽象笼统。所提问题的深浅程度要适合本班幼儿的知识经验和思维水平。二是问题要有启发性，能启发幼儿正确理解事物之间的相互关系。三是问题要有趣味性，能调动幼儿谈话的兴趣。例如，用竞赛的口吻提出问题："谁知道哪些动物在天上飞？哪些动物在地上爬？"有时也可以是议论性、评价性的问题，如"你喜欢吃水果吗""你最喜欢什么动物？为什么？"等。

3. 提供操作的机会，鼓励幼儿积极参与谈话

谈话活动中，幼儿既动脑又动口，是内外结合的操作活动。所以，教师要尽量为每个

幼儿提供动脑动口的机会。根据幼儿活动的特点，在谈话活动中适当增加一些其他方式的操作活动因素，将更有利于提高幼儿的兴趣，调动他们说话的积极性。例如，在"我喜欢的水果"谈话活动中，教师让幼儿在吃水果的基础上自由交谈。这样的安排使幼儿的谈话更加有趣，因此在各种谈话活动中，均可根据话题的内容，适当增加幼儿"操作"的机会。

4. 逐层深入推进幼儿的谈话

当幼儿围绕中心话题进行交谈时，他们的思路是呈辐射状向外发散的，而不同个体间的经验也是多种多样的。幼儿可以根据自己的意愿和内心感受，将自己的想法直截了当地表达出来，与大家共享，由此派生出来的子话题也非常丰富。这就给教师组织谈话活动造成了困难。很多教师在组织谈话时，常常感觉：要么话题谈不深，总是简单重复；要么就是话题谈得多，很散乱；有时甚至出现跑题的现象。如何在开启谈话后，引导幼儿围绕话题充分交谈，并学会延续他人的谈话，使得话题的交谈逐层深入，这是当前教师特别应关注的问题。

谈话活动具有"话题的导向"和"话题的传递"两个语言应用要素。教师通过递进式提问，巧妙地引导幼儿朝着一定的方向进行交谈，并传递和转换谈话的内容，使话题逐层深入。用这样逐层推进的方式设计话题，可以帮助幼儿开拓思路，唤起幼儿更多的回忆和内心体验，在此基础上，再帮助幼儿学习新的谈话经验。对中、大班幼儿来说，这种话题拓展模式也给他们提供了一种谈话的思路。这种宝贵思路的习得，对他们来说无论是有条理地讲述还是发展读写能力，都是非常有意义的。

5. 灵活采用多种形式，提高幼儿谈话水平

除了有组织的集体形式外，还可以利用其他形式来提高幼儿的谈话水平。

（1）开展课外语言活动。为了保证幼儿的谈话技能在日常生活中得以巩固和练习，教师有意识地利用幼儿休息或游戏时间，组织幼儿听、讲、编故事，组词造句，以不断丰富幼儿的语言经验。

（2）指导幼儿在图书角中的活动。充分发挥图书角的作用，教师注意有计划地指导幼儿在图书角中的活动。在幼儿看书时，引导幼儿相互交谈，讲述书中的故事情节，并对一些词语及时进行解释，帮助幼儿不断地丰富词汇，为开展谈话活动打好基础。

（3）随机教育。教师可经常不失时机地利用日常生活中的各个环节，引导幼儿说出周围一切使他感兴趣的事物名称、性质和动作，如起床穿衣时，启发幼儿说出身体各部分的名称和衣服名称；游戏时，要求幼儿说出玩具和游戏动作的名称，并鼓励幼儿用语言调节角色间的关系；散步时，启发幼儿讲述观察到的事物和现象，鼓励他们发问、交谈、讨论。

🗂 案例

案例1：幼儿园小班谈话活动

活动名称：我爱吃的糖果。

活动目标：

（1）学习安静倾听别人谈话，不随便插嘴，养成良好的倾听习惯。

（2）能够围绕"糖果"进行交谈，能用简短的句子讨论糖果的名称、味道等特征。

（3）愿意参与集体谈话活动。

活动准备：

幼儿自带少量糖果，老师准备多种糖果。

活动过程：

1.品尝糖果，引出谈话话题

（1）每人品尝一粒糖果，引起幼儿的兴趣。

（2）教师提问："糖果好吃吗？你们喜欢吃糖果吗？你刚才吃到的糖果是什么味道的？"

（3）幼儿回答后让幼儿把自带的糖果拿在手上。

2.围绕"糖果"话题自由讨论

（1）教师用提问的方式提出话题：你喜欢吃什么糖果？你带来的糖果是什么颜色、什么形状的？有些什么味道？

（2）幼儿手拿糖果与旁边的伙伴交流。

（3）教师注意倾听，努力发现讲得好的幼儿，为下一步集体谈话做准备。

3.拓展谈话范围

（1）集体谈论"糖果"。选出在自由谈论中讲得好的幼儿，在集体面前介绍自己带来的糖果。教师注意提醒幼儿说话声音要洪亮，要让所有的人都能听见。

（2）以新话题展开讨论。教师通过提问帮助幼儿拓展："你还吃过哪些糖果？吃糖果有哪些好处？吃糖果需要注意些什么？"

4.结束活动

幼儿品尝自己带来的糖果，分享吃糖果的相关经验。

活动反思及评价：

本次活动的话题选择符合小班幼儿的兴趣特点。活动目标的定位准确而又全面，包含了听和说两个主要方面，符合谈话活动的目标要求。在活动过程中，谈话一开始，教师用糖果导入，请幼儿品尝，引起了幼儿的谈话兴趣，使幼儿有话可谈，也为接下来幼儿谈论自己带来的糖果做了谈话铺垫。在拓展谈话范围时，教师提出的问题难度和经验，都符合小班幼儿的语言最近发展区，在提升幼儿语言经验的同时，也增加了幼儿的卫生知识，使幼儿了解糖有好处，但也不能吃得过多。结束环节，教师在幼儿品尝分享糖果时自然结束活动。整个活动过程清晰，有层次感，衔接自然，体现了以幼儿为本的活动理念和操作方式。

案例2：幼儿园中班谈话活动

活动名称：谁的本领大。

活动目标：

（1）引导幼儿围绕话题进行谈话，知道大象和猴子各有各的长处。

（2）指导幼儿以轮流的规则进行谈话，培养幼儿良好的倾听习惯。

（3）引导幼儿体验谈话活动的乐趣，增强自信。

活动准备：

（1）大象和猴子木偶各一个，头像各一个。

（2）奖花若干。

活动过程：

（1）出示木偶，以故事情境引出话题。

教师："森林里住着一头大象和一只猴子，它们是一对非常好的朋友。可是有一天它俩却吵架了，为什么会吵架呀，原来，它们想比出谁的本领大，大象说，我的本领可大了，猴子说，我的本领也很大，它们比来比去，也分不出谁的本领大。"

教师："那么，小朋友，你们认为谁的本领大呢？"

（评析：教师用木偶猴子和大象讲述一段故事，以此引出话题的方式非常生动、有趣、有效。孩子们在这一过程中眼睛始终一眨不眨地注视着教师，很顺利地进入谈话情境。因为中班幼儿已经初步认识了一般动物的本领，因此在讨论"谁的本领大"时，幼儿有话可说。）

（2）幼儿说说自己的想法，并说明自己的理由。

教师："刚才有的小朋友认为大象本领大，有的小朋友认为猴子本领大，那你为什么会这样认为呢？请你把你的想法轻轻地告诉旁边的小朋友。"

（评析：在幼儿"自由交谈"活动中，有的幼儿说大象的本领大，因为大象可以卷木头、吸水、喷水，还可以把大灰狼踩死等。有的幼儿说猴子的本领大，因为猴子会爬树、摘果子、会在树上跳来跳去等。这些说法都应该给予肯定，因为他们是围绕"谁的本领大"在交谈。）

（3）小小辩论会。

教师："刚才小朋友都有自己的想法，那好，今天我们干脆来开个小辩论会，好吗？"

请全体小朋友起立，幼儿按自己的意愿分为两组：大象队和猴子队。幼儿面对面坐下。

教师介绍两组，并让他们为自己加油，激励孩子的情绪。

教师宣布辩论会规则：要求两组组员轮流讲话，不随便插嘴；爱动脑筋、遵守规则的一组奖一个奖花。

（4）辩论会正式开始，教师引导幼儿围绕主题谈话，奖罚分明。

（5）教师对辩论会作小结。

（评析：这是整个活动的高潮，教师通过让小朋友的自由分组，使每个小朋友都能参与到自由表述的过程中。因为讨论激烈，幼儿不免会在交谈活动中形成一种大家争着说的局面。这也让幼儿在无形中理解"轮流说"的规则及这一规则的运用对谈话过程的作用。）

（6）教师设置一个情境：狮子大王想吃椰子，可椰子树在河对面，狮子不会游泳也不会爬树，所以只能请大象和猴子来帮忙，小朋友你们猜一猜，谁会完成这个任务呢？

教师小结：这个任务要大象和猴子互相帮助才能完成，它们的本领都很大，要比谁的本领大，要看它的本领在什么时候用，做了什么事情。

（评析：此环节是整个活动中的难点，教师在给幼儿设置的情境中逐步提问，层层深入地引导讨论，大象和猴子是怎样帮助狮子的，最后得出结论，即需要合作才能完成这个任务。）

（7）迁移活动。让幼儿说说他们还认识哪些小动物，它们有哪些本领。

（评析："拓展谈话范围"是培养幼儿语言能力的重要一环，不仅帮助幼儿延伸了谈话范围，而且也认识了自然界、动物与动物的关系。）

活动反思及评价：

"谁的本领大"是一个小朋友非常感兴趣的活动，充分体现了语言活动的特点。孩子们喜欢说，有机会说，还能勇敢地说。这是因为教师给小朋友创设了一个自由宽松的语言环境，如谈话的形式有自由交谈、分组交谈、个别交谈等，从而使小朋友都有锻炼的机会。而教师活动设计的思路也非常清晰，小朋友通过引出话题—自由交谈—分组交谈—拓展谈话范围层层深入的环节，轻松地解决了整个活动中的重难点。只是由于孩子对大象和猴子的认识停留在一些常见的本领上，谈话的中心只是围绕着大象会吸水、卷动物、身体大以及猴子会爬树、荡秋千等内容来谈。能够拓展的经验不多，话题也就很难深入下去。如果在课前让孩子回家多了解这两种动物的本领，可能课上的效果会更好。

案例3：幼儿园大班谈话活动

活动名称：有趣的吆喝。

活动目标：

吆喝是商贩们对自己商品的一种宣传，通过吆喝来把自己的商品出售给人们。它贴近生活，平凡得几乎随处可以听见。幼儿们也非常感兴趣，并且善于模仿。教师便以此为契机，加以提炼和归纳，让幼儿体验到吆喝的有趣。本活动旨在让幼儿和老师共同总结出吆喝的特点、形式、内容，引导幼儿加以创造想象创编各种吆喝，从而发展幼儿的语言表达能力和大胆与人交往的能力。

（1）热爱各行各业的劳动人民，体会生活给我们带来的快乐。

（2）在活动中能友好地与同伴分工合作，并大胆地与人交往。

（3）善于捕捉周围事物的特点，有敏锐的观察力，并能运用恰当的语言大胆地表现。

（4）能在教师的引导下，总结出吆喝的特点，并能自己创编吆喝。

活动准备：

（1）知识准备。带幼儿到市场中观察商贩卖物品。

（2）物品准备。可以准备的物品包括冰糖葫芦、各种水果、羊肉串、臭豆腐、凉粉、玉米、烧饼等。

（3）情境创设。创设情境"美食街"。

活动过程：

1.引导探索

教师要让幼儿明白什么是吆喝，为什么要吆喝。

（1）教师出示冰糖葫芦，引导幼儿观察并说出其特点。

（2）教师示范简单的吆喝，让幼儿判断这样的吆喝是否好听；引导幼儿自己尝试创编吆喝，并进行个别表演。

（3）幼儿自由结伴向假扮客人的老师吆喝冰糖葫芦。

（4）请幼儿谈自己吆喝冰糖葫芦的过程，让客人给出评价（由一名扮演"客人"的老师到幼儿面前根据刚才幼儿吆喝的情况，总结幼儿吆喝的缺点，如声音要大一点，语言要更生动、更丰富，将你的东西说得更好，让别人一听就想买）。

（5）教师小结。吆喝是生意人在出售商品时，对自己的商品的一种宣传，目的是吸引客人们的注意，将自己的商品卖出去。

2. 回忆与观察比较

教师和幼儿一起探寻吆喝的形式与特点。

（1）教师提问："小朋友，你们在生活中还听到过哪些吆喝？"

（2）幼儿回忆模仿各种形式的吆喝。

（3）观察比较：引导幼儿在吆喝的形式上进行观察比较，逐步归纳出吆喝的特点。

在这一层次里，先让幼儿说说自己在生活中听到过的吆喝，然后教师向幼儿展现三种吆喝：普通话的、方言的、唱的。让幼儿比较后说出哪一种更有趣，然后以鞋子为例让幼儿选择三种吆喝方式中的一种自由吆喝，最后选择三个幼儿分别以不同的方式上台吆喝，幼儿评价谁的吆喝更好，想买谁的鞋子。

3. 创编展示

幼儿根据所学知识，自由创编吆喝。

（1）给幼儿一个想象中的物品，引导幼儿从物品的特点入手，邀请同伴进行讨论、创编。

（2）教师引导幼儿进行对比，让幼儿发现哪种吆喝更有趣、更有创意。

（3）展示创编结果，并做出评价和小结。

在这一层次里，教师主要让幼儿感受一个人吆喝和结伴吆喝的不同。可设计这样的游戏：同样卖一种东西如玉米，一个幼儿在一边独自吆喝，另几个幼儿结伴吆喝，其他幼儿当顾客。让幼儿分别谈谈自己的感受。

需要注意的是，教师在各个环节中都要引导幼儿用丰富的语言去表达，同时要注意买和卖的不同。

4. 自由表现

（1）请幼儿介绍美食街。

（2）请幼儿自由结伴选择摊位，分工讨论怎样吆喝。

（3）美食街开张，幼儿们各自吸引顾客，吆喝美食。

（4）教师小结，结束活动。

活动反思及评价：

幼儿们在繁华的商业街上随处可以听到吆喝。虽然吆喝听起来很平常，但是却需要吆喝者具有勇气、胆量和语言艺术。该活动以吆喝为内容，旨在锻炼幼儿在公众场合大胆说话、大声说话的能力，并能尝试如何说得更好、更有吸引力。该活动层次清晰、层层递进，以幼儿的讨论、模仿、创编为主，并能尝试让幼儿自己做评价。本活动的组织方式生动有趣，游戏性强，幼儿能在轻松的氛围中快乐地表达。

✿ 拓展训练

训练一：观摩幼儿园谈话活动

训练目标：

（1）观摩、记录幼儿园教师如何选择谈话话题，如何逐步完成活动目标、活动准备及活动过程的设计环节，了解谈话活动的教案书写。

（2）增进对幼儿园谈话活动的具体组织和指导环节的设计。

训练要求：

（1）观摩幼儿园小、中、大班谈话活动各一个。观摩、记录活动全过程，重点观察活动目标的达成、活动过程的设计和组织、幼儿的参与效果。

（2）与幼儿园执教教师进行交流研讨，请幼儿园执教教师介绍活动中的目标设计、材料准备、过程组织及活动方式的构想。学生围绕观摩活动提出问题。

（3）完成见习报告。

训练二：幼儿园谈话活动的设计

训练目标：

（1）掌握幼儿谈话活动的组织形式和方法。

（2）学习运用所学理论知识及观摩活动中的经验。

训练要求：

（1）针对"好吃的午餐"（小班）、"我们的衣服"（中班）、"假如我会飞"（大班）等活动主题，你怎样创设谈话情境，引出话题？你觉得应从哪些方面拓展谈话范围？

（2）自己选择一个谈话活动的主题，设计一篇完整的谈话活动教案。

训练三：幼儿园谈话活动的组织

训练目标：

（1）培养实际的谈话组织与操作能力。

（2）锻炼在实际操作活动中的应变能力。

训练要求：

（1）任选一个谈话话题，准备教案及相关教具。一个学生模拟教师，其他学生模拟幼儿，组织一节谈话活动。

（2）在模拟活动的基础上，到某一幼儿园任选一个年龄班，实际进行谈话活动教学。

学习总结

在本章中我们学习到语言教育活动中的谈话活动，详细阐述了谈话活动的设计与组织。同时列举了部分教学的实际案例与方案，能更直观地让学习者从理论与实践的双向层面对幼儿园谈话活动的组织实施有深入的了解，从而达到提高教学设计能力的教学目标。

第五章
万事万物皆可讲述

🌱 导学

在本章中你会学习到什么是幼儿园讲述教育活动，讲述活动有哪些特点，幼儿园的讲述活动应该如何设计和组织，教学指导的要点有哪些。

📑 学习目标

（1）理解幼儿园讲述活动的内涵。

（2）了解幼儿园讲述活动的特点和类型。

（3）明确幼儿园讲述活动的总目标及年龄阶段目标。

（4）能够制定合理的讲述活动目标。

（5）掌握幼儿园讲述活动设计与组织实施的基本思路和方法。

🔗 思维导图

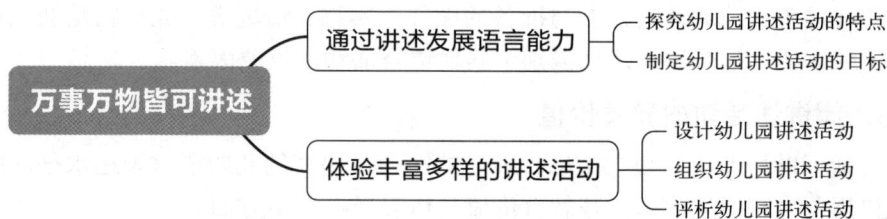

第一节

通过讲述发展语言能力

✈ 案例导入

大象救兔子

一天，李老师带领大二班小朋友学习看图讲述"大象救兔子"。李老师事先准备了三幅图片，通过谈话引入，注意出示图片，请幼儿观察、讲述。在幼儿讲述过程中，李老师多次打断幼儿的讲述，不时地提醒幼儿运用讲述的方法与技巧，如"在什么地方？""发生了什么样儿的事？""老虎看到小兔子会对小兔子说什么？"……

要求：根据案例分析以下问题。

（1）案例中李老师的做法对吗？为什么？

（2）你认为讲述活动的组织需要具备哪些特点？

✱ 知识讲解与案例分析

一、探究幼儿园讲述活动的特点

（一）幼儿园讲述活动的内涵及教育价值

幼儿园的讲述活动是幼儿园语言教育的重要方式，是发展幼儿独白语言的教育方式，对幼儿语言的目的性、独立性、创造性和连贯性及幼儿的思维、记忆、想象等方面都有很好的促进作用。

1. 幼儿园讲述活动的内涵

幼儿园的讲述活动是一种有目的、有计划地培养幼儿语言表述能力的教育活动，旨在培养幼儿独立构思和表述的能力。这种活动需要教育者为幼儿创设一个相对正式的语言运用场合，要求幼儿依据一定的凭借物，使用比较规范的语言来表述人对某事、某物或某人的认识。它的着眼点在于促进幼儿独白语言的发展。

开展讲述活动的一个必备要素是有一定的凭借物。这里所说的凭借物，是指讲述活动中教师为幼儿准备的或幼儿自己参与准备的图片、实物、情境等。凭借物是幼儿在讲述活动中所依凭的客体，也是讲述活动区别于其他语言活动的重要因素。

2. 幼儿园讲述活动的教育价值

讲述活动可以培养幼儿独立构思和表述的能力，提高幼儿的语言表达水平，同时对幼儿的思维和想象力有促进作用，其教育价值具体表现在以下方面。

（1）使幼儿的讲述能力得到提升，逐渐养成良好的倾听习惯。

在讲述活动中，幼儿需要积极调动大脑思维，独立构思讲述的内容、讲述的顺序、讲述的重点，甚至在讲述过程中不断调整讲述语言（如用什么词语更合适，怎样把内容连接起来等），考虑如何表达才能让别人理解自己的话。相应地，在一个幼儿讲述的同时，其他幼儿逐渐养成倾听他人讲述的习惯，从而达到语言教育的目的。

（2）使幼儿的独白语言能力得到锻炼，逐渐提高幼儿讲述的连贯性。

独白，原指戏剧中人物自己对自己（独）说话（白），这里指的是说话人独自构思和表达对某一内容的完整认识。独白语言是比谈话更为复杂、周密的一种口头语言的表达形式。它的特点是要用比较完整连贯的语言表达自己的思想，讲述自己经历过的事情或见过的人、物等，使听讲的人能明白自己讲述的内容。《幼儿园教育指导纲要（试行）》强调了幼儿的语言能力是在运用的过程中发展起来的。因此，教师要为幼儿创造一个相对正式的语言环境，鼓励幼儿在集体面前大胆、清楚地表达自己的想法和感受，尝试说明、描述简单的事物或过程，把事、物人讲清楚，使他们的独白语言能力在一次一次的锤炼中得到提高。同时，幼儿的语言流畅程度与连贯性也会逐渐得到锻炼和提高。

（3）使幼儿学习认识事物的顺序和方法，初步培养幼儿的逻辑思维。

对人、事、物的认识是讲述活动顺利展开的前提，讲述活动本身是教师提供给幼儿的一个良好的语言环境。在讲述活动中，教师的点拨指导使幼儿能够学习认识事物的顺序和方法，逐步发展幼儿对事物的认识。

（4）使幼儿的思维和想象力得以发展，逐步培养幼儿的创造力。

讲述活动中，幼儿需要对讲述对象（讲述凭借物）进行观察感知、理解分析和判断推理，同时展开联想和想象，合理构思，并运用清晰、连贯和完整的语言进行讲述。在此过程中，幼儿的思维能力、想象力、创造力和语言表达能力得到了极大的发展。

（二）幼儿园讲述活动的特点

讲述活动与谈话活动都是为提高幼儿口头语言能力而进行的教育活动，但这两类活动在活动目的、活动对象、活动方式等方面，均有较明显的差异。讲述活动具有以下四个主要特征。

1. 讲述活动拥有一定的凭借物

与主要围绕幼儿已有经验进行交流的谈话活动不同，幼儿开展讲述活动，需要有一定的凭借物进行支持。教师通过向幼儿提供讲述活动的凭借物，给幼儿划定讲述的主要内容，使他们的讲述具有明显的指向性。例如，教师提供图片，让幼儿讲述"快乐的星期天"，幼儿就可以按照图片所展示的内容，叙述星期天所发生的事情，以及主人公是如何做的、是否感到快乐等。因此，在讲述活动中，凭借物往往为幼儿的讲述提供语言素材，对幼儿的讲述起着重要的作用。

幼儿的讲述活动与谈话活动相比，有一定的凭借物是它的独特之处。在讲述活动中出现凭借物，基于以下两个方面的原因。

（1）符合幼儿讲述学习的需要。成人讲述一件事或一个物体，可以凭借当时出现在眼前的实物、情景，也可以凭借脑海中存留的记忆进行。而幼儿存在着经验和表象积累不足的实际情况，在讲述活动中，幼儿不可能完全凭借记忆进行讲述。因此幼儿在讲述活动中，需要有一定的凭借物。

（2）讲述活动是一种集体参与的活动，幼儿要在集体面前进行连贯、清楚的讲述。因此，组织幼儿进行讲述时，需要有一种集体的指向，要求幼儿就相同的内容构思表述个人的见解。讲述活动中出现的一定凭借物，为幼儿指出了讲述的中心内容。幼儿可以根据自己具体的认识，去讲述相同或相似的内容，并产生相互交流和影响的作用。

2. 讲述活动有较为正式的语境

所谓语境，即语言环境，包括语言因素和非语言因素。上下语句、时间、空间、情景、对象等与词语使用有关的都是语境因素。从交际场合来讲，语言交际的实质，是利用语言传递信息、交流思想感情。不同的语言环境，要求人们使用不同的语言。在一定场合中说话，说什么和怎样说，不仅与这个场合下所说的内容和参与说话的人有关，还与这个场合里其他人说话的方式方法有关。在这些因素的影响下，人们在交往中不由自主地调节自己的说话范围、说话方式和说话风格，以便适应这一特定场合的要求。如果是相当严肃的交际场合，参与交际的人应当感受到这一语境的特点，以相对严肃的方式和风格说话。归纳起来幼儿在讲述活动中，不能像在谈话活动中那么宽松、自由地交谈，要经过考虑后才能发表个人见解；说话时不能有很大的随意性，要经过较完善的构思，有头有尾地说出一段完整的话来；要尽量注意在用词造句方面的正确性、准确性，以合乎规则。

讲述活动为幼儿提供的是一种学习和运用较正式语言的场合。这种正式表现在两个方面：一是语言规范，幼儿需要使用较为完整的连贯句；二是环境规范，一般在专门的教学活动中开展，如看图讲述等。实质上，讲述活动就是要求幼儿根据讲述的凭借物，在经过精心计划和准备的语言环境中，鼓励幼儿运用过去的语言和知识经验，讲述规范性语言，以达到提高口头表达能力的目的。

总之，讲述活动必须针对具体的凭借物，根据语言环境要求，组织口语表达的内容和方式，运用较正规的语言风格说话。为幼儿提供一种学习运用较正式语言进行说话的场合，是讲述活动的一个重要特点。

3. 讲述活动的语言是独白语言

讲述活动中幼儿要学习的讲述是一种独白语言。独白，顾名思义，需要说话的人独自构思和表达对某一内容的完整认识。在谈话活动中，幼儿的语言交流是双向或多向的，交谈的对象是明确的，交谈的话语是简短的并相互紧密连接的。而在讲述活动中，幼儿的语言交流对象是不明确的，往往由一个人讲给多人听，话语相对较长，彼此所说的一段话并不需要上下紧扣，而是相对独立、各成篇章的。

讲述的独白语言特性，要求幼儿的口头语言表述经历这样一个过程：幼儿按照所要表达的内容选择词语，组成话语来表达意思。讲述活动的独白是要求幼儿独自完成一段完整话语的过程。例如，在讲述"快乐的星期天"时，幼儿要依据图片确定先说什么、后说什么，大致打一个"腹稿"；同时，幼儿还要在活动中独立完整地组词造句，即通过自己的发音器官，以口头语言的方式将自己构思的讲述内容说出来。这一过程对于幼儿是有一定难度的。因此，讲述的语言要求比谈话的语言要求高，并且建立在一般交谈的语言基础之上。在幼儿园里，幼儿要在谈话活动和日常交谈中发展自己运用语言与人交往的能力，也要逐步形成一定水平的讲述能力。讲述活动是培养、锻炼幼儿独白语言的特别途径，它有别于其他各类语言教育活动，有它存在的独特价值。

4. 讲述中需要调动幼儿的多种能力

除了语言能力外，幼儿在讲述活动中还需要运用其他的一些能力，如观察力、想象力、记忆力和思维的逻辑性等，否则就很难提高讲述的水平。以看图讲述为例，如图片"小蚂蚁和蒲公英"，幼儿要将图画的内容清楚、有条理地描述出来，首先要完整地认识图片，了解图片的人物、事件，这需要幼儿运用观察力和综合分析能力；然后要理解画面的表面内容，描述画面中人物的动作和事件的主要内容，这需要幼儿凭借过去的生活和知识经验加以联想，综合并得出判断；最后，要深入地反映画面本质，深刻地理解内容，这要求幼儿要对画面进行综合性的推想，涉及画面的人物、背景、事件等诸多要素之间的联系，必须具有思维的深刻性和间接性。总之只有多种综合能力的配合，才能保证讲述活动顺利、有效地开展下去。

讲述活动的教育作用与谈话活动的教育作用大致相同，但也有不同之处，具体如下。

（1）从活动目标看，谈话活动注重幼儿运用语言与他人进行交流，而讲述活动则侧重培养幼儿清楚、连贯地表述某一事、某一物的能力。

（2）从活动内容看，谈话活动往往围绕幼儿已有经验的话题进行交流，而讲述活动则针对某一幼儿需要认识的凭借物（如图片、玩具等）进行讲述。

（3）从活动中幼儿运用的语言方式来看，同样是口头语言的表达，但谈话的语言属于对话范畴，正如人们一般交谈那样，不需要正式场合使用的规范、严谨的语言，而是宽松自由不拘形式的语言，以说明白想法为主。讲述不同于谈话，讲述是一种独白，要求类似正式场合的语言，规范清晰而有条理地表达相对完整的观点。

（三）幼儿园讲述活动的类型

讲述活动可以按照多种方式进行类型划分，按语言的主要表达方式分，可以分为叙事性讲述、描述性讲述、说明性讲述、议论性讲述；按凭借物特点分，可以分为看图讲述、实物讲述、情景（境）讲述、生活经验讲述、音响讲述、动画片讲述等。

1. 按语言的主要表达方式分类

（1）叙事性讲述。叙事性讲述，即用口头语言把人物的经历、行为或事情的发生、发展、变化讲述出来。一般要求幼儿能简洁清楚地按顺序讲述事件，或以第一人称讲给他人听，或用第三人称讲述他人经历的事情。

（2）描述性讲述。描述性讲述是指用生动形象的语言，把人物的状态、动作，或物体以及景物的性质、特征具体讲述出来。教师重点让幼儿初步尝试使用具体、生动、形象的词语进行讲述，同时学习抓住事物的主要特征进行描述。

（3）说明性讲述。说明性讲述是指用简单明了的语言，把事物的形状、特征、功用等解说清楚。说明性讲述不需要使用生动形象的形容词，主要以表述明白事物状态，交代清楚事物的特点、来源为主。

案例

活动名称：中班语言优质课教案"手指编故事"。

活动目标：

（1）玩玩手指，创造出各种形象，并能流利、完整地说出其意义。

（2）愿意参与手指编故事的活动，能较完整地叙述自己创编的故事。

（3）培养小组合作意识，学习安静倾听、轮流讲述。

活动准备：

事先准备一则用手指表演的小故事。

活动过程：

1. 玩手指，进入活动

（1）钱老师的手指会说话，你们看，这是什么意思？像什么？（像小棒，像辫子……）

（2）变变变（两根手指），像什么？（像剪刀，像燕子尾巴，像小鸡嘴巴……）

（3）变变变（两手合成空心圆），像什么？（像房子，像桃子，像一串葡萄……）

（4）钱老师做了这么多手势，你会做什么手势呢？表演给旁边的小朋友看。

（5）谁愿意上来表演给大家看？

2. 手指讲故事

（1）手指会变出各种东西，它还会讲故事呢。教师表演手指故事。（小白兔蹦蹦跳跳走来了，看见一块石头，从石头上跳了过去。小鸭子嘎嘎地叫着走来了，看见石头，从石头边绕了过去。小山羊高高兴兴地走来了，它没有看到石头，撞了一下，摔了个大跟头，它爬了起来，一瘸一拐地走了。）

（2）小手讲的故事好吗？大家一起再来看看，边看边学一学，再想想小手讲的是什么故事。

（3）大家一起做一做、说一说小手讲的故事，还可以和旁边的小朋友商量一下。

（幼儿进行讨论，教师做巡回指导。）

（4）整理故事，请个别幼儿说一说。

（5）谁愿意来表演？声音要响亮。（幼儿边表演边说。）

（6）有没有小朋友一起表演的？（请两名幼儿一起表演。）

3. 创编手指故事

（1）还有谁会碰到这块大石头？它们又是怎么做的呢？请你用手指表演给旁边的小朋友看，请大家来猜一猜。（小组讨论）

（2）谁愿意上来表演给大家看？我们一起来猜猜你表演的是什么意思。

（3）那么，这块大石头如果一直都在路上挡着怎么办呢？如果你是小动物，你会怎么做？

4. 完整地表演手指故事

教师与幼儿一起完整地表演手指故事——路上的大石头。

（4）议论性讲述。议论性讲述通过摆事实、讲道理来说明自己赞成什么或反对什么，表明自己的观点与态度。议论性讲述只要幼儿把态度或观点表达清楚即可。

案例

活动名称：大班辩论活动"雨的好处和坏处"。

活动目标：

夏天雷阵雨比较多，很多孩子都觉得雷阵雨太吓人了，有很多坏处；可是有的孩子则认为下雨不一定都下雷阵雨，有时候下雨可以解决很多问题，他们说："现在我们这里正在闹干旱，我们还进行人工降雨了呢。"针对这个话题，可以开展辩论活动，让孩子根据自己的观点去寻找并获得依据。在此基础上就形成了辩论活动"雨的好处和坏处"。

（1）能明确自己的观点，并根据自己的观点去调查取证。

（2）能大胆交流并能运用各种手段辩驳。

（3）互相尊重，遵守辩论的规则。

活动准备：

（1）"给家长的一封信"，让家长配合，提供各种渠道让孩子收集资料。

（2）幼儿根据已有经验进行绘画等活动，并作为自己的依据。

活动过程：

1. 明确自己的观点

孩子们从自身的感受和经验明确了自己的观点，也有了自己的一些独特的思考，自然地分成两派：一是"认为雨好"，二是"认为雨不好"。

2. 调查取证，收集资料，互相交流

调查取证的过程是辩论赛中必不可少的环节，它通过孩子们自身的探索去感受、发现、体验，从而变成了孩子自己的经验，使这些经验真正地为孩子所用，为辩论服务。

3. 辩论赛开始

（1）陈述各自的观点。

（2）自由辩驳。

（3）总结陈词。

（4）评选小小辩论家。

4. 教师总结

教师点评辩论双方所持观点，指出辩论过程中双方的优缺点，给予正向观点强化。

2. 按凭借物的特点分类

依据凭借物的特点可分为以下四种。

（1）看图讲述。看图讲述是根据图片内容进行讲述的语言活动。它包括单幅图讲述、多幅图讲述、排图讲述、拼图讲述、粘贴图讲述、绘图讲述等多种方式。无论用什么方式，提供什么样的图，看图讲述的凭借物都是图片，即平面的形象画面。这类凭借物表现情景静止瞬间的暂停形象，在指导幼儿观察理解和进行讲述时，需要帮助他们联想图片之外活动的形象和连接的情节。

图片是现实生活中实物和事件的再现，具有一定的直观性，它色彩鲜艳、形象生动、情节鲜明，能够引起幼儿的联想和想象，而通过幼儿观察、联想，必然使其产生表达的愿望。因此，看图讲述是对幼儿观察、思维和说话三种能力的综合培养，如"小兔过河""小熊赏月"等。看图讲述，根据图片的运用和对幼儿讲述的不同要求，还可以分为以下几类。

① 看图谈话，主要是根据图片内容，在教师的提问和引导下，通过一问一答的方式，把图片中所表现的主要内容讲出来。这种形式主要在小班进行，如看图谈话"小红上幼儿园""搭积木"等。

② 描述性的看图讲述，要求幼儿不仅能观察到图片上所描绘的对象和现象的主要特征，而且能观察到细节部分，把握事物之间的关系和联系，并且能恰当地运用语言进行细致的描述，讲清图片上表现的是什么内容。这种形式主要在中班进行，如看图讲述"在动物园里"。

③ 创造性看图讲述，不仅要求幼儿讲出图片的主要内容和次要内容的特征和相互关系，还要求幼儿能够在教师的帮助下，讲出那些与图片内容有必然的联系，但图片上没有直接表现出来的事物或内容，如事件发生前后的情节、人物的心理活动、人物的对话等。这要求幼儿能充分发挥自己的想象，用连贯的语言，讲述出图片体现的故事。这种形式一般在大班进行，如看图讲述"大象救兔子"。

④ 排图讲述，即为幼儿提供一组无序号的图片，让幼儿根据画面的内容，将图片排成一定的顺序，并讲述故事情节的一种活动。一般来说教师提供的这组图片所反映的内容，必须是幼儿熟悉的，根据这些图片幼儿可以按一种思路排序讲述，也可以按多种思路排序讲述。这要求每幅图片既要有相对的完整性，又要有一定的内在联系和多种排列的可能。在这种讲述中既培养了幼儿的讲述能力，也培养了幼儿的逻辑思维能力和想象能力。这种形式比较适合中大班幼儿。

⑤ 拼图讲述，是看图讲述的一种，是看图讲述的拓展。其特点是教师不直接提供讲述凭借物，而是向幼儿提供各种构图材料，如积塑玩具、贴绒图片、磁铁图片、立体图

片，其中有人物、动物、花草树木、天气状况及不同的地点以及一张大的背景图，幼儿根据自己的意愿与想象，将这些图片摆放在背景图上，构成一个完整的有情节的故事，并将它们清楚地表达出来。在培养幼儿口语表达能力的同时，也锻炼了他们的创造性思维能力。例如，立体图片"美丽的花园"。幼儿选择自己喜爱的动物小鹅、小熊作为主人公，在背景图中摆上各种花草树木，并挑选某一特定的天气状况，如"阴天"，在创造出这样一种场景后，幼儿可以根据自己的思路讲述与场景相吻合的故事，同一场景编出的故事可以多种多样。这种讲述可以让幼儿独立拼出场景、自由讲述，也可以由几个幼儿联合拼图并创编完整的故事。这种讲述形式灵活、多变，克服了传统的看图讲述中图片完全是教师准备的缺点，发挥了幼儿的主动性；而且图片中形象、场景的设置和故事的构思，完全依照幼儿的爱好和想象而定，符合幼儿心理发展的特点，实现了在讲述中动手、动脑、动口的目的，因此深受幼儿的喜爱。小、中、大班都可以开展这种乐趣多多的活动。

⑥ 绘图讲述。所谓绘图讲述，从广义上讲，是将绘画、捏泥、折纸等手工活动与讲述结合起来的一种活动。由于绘图讲述的材料需由幼儿自己制作，因此在刚开展这种活动时建议分两次进行：第一次活动绘制材料，如绘画、捏泥等；第二次活动讲述。等幼儿对这种活动形式熟悉后，可将两者有机融合在活动中。绘图讲述保留了拼图讲述"动手、动口、动脑"的优点，又兼顾了面向全体、因材施教的长处，活动的形式更灵活、内容更丰富，使幼儿在动手操作和讲述中，体验到自由创造的乐趣。例如，幼儿在捏完小猫和鱼后，编出关于它们的故事。需要注意的是，对不同年龄班的幼儿，所提的要求应有所不同。小班幼儿允许先绘图后讲述，而中班边画边说，大班则应培养幼儿先讲述后绘图的能力。

案例

活动名称：大班看图讲述活动"快乐的野餐"。

活动目标：

（1）学习运用"在……正在做……""一个……，另一个……"的句式，能比较完整、连贯地讲述图片的内容。

（2）学习从上往下进行观察的方法。

（3）体验与同伴合作的乐趣，养成倾听他人讲述的良好习惯。

活动准备：

手偶小象一只、讲述图片PPT、每人一份图片。

活动过程：

1. 出示小象手偶，引出活动主题

指导语：小象和小动物们一起去森林里野餐啦！你们想知道它们干了些什么吗？我们一起去看看吧！

2. 出示图片

引导幼儿学习观察并用完整的句子简单地讲述图片的基本内容。

指导语：图片上有哪些小动物？它们在什么地方？它们在干什么？

指导重点：引导幼儿仔细观察图片，用完整的句子讲述图片的基本内容。

3. 幼儿分组讲述

引导幼儿学习连贯、完整地讲述图片内容。

（1）幼儿4人一组，自由讲述。

指导语：图片上还有哪些小动物？它们在什么地方？它们分别在干什么？

指导重点：引导幼儿连贯、完整地讲述图片内容。

（2）每组派代表讲述故事。

指导语：请小朋友仔细听故事，听一听你最喜欢故事里哪一句完整的话，等一会儿告诉老师和小朋友们。

指导重点：引导幼儿认真倾听同伴讲述，并挑选出好的句子和词语让幼儿学习，丰富幼儿的讲述经验。

4. 教师示范讲述

引导幼儿学习从上往下的观察方法，用"在……正在做……""一个……另一个……"的句式连贯、完整地讲述图片内容。

指导语：老师也讲一个好听的故事，听听老师是按照什么顺序观察、讲述图片内容的？图片上的小动物是怎样互相分工与合作的？你最喜欢老师故事里说的哪一句完整的话？

指导重点：引导幼儿学习从上往下进行观察的方法，用"在……正在做……""一个……另一个……"的句式完整地讲述图片内容。

5. 幼儿分组讲述、表演

引导幼儿从上往下地观察和运用"在……正在做……""一个……另一个……"的句式完整地讲述图片内容。

（1）幼儿4人一组，操作木偶，自由讲述。

指导语：请小朋友们从上往下有顺序地讲述，并运用"在……正在做……""一个……另一个……"的句式连贯、完整地编出一个好听的故事。

指导重点：引导幼儿按照从上往下的顺序，运用"在……正在做……""一个……另一个……"的句式连贯、完整地讲述图片内容。

（2）每组派代表表演木偶讲述故事。

指导语：请每组小朋友把自己编的好听故事边表演边讲给小朋友们听，听听在他们的故事里，你最喜欢他们说的哪句完整的句子和词语。

指导重点：引导幼儿注意倾听同伴讲述，获取新的句子和词语进行学习，丰富幼儿新的讲述经验。

延伸活动：

将活动中可操作的图片材料投放到语言区，供小朋友们自由讲述。

附故事：

今天天气很好，天空中飘着朵朵白云，太阳公公露出了红红的笑脸。小动物们去森林里的草地上野餐。在远处的山坡上，小猪和小老虎正在烤肉。小老虎边哼着歌边烤着美味的羊肉串，小猪拾柴火，忙得满头大汗。在草地的中间，小象和小猴正在整理食物。小象从餐盒里拿出香喷喷的面包，小猴在摆放食物。在大树下，小白兔和小狐狸正在煮蘑菇汤。小狐狸用竹筒吹火，小白兔用勺子搅拌。在小溪边，小熊猫和小老鼠正在洗葡萄。小老鼠端着一盘又大又甜的葡萄，小熊猫洗袋子。小动物们干得可开心了！

（2）实物讲述。实物讲述是使用具体的实物作为凭借物，来帮助幼儿进行讲述的一种活动，具有真实可感的特点。实物包含真实的物品，如教具、玩具、动植物、日常生活用品和自然景物等。指导幼儿进行实物讲述时，最重要的是把握重点，讲述更侧重于描述、倾听等语言方面的目标，而不要把主要时间花在认识这种实物上。例如，"美丽的菊花"讲述活动，就应该在幼儿充分了解菊花的多方面特征之后再进行，否则就不得不花费大量的时间去认识菊花，从而冲淡语言方面的目标要求。这种讲述活动适用于三个年龄班。

案例

活动名称：实物讲述"我的文具盒"。

活动目标：

站在幼儿座位前，最吸引我注意的是他们的文具盒。那各式各样的文具盒常使我不由自主地端详：小的玲珑别致，蕴携带之便；大的雍容华贵，含容纳之功；素的力显淡雅，秀色宜人；艳的尽抒缤纷，绚丽夺目；简的通体一室，一目了然，却以装潢取胜；繁的小院楼台，机关暗锁。为此我设计了"我的文具盒"活动。

（1）能用完整、连贯的语言介绍文具盒。

（2）在教师的示范与指导下，能按照一定的顺序介绍文具盒的外形和功能。

（3）认真倾听教师的讲述，尝试发现讲述的不同之处。

活动准备：

布置"文具盒"商店、实物投影仪一台、图标（形状、颜色、图案、功能）黑板、电视、布、篓子。

活动过程：

1. 谈话导入，引发幼儿参与活动的兴趣

教师："小朋友们，你们马上就要成为一年级的小学生了，高兴吗？"（高兴）"上小学要准备什么呀？"（让幼儿自由发表意见）

2. 感知与理解讲述对象

教师："你们知道这是什么吗？"（文具盒）"它是什么形状的？它是什么颜色的？它有什么图案呢？文具盒有什么用呢？"（装铅笔、橡皮）

幼儿自由参观"文具盒"商店。

教师："你们想不想要文具盒呢？"（想）"有这么多文具盒呀，现在请小朋友上来选一个自己喜欢的文具盒。"

每人选择一个自己最喜欢的文具盒回到座位。

3. 运用已有经验自由讲述

（1）幼儿先与身旁的同伴自由地交流自己选择的文具。

教师："好，每个小朋友都找到自己喜欢的文具盒了吧？现在我们和旁边的好朋友说一说自己手中的文具盒。"

（2）个别讲述。

教师："谁愿意到前面来跟大家说一说？注意，当小朋友在说的时候，我们的小观众要认真听，要尊重他们哦。"

4. 引入新经验

（1）从实物投影仪里观察教师选择的文具盒，听教师用句式来介绍文具盒上的图案。

教师："我的文具盒的形状是××；颜色是××；图案有××、××，还有××；打开里面有……我很喜欢我的文具盒。"

教师："我是怎么说的？我先讲了什么，然后说了什么，最后说了什么？"（根据幼儿的回答，教师出示相应的图标来帮幼儿获得新的讲述经验。）

（2）幼儿自由练习按序讲述。

教师："现在我们再来按照顺序说一说你的文具盒，记住要先说形状、颜色，然后说图案，最后说功能，别忘了介绍完以后说一说你对它的喜爱。"

5. 迁移新经验

教师："老师还准备了一些文具，有铅笔、橡皮、小刀和尺子。请你们每人来选一样文具介绍一下，记住要按刚才的顺序说。"

6. 结束活动

教师："今天，小朋友们把文具介绍得很清楚，让老师知道了应该如何使用。可是小、中班的弟弟妹妹们还不知道，我们去跟他们说一说吧。"

活动反思及评价：

这次活动让我觉得教学活动确实能整合各种各样的内容，需要教师时刻有这种整合的理念。活动的选材一定要生活化，如果孩子们没有铅笔盒，没有对铅笔盒的了解，孩子们是无法做到如此细致地比较的。因为所选择的是孩子们生活中的物品，运用的手段也是贴近孩子们生活方式的，所以更能让孩子们接受，使孩子们在比比讲讲中学到各种知识。

（3）情境讲述。根据幼儿经验设计情境，由教师或幼儿扮演角色，进行表演或操作木偶进行表演，在引导幼儿观看表演的同时，要求幼儿凭借对情景表演的理解来进行讲述。这要求他们在表演中集中注意力和观察力，在讲述中还要有一定的记忆力，不仅要记住人物和情节，还要记住人物的对话、动作、事件的发展过程；另外还要有一定的想象力和思维能力，要能感受人物的内心情绪、情感的体验和心理动态，并准确地讲述出来。由于这种讲述难度较大，因此一般在小班后期或中班早期开始进行，类似的讲述活动有"想个好办法""小羊过桥"等。

案例

活动名称：小班讲述活动"熊先生生病了"。

活动目标：

（1）通过观看情境表演，理解故事内容，并能用情境性的语言进行讲述。

（2）知道生病要去医院看病，并懂得关心、问候病人。

活动准备：

熊先生头饰、小兔子头饰、护士帽、白大褂、针筒、药瓶、药、号码牌、医生用具（听诊器、压舌板、手电筒等）。

活动过程：

1. 感知与理解讲述对象

（1）角色导入，激起幼儿听故事的兴趣。

（教师扮演感冒的熊先生出场）教师："小朋友们，你们看谁来了？今天熊先生没有去上班，我们看看它怎么了？"

提问一：熊先生怎么了？（熊先生在不停地咳嗽和流鼻涕。）

提问二：熊先生应该找谁帮忙呢？（熊先生感到身体不舒服，与幼儿讨论熊先生应该找谁帮忙？）引导幼儿知道生病了找谁帮忙。

（2）教师进行完整的情境讲述表演。一名教师扮演熊先生，一名教师扮演医生，一名教师扮演护士。

2. 围绕讲述内容自由交谈，教师逐个进行指导

引导幼儿回忆并且讲述故事内容。

提问一：熊先生到医院做的第一件事情是什么？（熊先生先去挂号。）

提问二：熊先生看到兔医生，医生是怎么问它的？（熊先生，请问您哪里感到不舒服啊？）

提问三：熊先生是怎么回答医生的？（我不停地咳嗽和流鼻涕，觉得全身乏力。）

提问四：医生是怎么给熊先生看病的？（医生首先用听诊器听了熊先生的呼吸和心跳，接着又请熊先生张开嘴巴，用压舌板和手电筒看了熊先生的喉咙。）

提问五：医生给熊先生看好了病，又对它说了什么？（你感冒了，要按时吃药，多休息、多喝水，很快就会好的。）

提问六：最后，熊先生看完病，对医生说了一句什么话？（谢谢医生。）

提问七：熊先生拿到了药，对护士又说了一句什么话？（谢谢护士。）

3. 引进新的讲述经验，学习情景中的对话

邀请幼儿讲述故事，幼儿再次欣赏故事，教师完整地讲述故事内容。

4. 巩固迁移新的讲述经验

教师指导幼儿用故事中的对话进行角色表演。

教师小结：我们生病了，就要到医院找医生看病。如果小朋友身边有人生病了，我们应该怎么做呢？我们应该怎样去关心他们呢？

附故事：《熊先生生病了》

今天，熊先生没有去上班，它感冒了，不停地咳嗽和流鼻涕。

它来到了家附近的医院并挂了号。接着，它来到了兔医生的办公室。

兔医生："熊先生，请问您哪里感到不舒服啊？"熊先生："我不停地咳嗽和流鼻涕，觉得全身乏力。"兔医生用听诊器听了熊先生的呼吸和心跳，接着又请熊先生张开嘴巴，用压舌板和手电筒看了熊先生的喉咙。

兔医生："你感冒了，要按时吃药，多休息、多喝水，很快就会好的。"熊先生："谢谢医生！"兔医生："不用谢！"熊先生在药房拿到了药，并对护士说："谢谢护士！"护士："不用谢！再见！"熊先生："再见！"

（4）生活经验讲述。幼儿在教师指导下，根据已有生活经验，用完整、连贯、有条理的语言，讲述自己生活中所经历的或见过的具有深刻印象或感兴趣的事情。在讲述中，要求幼儿将零散、片段的感受，组织成一段有条理的表述，因此对组织和概括能力提出了较高的要求。除了要求幼儿有较强的表述能力外，还要求幼儿能正确地感受和理解社会生活，了解人们之间的关系。类似的讲述有"可爱的动物园""庆祝六一儿童节"等。此外，

还包括对幼儿个人经验和感受的讲述，如"今天我最高兴的事""暑假里最好玩的事情"等。这类讲述活动在三个年龄班都适用。

二、制定幼儿园讲述活动的目标

（一）幼儿园讲述活动总目标

幼儿园讲述活动教育目标的制定要考虑幼儿教育的总体要求，也要考虑语言教育的总目标，还要考虑幼儿的表述与倾听能力的发展，综合幼儿的身心发展特点来制定。

1. 幼儿园讲述活动的总目标

情感态度方面：

（1）愿意运用各种感官感知讲述内容。

（2）能认真有礼貌地倾听他人说话，乐意说出自己的想法或做出相应的反应。

认知习惯方面：

（1）正确地感知并理解讲述的对象和内容，有选择地讲述事物、图片和情景，突出讲述的主题。

（2）学会倾听别人的讲述，发现异同，并从中学习好的讲述方法。

能力技能方面：

（1）能正确地说出讲述内容的主要特征或事件。

（2）能主动在集体面前完整讲述且声音响亮。

（3）能够连贯、流畅讲述，且用词准确。

2. 幼儿园讲述活动总目标的内涵

上述对幼儿讲述活动的目标从情感态度方面、认知习惯方面和能力技能方面做了具体的归纳和总结。下面我们根据讲述活动的特点和幼儿语言发展的需要，具体分析幼儿园讲述活动总目标的内涵。

（1）培养幼儿感知理解讲述对象的能力。在幼儿语言发展范畴中，有一部分是关于根据要求而表达的发展内容。幼儿不仅需要学会说出自己的想法，也要学会按照主题要求去构思和说话。这就需要幼儿懂得积极地感知理解"要求说"的内容，讲述活动就是提高这方面能力的良好途径。

从语言学习的角度来看，感知理解讲述对象、获得有关讲述内容要求，是一个综合信息的汲取过程。它不仅要求幼儿听懂指示，还要观察讲述对象——凭借物，然后通过运用概念、想象、判断、推理等多种思维形式的活动，获得一定的认识。这一过程并非简单地听和说，还包括各种语言和语言之外的认知，如社会能力的参与、加工和协调工作。因此，将活动的目标之一放在培养幼儿感知理解讲述对象、把握获得有关讲述内容的要求方面，将有益于幼儿不断增强这种综合信息的汲取能力，这对幼儿语言和其他方面的发展都会产生极大的促进作用。

（2）培养幼儿独立构思与清楚完整表述的意识、情感和能力。讲述活动为幼儿提供了独立构思和清楚完整表述的好场所。通过这类活动，可以从以下三个方面提高幼儿的语言水平。

第一，在集体场合自然大方地讲话。3岁幼儿萌生了在集体面前讲话的意识，但幼儿在集体面前讲话的能力需要通过不断地学习才能得到提高。例如，许多幼儿在集体场合讲话音量很小，完全不像在游戏活动或个别交谈时那样大方。通过教师的指导，幼儿可以在讲述活动中逐步学会如何在集体面前自然大方地讲话。在集体场合自然大方地讲话，包括以下几点要求：一是勇于在许多人面前说出自己的想法；二是乐于跟别人分享自己的观点，积极地说话；三是在集体面前说话不忸怩作态，不胆怯退缩；四是用大于平时讲话的音量和正常的语调、节奏在集体面前说话。

第二，使用正确的语言内容和形式进行讲述。幼儿处于语言学习的过程中，他们的表达还会出现语音、语法、词汇方面的错误，但是通过尝试，可以不断得到修正，一步一步地向正确的方向靠拢。讲述活动要求幼儿使用规范化的语言，这就要引导幼儿不断地纠正错误，提高使用正确的语言内容和形式的水平。

第三，有中心、有顺序、有重点地讲述。在讲述活动中，要求幼儿使用独白语言，以发展幼儿有中心、有顺序、有重点地说话的意识和能力。有中心的讲述，要求幼儿敏锐地感觉出说话范围，在讲述时不跑题，不说与中心内容无关的事；有顺序的讲述，要求幼儿学习按照一定逻辑规律来组织表达自己的口语语言，增强他们说话的清晰度，条理性；有重点的讲述，要求幼儿抓住事件或物体的主要特征，传达重要的信息，而不是讲话时漫无目的。幼儿在讲述活动中，独立进行构思和清楚完整表达的语言能力，可以提高他们的表达行为水平，促进自身语言发展。

（3）培养幼儿对语言交流信息清晰度的调节技能。心理语言学的有关研究成果表明，幼儿在学习运用语言与人交往的过程中，需要不断增长个体对交流信息清晰度的调节技能。从总体上说，这种调节技能是针对交往场合的各种主客观因素，以及这些因素与个人使用语言关系的敏感性而言的。幼儿有必要通过讲述活动学习获得这种语言运用技能。在讲述活动中，幼儿可从以下三个方面提高对交流信息清晰度的调节技能。

第一，增强对听者特征的敏感性。根据听者的特征来调节说话的内容和形式，使听者能够理解和接受，这是保证交流信息清晰度的一个方面。根据皮亚杰的观点，4岁前幼儿的语言主要是以自我为中心的，他们之间没有真正的相互交流，即使在一起游戏也常常各说各的话。每个幼儿在讲到自己正在做或准备做的事情时，既不注意别人在说什么，也不关心别人是否在听自己说。因此，他们对听者的特征是不敏感的。

但是幼儿在语言发展过程中，在教育的影响下，可逐步提高语言交流清晰度的调节技能。讲述活动要求幼儿在所处的集体中说话、交流，并且这种说话有共同指向的内容。这样的活动可促使幼儿关注别人的言谈，以及自己所说与别人所说内容之间的关系，努力使听众对自己所讲内容产生兴趣，并能为他们所理解。于是，幼儿就可能渐渐学会去把握听者的特征，提高这方面的敏感性。

第二，增强对语境变化的敏感性。根据语言环境的变化来调节语言表达方式，也是保证交流信息的清晰度、促使听者理解的一个方面。

幼儿的讲述活动是一种不同于其他语言交往的环境，所以要求幼儿使用不同于其他场合的语言进行交流。即使在讲述活动范围内，每一次给幼儿提供的语言环境也不尽相同。例如，讲述"春天的阳光"与讲述"有趣的星期天"不一样，看图讲述和情境表演讲述也有差异。可以说，每一次具体的讲述活动都对幼儿提出了感知语境变化的具体要求，幼儿在学习讲述的过程中，逐步锻炼自己对语言变化的敏感性，培养随语言环境变化而调节自己表述方式的能力。

第三，增强对听者反馈的敏感性。在运用语言进行交往时，幼儿需要学习根据听者所做出的反馈，及时调整自己说话的内容和方式，这是保持语言清晰度和交流效果的又一种语用技能。

掌握这种语用技能，需要幼儿获得两方面的能力：一是及时发现听者的信号，讲话人在说话时，要及时地捕捉听者听懂与否，表现出或困惑的或同意的或不赞成的等反馈信息，并做出相应的反应；二是讲话人要能够根据听者反馈的信息对所说内容进行修正。有关研究认为，幼儿修正自己讲话，以适应听者的能力尚处在初级阶段。当听者发出不理解的反馈信息时，幼儿多半是沉默或多次重复最初的话语。如果讲述的内容是他们熟悉的事情，幼儿能根据听者反馈的信息进行再编码，情况会显得好一些。通过修正和解释，幼儿说的话被听者接受的水平也就相对高一些。

幼儿可以并且应当在讲述活动中学习敏锐发觉听者的反馈，从而及时调整交流内容和方式。在讲述活动中，幼儿要在集体面前讲述一段较长、较完整的话，就听和说双方而言，关注的是同一内容，均处于高度注意的状态，再通过教师的提示、插话，幼儿可以觉察自己所说的是否有遗漏和信息被接受的状态如何，并能按照要求进行修补，最终培养出根据听者所发生的反馈及时调整交流内容和方式的能力。

（二）幼儿园讲述活动目标的制定

周兢在《关于幼儿园语言教育改革的思考》中说："在确定幼儿园语言教育目标时，有必要将幼儿语言发展的目标转化为教育目标，从而使教育目标在实践中具有可观察、可操作、可评价的特性。"因此，幼儿园讲述活动目标的制定要依从于语言教育的总目标和讲述活动的年龄阶段目标，并且要与幼儿的实际经验相联系。

1.根据《幼儿园教育指导纲要（试行）》精神整合制定讲述目标

《幼儿园教育指导纲要（试行）》指出幼儿语言的发展与其情感、经验、思维、社会交往能力等其他方面的发展密切相关，因此，发展幼儿语言的重要途径是通过互相渗透的各领域的教育，在丰富多彩的活动中去扩展幼儿的经验，提供促进语言发展的条件。因此，教师只有具备整合的语言目标意识，才能制定相应的讲述目标。

2.根据"三维目标"制定讲述目标

《幼儿园教育指导纲要（试行）》要求幼儿园的教育应从不同的角度促进幼儿情感态度、认知习惯、能力技能等方面的发展，这是以幼儿的生理、心理发展为依据的。在幼儿园的讲述活动中，我们要倡导"三维目标"的有机结合和落实。讲述活动中依次按照幼儿的情感态度、认知能力的顺序排列，采用行为目标的表述方式，语言表述要简洁明了。

3.根据幼儿的已有讲述经验制定讲述目标

教师设计每一个教育活动都必须注重幼儿的语言经验。只有以幼儿语言经验为出发点，才能保证设计出来的活动符合幼儿语言发展的需要，从而促进幼儿语言的发展。注重幼儿获得经验的原则包含以下两层意思：一是考虑幼儿现有的发展水平，即他们已经获得的经验，如果不掌握本班幼儿已有的讲述发展水平，设计的活动就可能成为"无的放矢"

的活动；一是考虑根据幼儿原有的讲述经验再为幼儿提供一些新的经验，这些新的语言学习经验内容应当建立在幼儿已经获得的经验基础之上，因此，当幼儿积极参与活动时，他们可以通过学习，将新的经验内容再次吸收转化为已经获得的经验。

4. 根据幼儿不同年龄段的讲述能力发展水平制定讲述目标

幼儿讲述能力的培养在不同年龄段有不同要求，因此必须对幼儿的各年龄段进行分解，制定合适的讲述目标，循序渐进地落实。

（三）幼儿园讲述活动各年龄班目标

依据《幼儿园教育指导纲要（试行）》精神和幼儿园讲述活动总目标的要求，我们引申出幼儿园讲述活动各年龄班的目标要求。

1. 小班

情感态度方面：

（1）有兴趣地运用各种感官去感知讲述内容。

（2）能安静地倾听老师或同伴讲述，并用眼睛注视讲述者。

认知习惯方面：

（1）能运用各种感官，按照要求进行讲述。

（2）理解内容简单、特征鲜明的实物、图片和情景。

能力技能方面：

（1）能正确地说出讲述内容的主要特征或主要事件。

（2）愿意在集体面前讲述。

2. 中班

情感态度方面：

（1）愿意运用各种感官感知讲述内容。

（2）能积极地倾听别人的讲述内容并发现异同，从中学习好的讲述方法。

（3）主动在集体面前讲述。

认知习惯方面：

（1）养成先仔细观察，后表达讲述的习惯。

（2）逐步学会理解图片和情景中展示的事件顺序。

能力技能方面：

（1）学习按照一定的顺序讲述实物、图片和情景的内容。

（2）在集体面前讲述时声音响亮，句式完整。

3. 大班

情感态度方面：

（1）积极主动地观察理解讲述内容。

（2）在集体面前讲话态度自然大方。

认知习惯方面：

（1）正确地感知并理解实物、图片、情景中蕴含的主要人物关系和思想感情倾向。

（2）认真有礼貌地倾听他人讲述，乐意说出自己的想法或做出相应的反应。

能力技能方面：
（1）能够讲述流畅，不停顿，用词用句较为准确。
（2）能有重点地讲述实物、图片和情景，突出讲述的中心内容。
（3）根据场合的需要调节自己讲话的音量和语速。

第二节
体验丰富多样的讲述活动

✈ 案例导入

"我的家"活动过程

——小班看图讲述活动

1. 教师导入

教师带领幼儿演唱歌曲《我家有几口》。

（1）教师拿自己的全家福照片进行讲述，激发幼儿兴趣。教师提问："小朋友们，你们看老师手里面拿的这是什么啊？"（照片）"照片上面都有谁呀？"（有老师）

（2）分别请幼儿手拿照片介绍自己的爸爸、妈妈，引导幼儿重点讲述爸爸、妈妈的名字和典型特征。幼儿相互介绍自己的爸爸、妈妈和其他家庭成员，注意用完整的语言进行表述。教师可做示范"我的妈妈叫××，我的妈妈有着长长的头发、大大的眼睛"等。

2. 教师提问

教师提问："爸爸、妈妈在家是怎样关心你的？"幼儿回答："妈妈给我洗衣服，给我做饭，给我买新衣服；爸爸和我做游戏……"

教师提问："爸爸、妈妈每天要上班，还要照顾你，非常辛苦，你应该怎样做？"

通过启发式提问，引导幼儿懂得心疼父母。

3. 引导幼儿讲述并记录

教师给幼儿读一读爸爸、妈妈对他们的祝愿，引导幼儿回忆父母对自己的爱。

（1）让幼儿说说自己在幼儿园里学到的本领（说、唱），教师以录音方式记录。

（2）让幼儿将想对爸爸、妈妈说的话讲出来，教师用摄像机将幼儿的讲述记录下来。

4. 延伸

教师将幼儿与父母的合影布置于活动室的墙面，幼儿随时可向同伴介绍自己的父母。

要求：根据案例分析以下问题。

（1）讲述活动的话题如何选择？

（2）讲述活动的设计应该注意哪些问题？

（3）讲述活动可以有哪些组织形式？

❈ 知识讲解与案例分析

一、设计幼儿园讲述活动

幼儿园的讲述活动作为语言教育活动的一种形式，应与各领域的教育活动互相联系、互相融合、互相渗透，在相应的活动中均应重视幼儿语言表述能力的发展。

（一）确立具体明确的讲述活动目标

目标成为幼儿园讲述活动的第一步。活动设计得是否科学，目标是关键，我们应做到：一是目标确立要具体明确，只有目标明确具体，整个活动才能设计得更周密；二是目标内容要主次分明，教师在设计讲述活动目标时，要做到主次分明，突出重点和难点内容，把相对次要的内容放在后面。

（二）选择合适的讲述内容

讲述内容的选择不仅要体现整合的教育理念，还要注意选择恰当切实的教育内容。恰当就是要符合幼儿的兴趣特点与独白语言的特点，切实就是要对应幼儿的年龄特点与经验水平，在相对正式的语言环境中，使幼儿的独白语言得以发展。在选择讲述活动的内容时，应注意以下几点。

1. 内容选择的多向性

教师应努力拓展内容选择的范围，从生活中或幼儿喜闻乐见的事情中吸取有用的部分作为讲述内容，还可以自己或与幼儿一起绘制图片作为讲述内容。

2. 内容选择要符合讲述活动的特点

讲述活动的语言是独白语言，要求较正式的语境，对幼儿来讲，独白语言刚刚开始形成，发展水平还很低，因此教师所选择的讲述内容篇幅不能过长，情节不能过于复杂，不能用图书作为幼儿讲述的内容。

3. 内容选择要符合幼儿的身心发展特点

内容选择要符合幼儿的身心发展特点，尤其要考虑到幼儿知识经验和语言经验的局限性。

（三）做好讲述活动前的准备，选择恰当的活动方式

为了使讲述活动有效开展，教师在活动前必须做好准备工作。在做活动准备时要注意以下几点。

1. 物质准备

物质准备即教具，教具就好比演员手中的道具，在教学过程中起着举足轻重的作用。教师在准备教具时，应首先考虑凭借物的准备，如图片、音响、视频等；其次是活动展开所需要的各种物质准备，如电脑、头饰、服装、音乐等。

2. 经验准备

经验准备表现为两个方面：一是知识经验，只有把与活动相关的知识经验准备充分，

幼儿才有话说；二是讲述经验，与已有的讲述经验相联系，并做好新的讲述经验的连接，不断丰富幼儿的独白语言。在做好经验准备的同时，还要选择恰当的活动方式。一般来说，在讲述活动中，教师应将集体讲述和分组讲述相结合，使每个幼儿都有锻炼的机会。

（四）设计科学合理的讲述活动流程

讲述活动的设计应包括整个活动过程的安排，即导入环节的设定、对凭借物的感知理解与讲述等，具体说来，有以下步骤。

1. 感知理解讲述对象

感知理解讲述对象，主要通过观察的方法进行。这里所说的观察，可以通过多种感官渠道获得。例如，看图讲述、实物讲述、情境讲述，先让幼儿看图、物或情境，这是通过视觉途径来感知理解讲述对象；而听录音讲述活动"奇妙的大森林"是通过幼儿听录音，分辨其中的"小鸟的叫声""风吹过树叶的声音"，并将各种声音联系起来，想象出大森林的美妙及发生的事情，这是利用听觉途径感知理解讲述对象。讲述活动的一大特征，就是它具有相对固定的讲述对象，即凭借物。为引起幼儿对讲述对象的兴趣，可创设情境，也可以将教具、表演、提问等多种形式引入情境。

例如教师直接出示图片，根据图片的内容和要求提出问题，将幼儿的注意力集中到图片上。出示图片的方式有以下三种。

第一，一次性出示：让幼儿观察图片中的地点、角色、在做什么，待幼儿对整体内容有初步了解后，再逐幅仔细观察。

第二，逐幅出示：按照图片的顺序，依次出示，逐步引导幼儿观察、思考、理解每幅图的意思及图与图之间的联系。

第三，非顺序出示：让幼儿先观察一组打乱了顺序的图片，再让幼儿按自己的意愿动手排列图序，并说明排序的理由，进行排图讲述。

2. 启发提问

通过启发提问引导幼儿观察图片：首先，引导幼儿带着目的去观察、发现图片的内容；其次，引导幼儿用一定的观察方法从整体到局部完整地观察；最后，引导幼儿从看到图片的表层内容到发现图片所揭示的深层含义。

3. 运用已有经验讲述

在幼儿感知理解了讲述对象后，教师要引导幼儿运用已有经验讲述。幼儿的已有讲述经验跟其生活环境、语言发展水平等息息相关。教师应积极满足幼儿要求，尽量让幼儿自由地讲述，给他们以充分的机会。组织幼儿运用已有经验讲述的方式很多，基本上可以归纳为三种，即幼儿集体讲述，幼儿分小组讲述和幼儿个别交流讲述。

4. 引进新的讲述经验

新的讲述经验主要是指讲述的新思路和讲述的新方式。引进新的讲述经验的方式是多种多样的，如教师示范新的讲述经验。首先，教师可以在幼儿自己讲的基础上，提出一种新的讲述思路，就同一讲述对象发表个人见解。例如，大班看图讲述"小红帽"，除可以引导幼儿从"小红帽来到树林里玩耍"讲出故事的开头外，也可以启发幼儿从外婆讲起，让每个幼儿在教师示范的基础上按自己的思路进行讲述。其次，以师生共同讨论的方式引入。例如，大班生活经验讲述"夸夸我的好妈妈"，教师说："刚才××小朋友讲得真好，他在讲述自己的好妈妈时，先讲了妈妈是什么模样，然后讲了妈妈在哪里工作，接下来说了妈妈最喜欢做的事情和对自己的关心和爱护，最后又说了自己为什么喜欢妈妈……"通过师生共同讨论，帮助幼儿理清讲述顺序，也引进了新的讲述经验。

引进新的讲述经验，指导讲述应注意以下四点。

（1）教师要面向全体，具体指导。为使多数幼儿得到讲述的机会，教师应面向全班加强指导，根据不同的对象，分别提出不同的要求。对语言发展好的幼儿提问要有适当的难度，使他们经过一番积极思考后才能讲述，或请他们做总结性讲述；对语言发展滞后的幼儿可提简单的问题，或让他们重复回答同一问题，以鼓励他们讲述。这样使不同水平的幼儿通过讲述实践，语言都能在原有水平的基础上得到发展。

（2）指导幼儿说话要有根据。通过看图讲述来训练幼儿思维的逻辑性和语言的准确性，教师应指导幼儿依据图片所提供的条件或线索进行思考、讲述。如画面背景是幼儿园，引导幼儿描述"这是在幼儿园里"，教师启发幼儿看图，并思考"幼儿园里有什么，怎么讲才能和图片画的内容一样"。

（3）帮助幼儿用词组句，训练幼儿连贯说话。看图讲述除让幼儿掌握更多的新词以外，还应帮助他们用词组句。在看图讲述时，可先引导幼儿看一部分，讲一部分，逐步把句子扩充完整，再让幼儿思考教师设计的一组系统的问题，要求幼儿按问题的顺序，把一个个问题的答案用语言表达出来，逐步做到连贯讲述。

（4）根据表达的需要，帮助幼儿理解和运用新词。如中班讲述"玩玩具"出现"争"这个词，当幼儿说到了"两个人都拿着一个玩具不肯放、两个人都抢一个玩具、不肯让"等词句后，才出现"争"这个词。这样，既自然地出现了新词，又用较准确、概括的语言归纳了新词的含义。

5. 巩固和迁移新的讲述经验

在幼儿获得新经验的基础上，还应进一步培养幼儿思维的创造性，为幼儿提供实际运用新经验的机会，以利于幼儿讲述水平的进一步提高。教师可通过以下两种方式让幼儿迁移新的讲述经验。

（1）示范与小结。教师示范要求：一般在幼儿用错词、发音不清楚或经过教师启发仍难以改正的情况下，教师可示范让幼儿模仿。一般小班课由教师示范小结为主。从中班起，应培养幼儿自己小结讲述，从一幅图的小结逐步过渡到几幅图的连贯小结讲述。在大班阶段，则要求幼儿能独立而连贯地表达图意。在看图讲述结束时，有时教师还可启发中、大班的幼儿给图片取名，以培养幼儿语言的概括能力。

（2）看图讲述与多种活动形式相结合，以巩固迁移新的讲述经验，进一步调动幼儿讲述的积极性与主动性。

总之，上述几个步骤的联系是非常紧密的，前一个步骤都是为后一个步骤奠定基础。

因此，在组织讲述活动时，应多让幼儿操练、实践，使他们在获得经验的基础上不断积累创新，在愉快的活动中发展语言表达能力和思维能力。在讲述活动中，仅仅引进新的讲述经验是不够的，还需要提供给幼儿实际操作新经验的机会，以利于他们更好地获得这些经验。因此，讲述活动的最后一个步骤是巩固和迁移新的讲述经验。讲述活动的四个步骤，是不断循环往复的过程，每一次积累的新的讲述经验，都会在下次讲述活动中得到尝试运用。

二、组织幼儿园讲述活动

（一）看图讲述活动的组织

1. 引导幼儿认真观察图片，感知理解图片内容

第一，在图片的选择上，不同年龄段选图的要求不同。小班幼儿选图时，一般选择画面大、内容简单、人物少而动作神态明显的单幅图，不需要背景或只要简单的背景。中、大班可以选择图意比较复杂的单幅图或情节简单的连环图。

第二，要引导幼儿对图片细节的观察。在看图讲述中，幼儿在观察图片时常常只注重对主体物的观察，容易忽视细节的部分，而那些在经意或不经意之间留下的细节通常与故事主题息息相关，甚至可以说，如果缺少这些细节会影响对图片内容的理解，因此，教师在引导幼儿观察图片时要注意引导幼儿对图片细节的观察。

第三，在图片的呈现方式上多样化。①由整体到局部。在出示图片时可以一次出示，让幼儿在整体观察后再进行局部观察，如看图讲述"他们在做什么"，画面的主要内容是小朋友在擦桌椅、扫地、整理图书、收拾玩具、浇花、值日，教师一次性将六幅图全部呈现出来，让幼儿先对图片有一个整体的印象，然后再引导幼儿围绕一个中心逐步观察图片。②由部分到整体，即先出示一部分（遮住其余部分），再逐步扩大观察的范围，引导幼儿从局部逐步观察到整体，如在"神奇的玻璃"活动中，教师先局部出示小兔子手持玻璃观察小瓢虫的情景，集中引导幼儿分析理解玻璃的神奇，在此基础上再出示大灰狼偷窥的情景，这样就避免了同时出现的干扰，幼儿观察起来更有顺序，讲述时思路更加清晰。③按顺序逐幅出示。例如"阿宝的耳朵"，教师按照图片的顺序一张张出示：阿宝不爱洗耳朵，耳朵上的泥土积了半寸厚；一天，一粒种子飞进了阿宝的耳朵；春天到了，阿宝的耳朵里长出了一株草；小牛看见了，追着阿宝要吃草。教师引导幼儿逐幅观察和理解画面的内容。④非顺序出示。例如在故事"大象救小兔"中，教师先出示故事的开头（三只小兔子慌慌张张地跑到河边，大老虎在后面紧追不舍）和结尾（小兔子到了河对岸，得救了），故事的中间部分先不讲，让幼儿猜一猜发生了什么事，最后再出示中间的画面，这样的出示顺序能引起幼儿的思考，发展他们创编故事的能力。

2. 幼儿运用已有经验进行讲述

感知理解图片的内容之后，教师应该指导幼儿运用已有的经验进行讲述，要给幼儿充分的自由，放手让幼儿自由讲述。在讲述时，可以采用集体讲述、分组讲述、个别交流等方式进行。一方面，让幼儿自由讲述之前，教师要交代清楚讲述的要求，提醒幼儿围绕讲述对象进行讲述；另一方面，教师要认真倾听幼儿的讲述内容，肯定优点，发现不足。在倾听过程中，教师不要过多地指点幼儿讲述，最多以插问和简单提问的方式引导幼儿讲述，以免干扰幼儿的讲述。

3. 引进新经验进行讲述

在幼儿自由讲述的基础上，教师应该根据每次讲述活动的目标，帮助幼儿获得新的讲述经验。新的讲述经验主要是指讲述的思路和讲述的方式，如幼儿能够按照从远到近、从

外到里、从大到小、从上到下的方式讲述，哪些内容要重点讲述，哪些内容要略讲或少讲等。教师引进新经验的方式：①教师示范新的经验，要注意这种示范只是讲述思路中的一种，不能要求幼儿按照教师讲述的内容一字不漏地进行模仿。②教师通过提示引进新经验。在活动中，教师可以用提问的方式引导幼儿的讲述思路，为他们导入新的讲述经验，如看图讲述"大象救小兔"中，教师通过提问"大老虎是什么样子，它会对小白兔们说些什么，小白兔又会对大象伯伯说什么"等，引导幼儿在讲述时为故事中的角色加上外貌描写和语言描写。③教师与幼儿一起讨论新的讲述思路。教师可以从分析某个幼儿的讲述内容入手，与幼儿一起总结新的讲述思路。

4. 巩固和迁移新的讲述经验

幼儿学习了新的讲述经验后，教师可以要求幼儿用同一种方法讲述其他内容，进一步巩固所学的新经验，使新经验能够得到迁移，如学习讲述"秋天的菊花"的思路后，让幼儿组织一个小花展，向小班的弟弟、妹妹们介绍秋天的菊花。

（二）情境讲述活动的组织

在情境讲述中，从选材、排练到道具制作、场景布置等各个环节的准备都必须充分，因为这些因素直接影响表演的成功与否，进而影响讲述的兴趣和讲述的质量。情境讲述表演的内容动作感强，角色不宜过多，但要形象鲜明，有适当的对话且情节较简单。如果使用木偶表演，则要求对木偶的操作流畅自然，人与木偶要配合默契，为幼儿展现最佳的表演效果。情境讲述表演具体的组织步骤与看图讲述类似，但教师在情境讲述活动中的指导要点又有自己的特点。

1. 观看情境表演，感知理解讲述对象

在情境讲述开始时，教师要向幼儿介绍场景、表演者及其扮演的角色，以引起幼儿观看表演的兴趣，同时要提醒幼儿注意观察角色的表情、动作，记住表演的内容。在观看的过程中，一般先组织幼儿整体感知表演的情境，完整地观看表演，以获得对讲述对象的总体印象。如果表演时间过长，则可以按照一定的层次将整个表演分段呈现出来。在分段表演之后，可以再完整地向幼儿呈现表演的情境，加深他们对表演情境的印象，鼓励幼儿按照表演的顺序连贯讲述整个表演的内容。

2. 幼儿自由讲述观看的内容

幼儿在情境讲述时，往往注重对具体情节的讲述，而忽略对角色动作、表情等方面的细致描述。这时，教师应做出相应的体态提示。当幼儿因为没有看清或没有记住某些细节而遗漏讲述内容时，教师可通过分段重复表演相关内容，提示幼儿仔细观看，使幼儿认真思考之后再进行讲述。

3. 引进新经验进行讲述

在引进新经验时，教师可以做出正确的示范，为幼儿提供讲述的新经验，帮助幼儿学习分段和完整讲述表演的内容。教师引进新经验的方式在看图讲述中已经涉及，这里不再赘述。

4. 鼓励幼儿自编自演

在进行多次情境讲述活动后，幼儿产生了模仿、表演的欲望。教师可以在幼儿具备表

演能力的基础上，鼓励幼儿自编自演，并在自编自演的过程中进行指导。在幼儿自编自演前，教师应该为幼儿创设一定的情境，可先编一个开头，然后让幼儿在情境中自己设想角色的动作、表情、对话等。

（三）生活经验讲述活动的组织

教师在选择讲述的话题时，应充分了解幼儿已有的生活经验，选择他们经历过的最感兴趣、印象最深的事情，或者最熟悉和喜爱的人物来讲述，如"快乐的亲子运动会""我当值日生"等。生活经验讲述的话题也可以是在幼儿日常生活中生成的，如某位幼儿过生日，穿着漂亮的新衣服，还对小朋友说，她的奶奶买了很多好吃的东西为她庆祝生日，这就引起了其他幼儿讲述自己是如何过生日的兴趣，教师就可以组织幼儿围绕"快乐的生日"进行讲述。

1. 引出讲述话题

活动开始时，教师应该选用适当的导入方法引出讲述的话题，唤起幼儿对相关生活经验的回忆，产生讲述的兴趣和愿望，如在大班的经验讲述"我喜欢上幼儿园"中，教师播放歌曲《我上幼儿园》，在歌声中唤起了幼儿和爸爸、妈妈道别，上幼儿园时的情绪记忆。

2. 幼儿围绕话题进行自由讲述

教师可以通过提问帮助幼儿围绕话题进行讲述，安排讲述的顺序。例如，幼儿在讲述"生病真难受"时，教师通过提问引导幼儿进行讲述：这几天又有小朋友感冒发烧，生病了；现在，小朋友可以把自己生病时的情况讲给大家听，说一说是什么时候生病的，生了什么病，生病时的感觉，怎样做才能减少生病或者不生病等。通过提问，教师可引导幼儿有条理地把事情讲清楚、讲完整。

3. 引入新经验进行讲述

经验讲述是一种关于回忆的讲述，如何在记忆的片段中围绕主题选择讲述的内容、怎样安排讲述的顺序、如何选择恰当的词语表达等，对幼儿来说是有一定难度的。因此，在引进新经验时，教师可以通过示范性讲述为幼儿树立一个标准，激发幼儿讲述的兴趣。例如，在经验讲述"我喜欢上幼儿园"中，教师为幼儿示范讲述："老师小时候可喜欢上幼儿园了，幼儿园里有我最喜欢的唐老师，她能讲好听的故事，教我们唱歌、捏泥玩具、帮我梳漂亮的小辫儿；我还喜欢和小朋友一起玩'丢手绢''老狼老狼几点钟'的游戏，我玩得可开心了；我喜欢吃食堂里张奶奶做的小发糕，又甜又软，真好吃！因为幼儿园里有那么多好老师和好朋友，有那么多好玩的游戏和好吃的东西，所以我喜欢上幼儿园。"教师通过这样的示范讲述为幼儿引进新经验，即讲述时要先说明自己的感受，然后从不同方面说明理由，并尝试运用"因为……所以……"的句式表达。

4. 巩固和运用新经验

教师可以让幼儿拓宽讲述范围，提供巩固和运用新的讲述经验的机会，如"我喜欢上幼儿园"活动的最后，教师和幼儿一起看主题展示区的情绪墙，让幼儿根据自己来园后的心情插上今天的"心情脸谱"，鼓励幼儿谈谈自己的心情脸谱所代表的心情，并说说理由。

（四）实物讲述活动的组织

实物讲述的讲述对象是具体的实物，在实物的选择上一定是幼儿熟悉的、喜欢的、能引起幼儿讲述兴趣的事物，日常用品、玩具、教具、动植物及自然界的景物都可以作为幼儿讲述的对象，如我的小扇子、我的布娃娃、我的棒棒糖、快乐的小金鱼、美丽的桃花等。实物讲述活动的具体指导步骤如下。

1.引导幼儿全方位观察实物，全面感知讲述对象

实物讲述中的讲述对象是立体的实物，它不同于看图讲述中的平面图片。因此，教师要引导幼儿运用多种感官对实物进行全方位的观察。在感知过程中，幼儿对实物观察得越全面，对讲述对象的形态特征、生活习性、用途、使用方法等信息的获取就越丰富，讲述也就越生动、细致、准确。例如，在讲述"好吃的饼干"时，可充分运用视觉、嗅觉、味觉、触觉等感官，观察饼干的颜色、形状、味道等，全方位感知讲述对象。

2.鼓励幼儿有条理地讲述

在引导幼儿有序观察实物的基础上，应要求和鼓励幼儿按照观察顺序进行讲述。教师可根据实物的特征，从整体到局部、由上到下、从左到右、由外到内、从远到近设计提问，引导幼儿有顺序、有条理地讲述。

3.引进新经验进行讲述

引进新经验的方法有教师示范法、提问法、讨论法等，教师应根据幼儿的年龄特点和具体的讲述内容采用适当的方法。关于新经验的引进前文已有详细论述，这里不再赘述。

4.巩固和迁移新经验

例如，在实物讲述"我最喜欢的玩具"中，幼儿在学习了用新经验讲述自己喜欢的玩具后，教师把这种讲述的新经验扩展到幼儿的生活中，引导幼儿运用学到的新经验讲述"我的鞋子"。

三、评析幼儿园讲述活动

讲述活动结束后，教师一般会对活动进行评析或对教学进行反思，从而提高教学质量。对任何活动进行评析的前提条件是教师应认真听课，做好记录，有时甚至需要反复观看录像并思考。讲述活动的评析一般从以下几个方面来考虑。

（一）讲述的目标制定是否切实可行

对于一次活动的实施来说，目标的制定是否切实可行，关系到一次活动的成败。目标制定得越清晰，达成目标的路径越明了。具体讲述目标的制定不仅要联系总目标，还要考虑幼儿的实际讲述经验和具体的讲述内容的特点。

（二）讲述活动中选取的凭借物是否恰当

在讲述活动中，具体的讲述内容的选择显得无比重要，因为只有有了活动内容，活动才能实施，而内容的选取实际上是凭借物的选择。在讲述活动中，凭借物是开展活动的重要依据，因此评析讲述活动的成效，需要对凭借物的恰当与否进行评价。

凭借物的选取是否与幼儿的已有经验相联系。幼儿受自身经验的限制,可能有些生活经验没有体验到或记忆材料不足,从而对凭借物一无所知或反应冷淡而无法按照要求讲述。

　　凭借物的选取是否能引起幼儿的兴趣。凭借物的选取只有引发幼儿的兴趣,幼儿的思维积极性被调动起来,讲述的热情才会高涨。

　　凭借物的选取是否既兼顾集体,又照顾个别幼儿的特点,做到因材施教。专门的教学活动中,选取的凭借物不能只满足个别幼儿的需要,而要顾及大部分幼儿;区角活动区投放的凭借物可以满足个别幼儿的独特兴趣,然后选择适当的机会让个别幼儿在集体面前讲述。

(三)讲述活动是否创设了相对正式的语言运用环境

　　讲述活动要求创设相对正式的语境作为幼儿运用语言的场合,因此活动组织是否为幼儿创设了相对正式的语言运用场所,是讲述活动区别于其他语言活动的重要标志之一。

(四)讲述活动的组织是否促进幼儿独白语言的发展

　　讲述活动旨在锻炼幼儿的独白语言,因此衡量讲述活动开展的成效,一个明显的指标就是活动是否促进了幼儿的独立构思和讲述能力的发展。

案例

案例1:小班讲述活动

活动名称:大熊猫在干什么。

活动目标:

(1)初步学习观察图片,尝试用"大熊猫在××"讲述图片内容。

(2)理解"刷""拉""踢""画"等词的意思,并能发准读音。

(3)感受听口令模仿动作的乐趣,分享学习的快乐。

活动准备:

(1)物质准备。

教育挂图"领域活动·语言·大熊猫在干什么"、大熊猫手偶一个。

(2)经验准备。

知道一些基本动作的名称,认识大熊猫。

活动过程:

1.兴趣导入

教师出示大熊猫手偶:"大家好,你们知道我是谁吗?我想请小朋友们去参加一个趣味运动会,不过我要考考你们,必须答对了这几幅图上的我在做什么才可以参加哦。"

2.观察并学说每幅挂图内容

(1)观察第一幅图,学习用"大熊猫在×××"来讲述挂图内容。你看见了什么?请你用"大熊猫在×××"的句子来说一说。

①引导幼儿运用动词"刷"来回答,并发准读音。

我用了一个什么动作呢?你会吗?让我们一起来试试。

② 完整地讲述这幅挂图内容。

小朋友们真厉害，现在请你们一起告诉我第一幅图我在做什么呢？

（2）用同样的方式学习其他挂图内容。猜猜，我还会考你们什么动作呢？让我们一起来看看下一张。

3. 以"大熊猫在×××"的句式完整讲述挂图内容

哇，小朋友都答对了，那现在让我们一起来说每幅图上大熊猫都做了哪些动作。

4. 学习使用"我在×××"的句式说出与大熊猫不一样的动作

大熊猫会了这几个动作，那你会做出跟大熊猫不一样的动作吗？请你用"我会×××"的句子来告诉我。

请个别幼儿展示自己知道的动作，并让大家一起学习。

活动延伸：

教师："小朋友们真是太棒了，现在就跟我一起去参加我们的趣味运动会吧。请小朋友们听从我的口令，并做出相应的动作，看谁能做得又快又准确。"

活动反思及评价：

（1）整体效果不错，能够达到本次活动的目标。

（2）在活动的过程中，幼儿在讲述图片时，一直出现用单个词来回答的现象，经过多次的引导，幼儿可以按照要求说出长句。

（3）在第四个环节发展幼儿扩散思维的过程中，发现本班幼儿的思路不能跟随目标的要求时，能及时地给予提示，引导幼儿想出与挂图上不一样的动作。

（4）在观察每一幅图时都带领幼儿模仿大熊猫做相应的动作，幼儿比较喜欢。但"大熊猫在吃竹子"的这个动作没有幼儿来模仿，若能加上这个动作，相信幼儿的兴趣会更高。

（5）整个活动的过程都是幼儿整体讲述，缺少对个别幼儿的指导，不能清楚地知道孩子是否已经掌握了内容。

改进：

（1）在观察每一页挂图时，可以引导幼儿大胆地做出相应的动作，激发幼儿的兴趣。

（2）在看图讲述活动中，进行适当的个别指导，能更清楚地了解幼儿对讲述内容的掌握情况。

案例2：中班讲述活动

活动名称：借动物。

活动目标：

在一次晨间谈话"你最喜欢什么动物"中，孩子们兴趣很浓，热烈讨论，各抒己见。其中，孩子们对动物的主要习性和特点非常感兴趣。为了保持孩子的这一兴趣，作者设想开展一次有关动物的语言活动。作者刚好在一本书上看到个故事《你想借什么动物》，该故事不仅丰富了孩子们对不同动物主要习性和特点的认识，还为孩子们提供了广阔的想象空间，让幼儿敢说、愿说、乐说。本次活动就由此产生了。

（1）根据动物的特征及生活习性，想象动物能为人们做些什么事，发展幼儿的想象力。

（2）在活动中，幼儿能大胆讲述个人见解。

（3）感受帮助别人的乐趣，增进喜爱动物的情感。

活动准备：

（1）课件"借动物"。

（2）动物图片若干。

（3）图片：①果园；②木材工地；③房顶上的气球；④过河。

活动过程：

1. 开始环节：导入课题，引起兴趣

（1）教师："小朋友，你喜欢什么动物？"

（2）教师讲述故事的开头，引出课题。

2. 基本环节

分段讲述故事，运用查问方法，帮助幼儿运用已有经验，较连贯地表达个人见解。

（1）看课件，讲述故事的第一部分（老爷爷打电话到动物园借会挠痒痒的动物——猴子）。

教师："动物园为什么要给老爷爷送来猴子？"

（2）看课件，讲述故事的第二部分（小姐姐的红丝巾被风吹到高高的树杈上，就打电话到动物园借了个头最高的动物——长颈鹿）。

教师："小姐姐该到动物园去借什么动物？为什么？"

（3）看课件，讲述故事的第三部分（叔叔刚下火车，就给动物园打了个电话借动物——黑猩猩）。

教师："刚下火车的叔叔带了很多东西，你猜猜他要借什么动物？为什么？大家大胆地猜一猜，猜错了我们可以讨论一下。"

（4）看课件，讲述故事的第四部分（妈妈抱着宝宝逛商店，觉得累了就打电话到动物园借动物——袋鼠）。

教师："动物园会给她送什么动物呢？为什么？"

（5）小结：原来，动物们有很多本领，可以为人们服务。小猪知道了这个消息，也开了一家可以借动物的动物园，可是今天要借动物的人太多了，我们来帮帮小猪，看看谁遇到了困难，该如何解决。

3. 解决问题

通过解决问题，启发幼儿根据动物的特征及生活习性，想象它们可以帮助人类的情景。

（1）教师出示图片。

①幼儿相互交流讲述图上的人遇到了什么困难。

②个别交流。

③看一下篮子里有什么动物，它们有什么本领（幼儿相互交流）。

（2）幼儿自由选择图片，自主讲述，教师巡回指导。

（3）汇总幼儿的操作结果，个别交流。

（4）小结：表扬动物朋友，鼓励幼儿向乐于助人的小动物们学习。

4. 结束环节

引导幼儿创造性想象讲述。

教师:"如果我们这儿也有一家可以借动物的动物园,你想借什么动物呢?为什么?"

5.延伸环节

请幼儿思考动物可以为人类做的事情,进行创造性绘画,并编成一个小故事。

活动反思及评价:

本次活动属于幼儿语言教育中的讲述活动。根据本班幼儿年龄身心发展特点及幼儿的兴趣爱好、知识经验、语言经验,教师选择了故事《借动物》为活动内容。该讲述活动是具有说明性与创造性的看图讲述。在活动过程中,教师主要凭借课件、动物图片、教学图片引导幼儿针对图片、情景进行充分地讲述且学习利用凭借物进行创造性地讲述,以便更好地达到教学目标。

由于该活动的设计意图来源于幼儿的一次晨间谈话,贴近幼儿的生活经验,加之孩子们对动物的主要习性和特点非常感兴趣,当教师在第二环节出示课件讲述故事时,大部分幼儿能够安静、耐心地集中倾听,并且对每个部分提出的问题幼儿能用完整、连贯、清楚的独白语言将内心的感受、想法表达出来。这与幼儿平时的语言表达习惯及对故事内容中的动物习性、特点有一定的知识经验有关。看来,在设计实施教育活动时一定要考虑幼儿的语言经验、知识经验,这也是设计教育活动的根本。最精彩的部分应属第三环节,即教师出示图片果园、木材工地、房顶上的气球、过河,启发幼儿想象动物帮助人类的情景。大部分幼儿经过相互交流后,借助对图片的认识和已有的生活经验,大胆想象,构思和组织自己的独白语言与身边的同伴表达自己的见解。在第四环节中,引导幼儿创造性地想象讲述,在这个环节里,幼儿紧绕着教师的问题发挥想象,大胆讲述,有的幼儿还迫不及待地一连说了好几种动物。但教师发现积极发言较多的是男孩子,大部分女孩子则是倾听。是不同性别对动物的兴趣点不同呢?还是教师引导得还不到位?当时教师便鼓励女孩子起立发言并给予表扬,尽管如此,还是只有少数女孩举手发言,这是本环节的不够完善之处。

从活动的整体来看,该活动的认知目标、技能目标完成得较好,不足之处在于情感目标中的"感受帮助别人的乐趣"体现得不够明显,活动能顺利完成最大的关键在于教师的提问能提到点子上,孩子能根据教师的问题展开思考并给予回应。经过本次活动,教师深刻意识到要设计一节教育活动,不仅要了解幼儿,还应了解该活动的基本特征、主要类型,充分做好课前准备,尽可能为孩子提供广阔的学习空间,从而使幼儿的相应能力在活动中有一定的提升。

附故事:《借动物》

有一家动物园真稀奇,这里的动物不光让人看,还往外借呢!借动物?老爷爷活了八十岁还是头一回听到这个消息。这天,老爷爷正在看电视,马上就给动物园打了个电话。老爷爷说:"我的后背正痒痒……我想借个动物帮我挠痒痒。"

"好说,好说。"不一会儿,动物园就给老爷爷送来一只会挠痒痒的猴子。

怎么样,好玩吧?

借动物的人很多很多呢!

有一位小姐姐,她的红丝巾被风吹到高高的树杈上,取不下来。后来小姐姐从动物园借了个头最高的长颈鹿,长颈鹿来到大树下,用嘴轻轻一叼,就把红丝巾取了下来。

火车站的出口,一位叔叔刚下火车,就给动物园打了个电话,你们猜他要借什么动物？他要借一只黑猩猩！这位叔叔带了好多东西，黑猩猩力气大，可以替他扛箱子、拎包。

街上有一位年轻的妈妈。她抱着小宝宝逛商店，走着走着，胳膊酸了，额头上也冒汗了。年轻的妈妈在路边打个电话，动物园马上就给她送来一只袋鼠……

小朋友们，如果你们那里的动物园也可以借动物，你最想借什么动物呢？

案例3：大班讲述活动

活动名称：狼大叔的红烧鸡。

活动目标：

讲述是发展幼儿口语表达能力的重要形式，看图讲述是启发幼儿在观察图片、理解图意的基础上用恰当的词句表达图意的一种活动。当前多媒体走进千家万户，多媒体幼儿教学软件作为新兴的教育工具已进入幼儿园。看图讲述传统的教学模式是先向幼儿提出看图要求，再出示图片，通过看图、问答（时间、地点、人物、事件）、讲述，一层一层地展开情节，最后请几位能力强的幼儿将图片内容连贯起来讲述一遍。这种教学程式表面看来没有什么不妥，仔细分析它对训练幼儿语言和思维却有很明显的局限性。看图要求的提出既不能引起幼儿的兴趣，又浪费了幼儿的有效时间，它仅仅是空洞的说教，这不利于幼儿语言和创造性思维的发展。怎样上好看图讲述课，提高幼儿对看图讲述的兴趣？2010年青口镇中心幼儿园为提高教师的专业化素质，在大班进行了如何提高幼儿看图讲述能力的研究。现就针对作者开展的大班语言活动"狼大叔的红烧鸡"这一活动在执教过程中是如何充分调动幼儿的积极性来分析一下。

任何一个语言教学活动，都要能引导幼儿生动、活泼、主动地参与，认真思考活动的价值，既要从教师教的必要性考虑，使教学有目的、有计划地进行，也应该从幼儿学的角度出发，考虑幼儿原有的基础。"狼大叔的红烧鸡"这一活动是让幼儿通过观察画面，能合理想象，猜测故事情节，感受故事的趣味性。同时还要让幼儿读出书中文字里没有的感情，感受隐藏在图画背后的东西，师幼一起完成对故事的解读。

活动准备：

为了让幼儿对故事感兴趣，作者特意将绘本故事制作成了具有动感的PPT，同时为了让幼儿对故事有一个完整的印象而又方便幼儿之间交流阅读，还将绘本制作成了折叠书、教师用的评价表。

活动过程：

1. 回忆已有经验，激发幼儿参与阅读的欲望

问："你听过关于狼的故事吗？喜欢大灰狼吗？为什么？"

教师总结：原来在我们的印象中大灰狼是非常凶猛、狡猾的。

课后反思：大班的孩子已经听过太多关于大灰狼的故事，如《小红帽》《狼来了》《狼和七只小羊》等，所以孩子们对于大灰狼的印象是非常深刻的，他们是非常讨厌大灰狼的，甚至一提到大灰狼就表现出愤怒的表情。

2. 出示折叠书封面，讲述自己的猜测

（1）封面上有谁？

（2）可能会发生什么事？你从哪里看出来的？

（3）请一名或两名幼儿讲述自己对故事的理解。

教师："狼大叔真的像我们讲的那样吗？让我们一起来看看这个故事吧！"

课后反思：通过出示封面，让幼儿观察，封面上有一只大灰狼，而且是躲在树的后面，在偷看一只母鸡。它到底想干什么呢？让孩子猜猜、想想、说说。狼看到一只母鸡后可能会发生什么事情呢？孩子们的想法都是狼大叔想要吃掉母鸡，他们甚至把狼大叔准备怎么吃母鸡的办法都想出来了，有的说要蒸着吃，有的说要炖着吃，有的说要烤着吃……在孩子们兴趣高涨的同时，又将狼大叔定位在"坏蛋"这一角色的情形下，为了保持孩子对故事的兴致，我设了一个悬念："狼大叔真的像我们讲的那样吗？让我们一起来看看这个故事吧！"我的话一说出，孩子们顿时安静下来了，心存疑惑：到底怎么回事，难道是狼大叔不想吃母鸡吗？他们都很期待能快点了解故事的发展。

3. 观察PPT画面，理解故事内容，引领幼儿了解情节的发展

（1）出示图一。

① 狼大叔看见这只母鸡会想干什么？

② 狼大叔做了什么？

③ 用什么办法能让母鸡很快长胖呢？我们来帮大灰狼想办法。

课后反思：通过PPT，很形象地将狼大叔看见母鸡的想法呈现在孩子们的眼前，同时也将母鸡变胖的情形很生动地呈现在孩子们的面前，更能调动孩子们的积极性。在此基础上，让孩子们想想，如果你是狼大叔，你会用什么办法让母鸡变胖？通过这样换位思考的办法，让孩子们把自己想象成故事中的一个角色，这样无形中孩子们的积极性就更高了。

（2）出示图二。

① 狼大叔准备了什么东西？

② 狼大叔把东西送给母鸡吃时，心里是怎么想的？

课后反思：通过PPT的演示，孩子们看到狼大叔准备了很多美味的东西给母鸡吃，可见狼大叔是想快快把母鸡喂胖，它想早点吃到美味的鸡肉。

（3）出示图三。

① 狼大叔想从门缝里看什么？

② 最后狼大叔从门缝中看到了什么？

课后反思：狼大叔想到的是肥肥胖胖的母鸡，结果却看到了一群小鸡，不但让狼大叔很吃惊，连孩子们都很吃惊，这一环节的PPT让孩子们很自然地顺着故事的情节想象发生了什么。

（4）出示图四。

① 看到平常给它们送好吃东西的大灰狼来了，小鸡们会对狼大叔说什么呢？又会怎么做？

② 被这么多小鸡亲了，这时狼大叔心里是怎么想的？他还会抓母鸡去做红烧鸡吗？

③ 你喜欢故事里的狼大叔吗？为什么？

课后反思：大部分的孩子在回答第一个问题时会说："大灰狼来了，快跑啊！""我们赶紧躲起来！""我们一起把它赶跑。"这个时候孩子们的回答与故事的初衷是相反的，怎么办呢？这时教师会引导孩子们说："如果有人给你送好多好吃的东西，你会跟他说什么呀？"同时PPT上会出现一个"嘴唇"，在这样双重提示下，孩子们的想法发生了神奇的改变，他们都说，我会跟它说谢谢！还会亲亲它。

4. 同伴继续合作阅读折叠书，完整讲述，结束活动

（1）幼儿讨论，合作讲述。

（2）请个别幼儿讲述。

教师小结：是什么让凶恶的狼大叔变成一只善良的狼大叔呢？

课后反思：在前面的环节中，通过PPT对故事进行了一番解析，孩子们大致对故事有了一定的了解，现在通过折叠书让孩子们与同伴进行交流讨论，他们畅所欲言，有的孩子还在故事中增加了很多自己的想法。

活动反思及评价：

通过这次活动，让教师对绘画教学方法有了进一步的了解。在这次活动中，教师根据画面的内容以及画面之间的相互联系，对幼儿进行了一系列的猜想式提问，如"看了封面，猜猜看，狼大叔看见母鸡，会想干什么呢""那这个故事到底发生了一件什么事呢""猜猜狼大叔会想个什么办法，让母鸡变胖点呢""接下来到底又会发生什么神奇的事情呢"。通过这一系列的启发式提问激发了小朋友们的学习兴趣，也激发了孩子们思考和说的愿望，同时作者还根据画面中隐藏的故事设计了PPT课件，让课件与教师的提问相结合，从更大的角度上支持幼儿的联想讲述，因此活动中小朋友们参与活动的积极性很高，都能根据自己的生活经验大胆地猜测想象，积极地回答问题。

但活动也存在着一些不足的地方：当孩子的回答与设想出现不同时，虽然及时肯定了孩子的想法，也及时地通过语言给予引导，但如果当时教师的引导语在语气的处理上能表现得更夸张点的话，相信会更加吸引孩子的，所以在今后的教学中，要学会用更有效的方法去处理孩子的异议，肯定孩子们的同时还要巧妙地将教师的想法讲给孩子们。

整个活动的可取之处：

（1）教师的选材内容有趣，很吸引孩子们，让孩子们积极主动地参与到活动中去。目标的定位很适合本班幼儿的年龄特点，环节的设计科学合理，教学过程的思路很清晰，能层层突破难点。

（2）教师指导语的提示和课件画面结合得非常好，能启发幼儿的思考跟画面结合起来产生想象，有效地支持幼儿的联想讲述。

（3）教师的亲和力非常强，能感染到孩子们，让孩子们跟着故事的情节展开想象的翅膀。

⚙ 拓展训练

训练一：观摩幼儿园讲述活动

训练目标：

（1）观摩、记录幼儿园教师如何选择讲述对象，如何逐步完成活动目标、活动准备及活动过程的设计环节，了解讲述活动的教案书写。

（2）增进对幼儿园讲述活动的具体组织和指导环节的设计。

训练要求：

（1）观摩幼儿园小、中、大班讲述活动各一个。观摩、记录活动全过程，重点观察活动目标的达成、活动过程的设计和组织、幼儿的参与效果。

（2）与幼儿园执教教师进行交流研讨，请幼儿园执教教师介绍活动中的目标设计、材料准备、过程组织及活动方式的构想。学生围绕观摩活动提出问题。

（3）完成见习报告。

训练二：幼儿园讲述活动的设计

训练目标：

（1）掌握幼儿讲述活动的组织形式和方法。

（2）学习运用所学理论知识及观摩活动中的经验。

训练要求：

（1）针对"新玩具一起玩"（小班）、"我会当小医生"（中班）、"司马光砸缸"（大班）等活动主题，你怎样围绕主题进行提问？

（2）自己选择一个讲述活动的主题，设计一篇完整的讲述活动教案。

训练三：幼儿园讲述活动的组织

训练目标：

（1）培养实际的讲述组织与操作能力。

（2）锻炼在实际活动操作中的应变能力。

训练要求：

（1）任选一个讲述对象（如图片、实物），准备教案及相关教具。一个学生模拟教师，其他学生模拟幼儿，组织一节讲述活动。

（2）在模拟活动的基础上，到某一幼儿园任选一个年龄班，实际进行讲述活动教学。

学习总结

在本章中我们学习了语言教育活动中的讲述活动，本项目详细阐述了讲述活动的设计与组织。同时列举了部分教学的实际案例与方案，能更直观地让学习者从理论与实践的双向层面对幼儿园讲述活动的设计组织有深入的了解，从而达到提高教学设计能力的教学目标。

第六章
有趣的听说游戏

🌱 导学

在本章中你会学习到什么是幼儿园听说游戏教育活动，听说游戏活动有哪些特点，幼儿园的听说游戏活动应该如何设计和组织，教学指导的要点有哪些。

📑 学习目标

（1）理解幼儿园听说游戏活动的内涵。
（2）了解幼儿园听说游戏活动的特点和类型。
（3）明确幼儿园听说游戏活动的总目标及年龄阶段目标。
（4）能够制定合理的听说游戏活动目标。
（5）掌握幼儿园听说游戏活动设计与组织实施的基本思路和方法。

🧩 思维导图

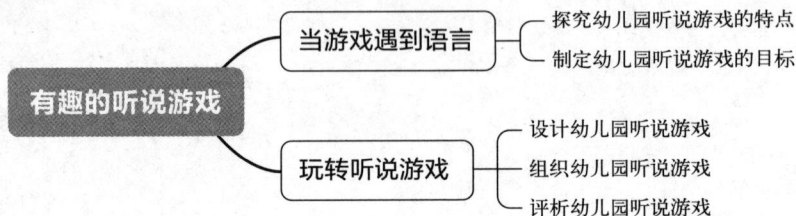

有趣的听说游戏
- 当游戏遇到语言
  - 探究幼儿园听说游戏的特点
  - 制定幼儿园听说游戏的目标
- 玩转听说游戏
  - 设计幼儿园听说游戏
  - 组织幼儿园听说游戏
  - 评析幼儿园听说游戏

第一节
当游戏遇到语言

✈️ 案例导入

警察与司机

幼儿园中班听说游戏"警察与司机"的活动目标是教幼儿正确使用反义词，丰富幼儿的反义词词汇；提高幼儿遵守游戏规则的自觉性，能够服从警察的指挥；培养幼儿思维的敏捷性，使幼儿在游戏中能够快速地说出反义词。

要求：根据案例分析以下问题。

（1）如何根据目标设计游戏规则？
（2）如果你是幼儿园教师，会针对幼儿的心理特点怎样设计听说游戏呢？

🧩 知识讲解与案例分析

一、探究幼儿园听说游戏的特点

（一）幼儿园听说游戏的内涵

幼儿园听说游戏是幼儿学习语言的一种有效手段，它注重让幼儿在愉快的听说游戏中完成听说目标，在与环境的充分互动中学习语言。幼儿园听说游戏是最符合学前幼儿心理特点的语言教学游戏，能激发幼儿在愉快的活动中进行语言学习的热情。

幼儿园听说游戏是将语言元素纳入游戏中，通过事先预定的游戏规则，使幼儿自始至终保持着极高的兴趣，并在遵守规则的前提下组织幼儿进行倾听与表达的语言教学游戏。也可以说在听说游戏中，游戏的侧重点在于引导幼儿感受语言教学游戏的乐趣，并学习按照一定的规则在积极愉快的活动中完成既定的语言学习任务。

听说游戏在各个年龄班都可以运用，各年龄班可根据活动任务和内容的不同，选择不同的游戏。各种听说游戏可以单独运用，也可以配合运用，同一游戏也可以在不同年龄班进行。年龄越小的班级，运用得越多。教师要注意寓语言学习于游戏之中，以激发幼儿学习的兴趣和运用语言交往的积极性。

（二）幼儿园听说游戏的特点

幼儿园听说游戏是一种特殊的语言教育活动，它的特殊作用在于以游戏的形式，让幼儿在生动活泼的气氛中进行口语表达练习，发展幼儿倾听和表述的能力，有效地促进幼儿语言的发展。幼儿在进行听说游戏的过程中，需要听懂教师的要求，明确游戏的规则；需要理解同伴的语言和动作，明白游戏情景中传达的各种信息；需要想象和思考自己扮演的角色，按照规则准确表达思想和感情。作为一种特殊形式的语言教育活动，听说游戏主要有以下基本特征。

1. 游戏中有明确的语言教育任务

每个听说游戏都包含对幼儿语言学习的具体要求。教师通过听说游戏活动的设计和组织将近阶段根据幼儿语言发展水平和语言学习需要所提出的语言教育教学任务落实到每一位幼儿接受理解和尝试掌握的教育过程中。听说游戏活动中的教育目标非常具体，或是每一个语音的纠正和听辨，或是一组词汇的掌握，或是某一个句型的学习；但教育目标又有含蓄的特点，不像其他语言教育活动的教育目标那样开宗明义，听说游戏是将教育目标贯穿在游戏过程中，让幼儿边玩边说，不知不觉地完成学习任务。

📖 案例

游戏名称：中班听说游戏"我的飞机飞呀飞"。

游戏目标：

（1）以游戏的形式帮助幼儿练习运用"我的×××飞呀飞"句型。

（2）训练幼儿的反应能力。

游戏玩法：

幼儿集体围成一圈，请一名幼儿到中间做"小飞行员"，大声地说："我的飞机飞呀飞。"其他幼儿问"飞到哪里去？"小飞行员回答："飞到×××（某个幼儿的姓名）那里去。"两位幼儿交换位置，被点到名字的幼儿到中间继续游戏，方法同上。

游戏规则：

如被点到名字的幼儿说错或者没有听见，需要为大家进行才艺表演，否则要被淘汰。

2. 游戏中有明确的规则

听说游戏的规则不是凭空制定的，而是教师在设计听说游戏时，根据具体的语言教育目标，选择适当的学习内容，并将本次活动的语言学习重点转化为一定的游戏规则。当幼儿要参与听说游戏时，他们必须遵守一定的游戏规则，按照规则进行游戏，这也是幼儿练习听说能力的过程。

案例

游戏名称：大班听说游戏"轱辘轱辘"。

游戏目标：

学习用量词组词和即兴说话，培养幼儿思维的准确性和敏捷性。

游戏玩法：

教师与幼儿面对面站立，双手握空拳，两拳交错上下边绕圈边念"轱辘轱辘一（伸出小根手指）"。教师说："一头牛。"两个人再绕圈并念："轱辘轱辘二（伸出两根手指）。"幼儿说："两只鸟。"依次说数字组词到十，直到游戏结束。

游戏规则：

在此游戏中，已说过的词组不能重复。

该游戏还可以根据不同的年龄段进行不同的玩法，如小、中班可以将要求和难度逐步降低。

附：

轱辘轱辘

上上、下下，左左、右右，前前、后后（双手在上述的方位拍手），

轱辘轱辘一（一头牛），轱辘轱辘二（两只鸟），

轱辘轱辘三（……），轱辘轱辘四（……），

轱辘轱辘五（……），轱辘轱辘六（……），

轱辘轱辘七（……），轱辘轱辘八（……），

轱辘轱辘九（……），轱辘轱辘十（……）。

听说游戏规则的制定可以从性质上分为两种类型。一种是竞赛性质的游戏规则，游戏中如果幼儿听准了、说对了，达到了学习要求，便为胜者。竞赛性质的游戏规则在听说游戏中产生激励机制的效应，可以促使幼儿更积极主动地投身于游戏活动。另一种是不具有竞赛性质，但同样能产生激励机制的游戏规则。如中班听说游戏"顶锅盖"，两两合作游戏，一人用手掌作为锅盖，另一人食指顶着手掌作为锅盖，念儿歌"顶锅盖，油炒菜，辣椒辣了不要怪。噗！一口风。噗！两口风。噗！三口风。"念完儿歌后，手掌锅盖去抓顶着锅盖的食指，同时伸出食指的幼儿也要赶紧缩回，不让锅盖抓住。若被抓住，手掌锅盖就问："烧的什么菜？"被抓住者必须说出一道菜名，双方才能交换角色，继续游戏。这样的游戏虽然不是竞赛性质的，但是幼儿知道当儿歌念完后要迅速抓住另一人的手指或避免被抓住手指，念儿歌与后面的手指动作结合在一起，因此幼儿对此类游戏也会乐此不疲。

3. 在活动中逐步扩大游戏的成分

幼儿园的听说游戏兼具活动和游戏的双重性质，从活动组织形式上看，具有从活动入

手逐步扩大游戏成分的特征。也就是说，在听说游戏开始之初，由教师带领引导幼儿开展游戏，包括帮助幼儿理解活动内容、了解活动任务，教师示范游戏的玩法等。而随着幼儿对游戏玩法的熟悉水平提高，教师的主导作用渐渐变弱，直至幼儿自主进行游戏，即在活动过程中游戏成分逐步扩大。

小贴士

幼儿园各年龄班听说游戏的特点

1. 小班听说游戏的特点

小班幼儿的听说游戏比较简单，游戏的任务比较容易理解，游戏的玩法具体且简单。游戏规则一般很少，而且在开始时对全体幼儿几乎是同一个规则要求，难度不高。

小班幼儿正处于积累有意义词的时期，开始不断地掌握新的词语。良好的听觉是清晰发音的前提，学习新的词语的基础是能听得清、听得准。因此，教师应重视开展发展听觉能力的听说游戏，训练幼儿的听觉灵敏性，提高其辨音能力。

小班幼儿的词汇量猛增，句子中的修饰语显著增加，并具有一定的语法规则，不过仍以简单句为主，有时结构不太严密，句子意思不明确。在小班阶段，教师应有意识地组织学习句子的游戏，让幼儿学会正确用词，说完整句子。

语义的发展与幼儿认知水平的发展紧密相连，比语音和语法都晚一些。幼儿3~4岁时，过度扩张词义的现象就不太明显了，但对紧密相关的词还容易混淆。随着词语的丰富，幼儿运用简单象声词的比例不断减少，运用代词和副词的比例明显增加。教师可以利用听说游戏丰富幼儿的词汇。

表达的发展是幼儿使用语言的实际能力的表现。幼儿讲述图画中故事内容的量随着年龄的增长而递增，而且有发展规律：表达从外显动作向内隐心理发展，从孤立事件向事物间的联系发展，从行为结果向行为过程发展，从画面直观内容向画外想象内容发展。教师应在小班组织较简单的看图说话游戏，如"说话接龙"，在出示图画后请幼儿各说一句话，要求能说出画面的基本内容。

2. 中班听说游戏的特点

中班幼儿已能掌握本民族的全部基本语音。因此，可以开展发展幼儿听力的游戏，也可采用教师组织学习句子的游戏，让幼儿学会正确用词，说完整句子。在这一时期，教师应在游戏中加入词语辨析的成分。

中班幼儿的游戏任务要比小班幼儿复杂多样，玩法也逐渐多样化。游戏规则具有更多的约束性和控制性。在游戏中不仅要运用具体实物和教具，而且开始加入一些竞赛的元素。

3. 大班听说游戏的特点

大班幼儿能够完成一些较复杂的语音。"根据声音找东西"游戏在各班都适用，但应根据大班幼儿实际情况有所改动，游戏内容应逐步增加。大班幼儿表述的句子结构日趋复杂和完整，句子长度有很大发展。因此，在游戏中，教师可以让幼儿自由发挥，不限制内容，以此培养幼儿语言的流畅性和逻辑性。在大量的语言实践中反复应用词语，能使幼儿在特定语言环境中了解新词的意思或已学词的新意思。

5～6岁幼儿在经常使用主动句的过程中，已经形成了把句子中"名词—动词—名词"的词序当作"施动者—动作—受动者"的理解策略，从而造成他们常常错误地理解被动句。因此，大班幼儿需要练习更复杂的句式辨析。教师可以从简单的句子转换游戏开始，训练幼儿的逆向语序，使幼儿逐步理解被动句和主动句的转换规律。

大班幼儿的游戏任务和内容都比较复杂，要求幼儿进行较多的语言表达；过程要求较复杂并相互联系。游戏规则的要求也相应提高，幼儿不仅要严格控制自己遵守游戏规则，而且要迅速、准确地进行语言表达，完成游戏任务。

幼儿语言发展的连续性、顺序性和阶段性特点，要求教师在激发幼儿兴趣的前提下，提供一些适合幼儿各年龄段的听说游戏。一般来说，教师要仔细观察、分析，找到大部分幼儿语言发展的最近发展区，让游戏略高于幼儿的现有水平，使幼儿"跳一跳"就可以完成。

（三）幼儿园听说游戏的类型

1. 为教学设计的听说游戏

（1）语音游戏。语言是以语音为表现形式的，语音学习对幼儿的口头语言发展至关重要，良好的语音意识和语音辨别能力对幼儿的语言发展具有积极的促进作用。语音游戏是以练习正确发音和提高辨音能力为目的的游戏。教师要为幼儿提供学习普通话语音的环境，让幼儿着重练习比较难发和容易发错的语音。

① 听音、辨音游戏。只有听得准才能说得准，准确地区分语音的微小差别，尤其是区分相似、相近的语音，发展幼儿的语言听觉，是幼儿正确发音的前提。语音游戏可以为幼儿准确感知语音打好基础，帮助幼儿听懂普通话，准确辨音、辨调，理解指令要求。练习听力的游戏，主要是发展幼儿分辨各种大小、强弱等不同性质的声音的能力，发展幼儿的听觉注意力。

📚 案例

游戏名称：中班听说游戏"这是谁的家"。

游戏目标：

（1）训练幼儿的听音、辨音能力。

（2）培养幼儿使用礼貌用语大胆讲话的能力。

游戏玩法：

请多名幼儿分别扮演鸡、鸭、猫、狗，各自住在家里，紧闭房门。然后请一名幼儿做找小鸭的人，他可以任意走到一个门前，敲门问："请问，这是谁的家？"门内的小动物要以自己的叫声来回答："喵，喵。""噢，这是小猫的家。对不起，我要找小鸭，打扰了。""没关系。"然后再去敲另一家的门，直到找到小鸭为止。

游戏规则：

对话要使用礼貌用语，如"请问""对不起""打扰了""没关系"等。

② 发音游戏。针对幼儿发音不准的表现和特点，教师应筛选出当前幼儿发音中的语音难点，选择合适的语音游戏承载这些练习要素，指导幼儿在规则中积极主动地进行练习

巩固。同时可以发挥家庭的同步教育，教师可以指导家长开展亲子游戏，弱化幼儿发音错误的"强势"环境，让幼儿辨别并练习正确发音。发音游戏主要包括以下内容。

第一，难发音和易发错音的练习。由于不善于协调使用发音器官，幼儿常会出现难发音和易发错音的现象。如两三岁的幼儿虽然已经初步掌握了语言，但仍不能很清楚地发准每一个音，特别是舌尖音 z、c、s，舌尖后音 n、l，以及舌根音 g、k、h 等。

第二，纠正方言的练习。教师要研究本地方言和普通话的差别，结合幼儿的发音特点确定游戏目标，帮助幼儿发准受方言干扰的语音。如南京方言中 l 和 n 不分，an 和 ang 不分，讲普通话的时候将南（nan）说成兰（lan）。

第三，儿化音的练习。普通话中的儿化音具有确定词性，区别词义的作用，蕴含小、喜爱、亲切等感情色彩，因此有必要让幼儿学会儿化音的正确发音。

第四，声调的练习。不同的声调和不同的声母或韵母一样，能代表不同的意思。用听说游戏承载各种相似音和声调要素，让幼儿在辨别中学说，在学说中提高辨别能力，从而掌握准确的声调。

第五，发声用气的练习。进入幼儿园后，有一部分幼儿仍不能很好地掌握说话用气的方法，因此，说话经常出现语句不连贯或气喘的情况。教师应针对性地进行呼吸训练、舌部训练、鼻音训练、拟声训练等侧重点不同的发音游戏，使幼儿在反复的练习中掌握发声用气的正确方法。

案例

游戏名称：中班听说游戏"娃娃请客"。

游戏目标：

（1）能感受普通话四种不同的声调，练习发准四声。

（2）认真倾听同伴和教师的发音，培养良好的聆听习惯。

游戏准备：

娃娃一个，毛绒动物若干，茶杯、碗、勺、皮球等，布置一个娃娃家的场景。

游戏玩法：

设置带幼儿到娃娃家做客的情境并介绍玩法。

（1）娃娃和幼儿互相介绍自己的名字。

（2）娃娃请小朋友们喝茶——"请坐，喝茶"（请幼儿学说，说对了，即可坐下喝茶）。

（3）娃娃请小朋友们吃饭——"猪油炒饭"（方法同上）。

（4）娃娃请小朋友们吃菜——"番茄炒蛋"（方法同上）。

（5）吃完饭，娃娃请大家拍球——"拍球比赛"（方法同上）。

（6）和娃娃再见——"非常感谢"（方法同上）。

游戏规则：

幼儿自选小动物一个，玩"请客"游戏，引导幼儿说说请了哪个朋友，怎样招待他，请他喝什么，吃什么，玩什么，最后说了什么，重点帮助幼儿发准四声。请 2～3 名幼儿在集体面前表演"娃娃请客"的游戏。

绕口令将若干双声、叠词词汇或发音相同、相近的字、词有意集中在一起，组成简单、有趣的语言，要求快速念出，所以读起来使人感到节奏感强、妙趣横生。说绕口令是锻炼幼儿口齿清晰灵活的一个有效方式。

📁 **小贴士**

绕口令强化练习

下面是几个较适合幼儿练习发声的绕口令。

（1）练习要点：发准 si 和 shi 的音。

画狮子

有个小孩子，

来到石院子，

学画石狮子，

天天画石狮子，

次次画石狮子，

石狮子画成了活狮子。

（2）练习要点：发准鼓（gu）、虎（hu）、补（bu）的音。

小花鼓

一面小花鼓，

鼓上画老虎，

宝宝敲破鼓，

妈妈拿布补，

不知是布补虎，

还是布补鼓。

（3）练习要点：发准虎（hu）、鹿（lu）、猪（zhu）、兔（tu）、鼠（shu）的音。

数一数

山上一只虎，

林中一只鹿，

路边一头猪，

草里一只兔，

洞里一只鼠，

我来数一数，

一、二、三、四、五，

虎鹿猪兔鼠。

（4）练习要点：发准山（shan）、上（shang）、三（san）的音。

山上有个木头人

山、山、山，

山上有个木头人。

三、三、三，

三个好玩的木头人。

不许说话不许动，

还有一个不许笑。

（5）练习要点：发准河（he）、鹅（e）、歌（ge）的音。

白鹅和狐狸

东边一条河，

西边一群鹅。

鹅儿，鹅儿，唱着歌。

一只狐狸跑过来，

鹅儿，鹅儿，跳下河。

说绕口令需要幼儿具备较强的辨音能力和反应能力，小、中班幼儿可选择较简单的绕口令来练习。

（2）词汇游戏。词汇游戏是以丰富词汇和正确运用词汇为目的的游戏。这类游戏不仅可以丰富幼儿的词汇，还可以帮助幼儿理解已学过的词汇的意义，并知道如何运用它们，达到活学活用的目的。

丰富词汇的游戏应贯穿于日常生活中。1岁至1岁半的幼儿对词汇的反应很敏感，成人可多与幼儿玩"指鼻子"和"帮妈妈拿东西"的游戏，丰富、加深幼儿对词汇的理解。在单词句阶段要鼓励幼儿主动说出一些简单词汇，鼓励他们配合手势表达自己的要求。到多词句阶段，成人可在名词和动词的基础上教幼儿正确称呼他人，并掌握一些简单的形容词和数量词。

词汇游戏的设计思路有多种，具体如下。

①"首尾接龙"游戏形式。

游戏目标：学习字头接字尾的组词形式。

游戏玩法：教师说出一个词组，幼儿将词语最后一个字作为另一词语的起始字。例如，奥运—运动—动作，以此类推。

②"唱反调"游戏形式。

游戏目的：丰富成对的反义词。

游戏玩法：教师说一个词，幼儿能快速说出相反的词，并做出与指令相反的动作。例如，教师说"高"，幼儿说"矮"并做动作。又如，左转—右转，上—下，大—小，长—短，好—坏，轻—重，高兴—难过等。

案例

游戏名称：大班听说游戏"警察与司机"。

游戏目标：

（1）丰富反义词词汇，正确使用反义词。

（2）能在游戏中快速地说出反义词。

游戏准备：

制作一个红绿灯指示板。

游戏玩法：

（请一名幼儿扮演警察，其他多名幼儿均扮演司机）"警察"说出一个词或一个句子后，司机必须说出相反的词或句子。如果司机回答正确，警察就亮出绿灯，汽车即可通过；否则，亮出红灯，不予通过。等待一轮以后，再次进行下一轮游戏尝试通过。

③"滚雪球"游戏形式。

游戏目的：培养幼儿思维的发散性、流畅性和变通性。

游戏玩法：将幼儿分组，每组派一位代表说一个字，如花、水、火等。然后本组用这个字组词，教师进行记录，比一比哪一组说得多。

④"配对"游戏形式。

游戏目的：丰富同义词，培养幼儿思维的发散性和流畅性。

游戏玩法：将幼儿分组，教师说出一个词，由各组幼儿说出此词的同义词或近义词，看哪一组说得多。

（3）句子游戏。句子游戏是以训练按语法规则正确组词成句，并运用各种句式、句型为目的的游戏。

1岁半至2岁的幼儿进入了多词句阶段，常会把宾语放在主语之前，如"娃娃、宝宝"的意思是"宝宝想要娃娃"。这时成人可清晰且完整地对幼儿重复正确完整的句子"宝宝想要娃娃"，让幼儿跟读、模仿。

2岁至3岁时，幼儿已经掌握用一个词作为主语，用一两个词作为谓语的简单陈述句结构，但是他们往往会把自己最先想到的或者自认为最重要的词语说出来，不顾语法顺序，还常带有"但是呢""我说""还有呢"等口头禅，造成语意不清、逻辑混乱。这时，成人除了清晰完整重复该句子之外，还可以针对性地开展一些句子游戏。可用"看图说话"作为主要构思，也可以设计让幼儿专门练习某种句式的游戏，如"因为……所以……""看到……于是……"等。

📚 案例

游戏名称：小班听说游戏"抱娃娃"。

游戏目标：

学用"娃娃的……可以……"的句式，了解五官的功能。

游戏准备：

每名幼儿一个娃娃。

游戏玩法：

每名幼儿抱一个自己喜欢的娃娃玩，大胆地在集体面前用"娃娃的……可以……"的句式说说自己娃娃五官的功能。

游戏规则：

幼儿需正确说出娃娃五官的名称。

① 语言节奏游戏。下面是几个适合幼儿进行语言节奏游戏的儿歌素材。

拍手歌

你拍一，我拍一，一只蜗牛爬楼梯，爬呀爬楼梯；
你拍二，我拍二，两只蚂蚁抬花瓣，抬呀抬花瓣；
你拍三，我拍三，三条鲤鱼滚下山，滚呀滚下山；
你拍四，我拍四，四方招牌没写字，没呀没写字；

你拍五，我拍五，五只小熊敲花鼓，敲呀敲花鼓；

你拍六，我拍六，六个老头在烤肉，在呀在烤肉；

你拍七，我拍七，七个狐狸抱小鸡，抱呀抱小鸡；

你拍八，我拍八，八脚章鱼坐沙发，坐呀坐沙发；

你拍九，我拍九，九只老虎喝老酒，喝呀喝老酒；

你拍十，我拍十，十只青蛙跳进荷花池，跳进荷花池；

扑通，扑通，扑通，扑通，扑通，扑通，扑通，扑通，扑通，扑通；

数错了没有？没错，再来一遍。

小青蛙

我有一只小青蛙，

整天叫呱呱。

它们喜欢捉害虫，

喜欢保庄稼。

我们大家都爱它。

天安门

天安门，

真伟大，

高高的红墙琉璃瓦，

毛主席的画像中间挂，

风吹红旗哗啦啦，

我们大家热爱它。

② 听说游戏。教师组织听说游戏可参考以下案例。

案例

案例1

游戏名称：听说游戏"传话摘果子"。

游戏目标：

（1）提高幼儿的语言理解能力及听辨力。

（2）培养幼儿注意倾听的习惯。

游戏玩法：

将幼儿分成几个小队，由每队队尾幼儿手提小篮。传话从站在队尾的幼儿开始，此幼儿向其前面幼儿小声说出某种水果的名称，然后逐个向前传，每队最前面的幼儿根据听到的水果的名称到果树上摘果子。之后迅速跑回放入本队小篮中。水果选对并且速度快者获胜。

案例2

游戏名称：中班听说游戏"点兵点将"。

游戏目标：

训练幼儿思维的敏捷性。

游戏玩法：

全体幼儿站立或坐着，由一个幼儿念儿歌，依次点每个参加者，念到儿歌最后一个字时，被点到者就作为选出来派角色的人。

附：

点兵点将

兵点将，点到谁，

谁人就是我的，

小兵小将，大兵大将，

萝卜头子将。

（4）描述性游戏。描述性游戏是主要以训练幼儿用简单、生动、形象的语言描述事物，发展连贯的口语表达能力为目的的游戏。讲故事是描述性游戏主要的游戏形式之一，有复述故事、续句合编故事、续编故事、自编故事等难度层次。编谜语也是描述性游戏中一种有效的游戏形式，但因难度较大，适合大班幼儿进行。角色游戏与表演游戏也是发展幼儿语言表达能力的综合性游戏。

📚 案例

游戏名称：中班听说游戏"我来说你来猜"。

游戏目标：

尝试用连贯的语言描述动物的各种特征。

游戏准备：

幼儿认识的动物图片若干。

游戏玩法：

请个别幼儿抽取图片（其他幼儿不能看到），并根据图片内容用语言进行全方位的特征描述（启发幼儿说出主要特征），但不能说出动物名称，如对"大象"的描述：很大一只动物，鼻子像钩子，能卷起木头；耳朵像扇子；腿像大柱子。猜对的幼儿可接力做描述的人。

游戏规则：

描述的幼儿只可以描述出动物的若干特征，不可以说出动物的名称。

（5）故事表演游戏。故事表演游戏主要是教师组织的，帮助幼儿通过对话、动作、表情再现文学作品，理解、体验作品的内容，以发展幼儿在人面前自然、大方说话为主要目的的游戏。它不同于创造性游戏中的表演游戏，不是幼儿自主、自发、自娱的，而是教师创编的，有着明确教育意图的活动。

📚 案例

游戏名称：中班听说游戏"白雪公主"。

游戏目标：

（1）尝试用文学作品的语言表述故事中各个角色的对话。

（2）发展自然丰富的语言表情。

游戏玩法：

幼儿自选角色及相应的服饰、道具并进行装扮，根据故事中各个角色的出场顺序调整好自己的出场位置。幼儿集体讲故事，在讲到不同角色时，由相应的角色扮演者出场讲述并表演。游戏中的各个角色的扮演者必须在故事讲到相应的地方才可以出场。

附：

白雪公主

小魔镜啊小魔镜，世界上哪一个最美丽？不是你啊不是你，白雪公主最美丽。王后听了很生气，公主逃到森林里，小矮人真有趣，脸上长着白胡须，数数看啊有几个，一二三四五六七，公主公主别害怕，我们大家喜欢你！唱唱歌啊跳跳舞，我们大家喜欢你！

2. 在日常生活中进行的听说游戏

著名哲学家康德曾说："手是身体的大脑。"著名教育家苏霍姆林斯基也曾说："幼儿的智慧在他的手指尖上。"对于幼儿来说，手指的活动是大脑的体操。活动的是手，得到锻炼的是大脑。手的动作与人脑的发育有着极为密切和重要的关系，对语言、视觉、听觉、触觉等的发展也有极大的助益。

手指游戏取材于幼儿生活，内容浅显易懂，语言流畅，生动有趣，情节稚气活泼，节奏明快，配上手指的动作，幼儿能随时随地学做，不受时间、地点和场地的限制，给幼儿带来愉悦的情感体验。

（1）适合小班幼儿的手指游戏。

一家人

大拇指是爸爸，爸爸开汽车，嘀嘀嘀。（双手大拇指单伸出来，向下按）

爸爸旁边是妈妈，妈妈洗衣服，刷刷刷。（双手食指单伸出来，做搓衣服的动作）

个子最高是哥哥，哥哥打篮球，砰砰砰。（双手中指单伸出来，向上做投篮动作）

哥哥旁边是姐姐，姐姐在跳舞，嚓嚓嚓。（双手无名指单伸出来，做绕圈动作）

个子最小就是我，我在敲小鼓，咚咚咚。（双手小指单伸出来，做敲小鼓动作）

五指游戏

大拇哥来倒香油，（一手掌心向上当锅，另一手握拳，伸出大拇指向锅内上下点动，做倒油的动作）

二贤弟来炒豆豆，（再伸出食指与大拇指指腹相连，在锅中来回炒动）

三舅娘来撒点盐，（再伸出中指与大拇指指腹相连，向锅内轻轻搓动，做撒盐的动作）

四阿叔来加点醋，（再伸出无名指与前三指指腹相连，沿锅中心画圈，做浇醋的动作）

五小弟来尝一口，（再伸出小指，五指一起到锅中取豆，至嘴上方，手指放开，同时张嘴做吃东西的样子）

嗯——（手移至嘴边，做难吃的表情）

酸溜溜！（仍做难吃的表情，同时双手在嘴前左右扇动）

我的小手变、变、变

我的小手变、变、变，（边说边拍手）

变把手枪啪、啪、啪，（双手做拿枪射击状）

变把剪刀剪、剪、剪，（两手做剪刀状）

变只小鸡叽、叽、叽，（双手大拇指、食指相碰，其余三指弯曲紧摆，做小鸡嘴状，一上一下）

变只小鸭嘎、嘎、嘎，（右手手心压在左手手背上，做小鸭嘴状）

变只小鸟飞、飞、飞。（左手手心按住右手手心，大拇指贴在一起，左右手四指并拢模仿小鸟飞的动作）

（2）适合中班幼儿的手指游戏。

五个兄弟

一个手指点点点，（伸出一个手指点宝宝）

两个手指敲敲敲，（伸出两个手指在宝宝身上轻敲）

三个手指捏捏捏，（伸出三个手指在宝宝身上捏）

四个手指挠挠挠，（伸出四个手指在宝宝身上轻挠）

五个手指拍拍拍，（两只手对拍）

五个兄弟爬上山，（在宝宝的身上做爬山状）

叽里咕噜滚下来。（在宝宝身上从上往下挠）

手指操

大树下面有个洞，（伸出中指、无名指小指三个指，另二指成圆）

住着可爱小虫虫，（做轮指动作，先是大拇指往回收，另四指分别回收后做个波浪）

大虫出洞探探头，（大拇指伸进洞后向上抬一下）

二虫出洞弯弯腰，（食指伸进后弯曲一下）

三虫出洞扭一扭，（中指伸进后跳个舞转一转）

四虫慢慢爬出洞，（无名指慢慢伸进洞）

小虫胆子真是小，（小指在洞口绕一圈）

就是不敢爬出洞，（伸出小指在洞口探一探）

小虫小虫你别怕，（伸出左右小指摇晃一下）

我们一起爬出洞，（把左手放在桌上五指张开变成五个小洞，右手变成小虫，慢慢爬出洞口，不要爬错洞口）

找到一群好朋友，（左右手成空心手指相碰，然后从食指开始往下弯曲）

快快乐乐去郊游。（大拇指碰碰晃动）

手指宝宝

两个大拇指，（两手成拳相对，拇指伸直）

比比一样高，（两拳相合，拇指并在一起）

相互点点头，（两拳相对，拇指向前弯曲）

接着弯弯腰，（两手拇指向前弯曲）

两个小拇指，（两拳打开，两手小拇指伸直）

一样都灵巧，（两手小指弯曲运动）

相互拉拉钩，（两手小指反复互勾）

点头问问好，（两拳成竖起，两手小指相互弯曲运动）

食指、中指、无名指，（分别弹食指、中指、无名指）

样样事情离不了，（两手食指、中指和无名指弯曲运动）

摊开双手数数数，（两手手心向上，十指伸展）

一，（左手拇指弯曲）

二，（左手食指弯曲）

三，（左手中指弯曲）

四，（左手无名指弯曲）

五，（左手小指弯曲）

六，（右手拇指弯曲）

七，（右手食指弯曲）

八，（右手中指弯曲）

九，（右手无名指弯曲）

十，（右手小指弯曲）

都是我的好宝宝。（两手互拍）

（3）适合大班幼儿的手指游戏。

手指兄弟

兄弟十根分两组，（十指伸展手心向外）

生来各自有高低，（翻动两手手心向内）

老大长得最粗壮，（两手伸拇指）

老二生来有主意，（两手伸食指）

老三长得个子高，（两手伸中指）

老四生来没出息，（两手伸无名指）

老五别看个子矮，（两手伸小指）

拉起钩来本事奇，（小指互相钩）

老大碰碰头，（大拇指相碰）

老二碰碰脸，（食指相碰）

老三弯弯腰，（中指上下运动）

老五伸伸腿，（小指伸展）

东一捶，（右手捶左手心）

西一捶，（左手捶右手心）

南一捶，（右手捶左手背）

北一捶，（左手捶右手背）

大家拍手把歌唱，（两手拍掌）

握紧拳头有力气，（握双拳举双手）

样样事情离不了。（两手食指、中指、无名指弯曲运动）

大木桶

我有一个小木桶，（左手掌弯曲成筒状）

桶上有个盖，（右手平盖于左手上）

盖上有个洞，（右手食指与中指稍分开）

洞里瞧一瞧，（将眼睛对准右手孔，向里看）

哇——跑出一条毛毛虫。（左手食指穿过右手食指与中指间，做蠕动状）

我有一个中木桶，桶上有个盖，盖上有个洞，洞里瞧一瞧，哇——跑出两条毛毛虫。

我有一个大木桶，桶上有个盖，盖上有个洞，洞里瞧一瞧，哇——跑出许多毛毛虫。

五个手指变变变

一根手指头呀，（伸出左右手的一根手指头）

变呀变呀变呀，（两手在胸前做绕图动作）

变成毛毛虫，（两手的一根手指头做弯曲伸直的动作）

爬呀爬呀爬呀。

两根手指头呀，（伸出左右手的两根手指头）

变呀变呀变呀，（两手在胸前做绕图动作）

变成小白兔呀，（两手的两根手指头放在头顶做兔耳朵状）

跳呀跳呀跳呀。

三根手指头呀，（伸出左右手中间的三根手指头）

变呀变呀变呀，（两手在胸前做绕图动作）

变成小花猫呀，（两手放在嘴边做小猫的动作）

喵呜喵呜喵呜。

四根手指头呀，（伸出左右手的四根手指头）

变呀变呀变呀，（两手在胸前做绕圈动作）

变成花蝴蝶呀，（两手交叉做翅膀飞的动作）

飞呀飞呀飞呀。

五根手指头呀，（伸出左右手的五根手指头）

变呀变呀变呀，（两手在胸前做绕圈动作）

变成大老虎呀，（两手做虎爪动作向前扑）

啊呜啊呜啊呜。

幼儿手指游戏的活动技巧包括以下几点。

（1）游戏时间要能依幼儿的反应和整体活动时间的安排适时结束或延长。

（2）幼儿念唱的声音与动作节奏的表达要清楚流畅。

（3）改编创作时，要保持原儿歌的节奏与趣味性，变化的内容要贴近幼儿的生活经验。

二、制定幼儿园听说游戏的目标

（一）幼儿园听说游戏总目标

幼儿园听说游戏目标的定位应体现听说游戏的价值取向和所期望达到的教育目的。教师应依据听说游戏的内容、教育功能和幼儿的学习特点及身心发展水平等多方面因素进行综合考虑和确立。

1. 幼儿园听说游戏总目标的内容

情感态度方面：

激发幼儿对听说游戏的兴趣，使幼儿能积极自主地参与听说游戏活动，提高幼儿在游戏交往中运用语言的积极性。

认知习惯方面：

引导幼儿听懂并理解听说游戏规则，尝试按一定的规则进行口语表达练习，并不断提高幼儿积极倾听的水平。

能力技能方面：

培养幼儿听懂并理解游戏中的语言规则，不断提高倾听的精确程度和语言交往中的机智性及灵活性。

2. 幼儿园听说游戏活动总目标的内涵分析

（1）注重按一定规则进行口语表达练习。

这里所说的一定规则，主要是指按照语言规范制定的游戏规则。在幼儿参与听说游戏的过程中，他们需要自觉地将自己纳入规范的语言学习中，在执行游戏规则的活动中掌握规范的口语表达能力。语音游戏可以发展幼儿的听音、辨音、发音能力，词汇游戏可以帮助幼儿正确地理解词汇、运用词汇，丰富词汇量，句子游戏可以帮助幼儿了解和应用各种句型和句式，描述性游戏可以发展幼儿在观察的基础上连贯表达思想的能力，故事表演游戏可以发展幼儿的文学语言表现能力。所有这些游戏都可以从不同方面促进幼儿倾听能力和表达水平的提高。

（2）注重提高幼儿积极倾听的水平。

学会倾听是幼儿获取知识的前提，也是提高幼儿口语表达能力的重要手段。然而，幼儿的倾听能力和倾听习惯是需要教师悉心培养的。有些教师对幼儿倾听能力的培养不重视，主要根源是在认识上存在误区。不少人认为，倾听不用刻意去培养。其实，幼儿的语言能力正是在听与说的过程中发展起来的。但"听到"和"倾听"有着本质的区别。"听到"是神经和肌肉运动的过程，而"倾听"仅从字面上看，是"用尽所有力量去听"，是一种后天习得的行为，是一个包括听到、注意、理解、想象及记忆的心理过程，而要使无意识地听升华到一个复杂的心理过程即有意识地倾听，是需要从小培养的，它比说更重要。因为如果没有听到有关的信息，说就会无的放矢，在教学活动中，幼儿的答非所问正说明了这一点。《幼儿园教育指导纲要（试行）》明确指出，应创造一个自由、宽松的语言交流环境，支持、鼓励、吸引幼儿与教师、同伴交谈，体验语言交流的乐趣，使幼儿养成注意倾听的习惯，发展语言理解能力。

（3）注重幼儿在语言交往中的语言能力和素质的发展。

教师应针对幼儿的最近发展区，切实着眼于幼儿内在的语言发展需求和社会要求，设计和实施充分尊重幼儿个性的听说游戏活动，进而帮助幼儿有效地改善学习方法，提高学习效率，并且在愉悦的情绪体验和积极的情感生活中获得全面发展。

（二）幼儿园听说游戏目标的制定

目标的制定应明确而详细地说明内容，并用特定术语描述幼儿在活动前后的变化。一个好的目标应能明确向别人表达或阐明教师的意图，便于观察者在活动后通过幼儿的行为变化加以评价。听说游戏目标制定得恰当与否，将对整个活动设计产生决定性影响，因此要使听说游戏活动达到预期的目的，产生良好的效果，就要制定好活动目标。

一般而言，一个具体的活动目标是由教师制定的，在制定过程中教师要紧紧把握目标与内容、具体目标与总目标之间的关系，只有这样才能真正做到有的放矢地选择适合幼儿特点的内容，并采取适当的组织方法。就听说游戏而言，在制定活动目标时要注意以下方面。

1. 目标要准确

准确是目标制定过程中的基本要求。在听说游戏中，教师所制定的目标一定要与本次游戏的主要内容紧密相连，而且要具体、详细，目标不能定得过大，也不能套话连篇，形式主义严重。

2. 目标要重点突出

在确定目标时，要根据听说游戏类型的要求突出重点。所确定的目标不要太多，2～3条即可，但要突出重点、难点，使别人从目标中就可以了解到本次游戏的重点。此外，在陈述的顺序方面要注意：重点目标要放在前面，相对次要的目标排在其后。

3. 目标要全面

目标不但要重点突出，而且要全面地反映本次听说游戏的内容。听说游戏不仅要考虑语言技能训练方面的目标，还要顾及情感体验、习惯养成等方面的目标，从而能正确地指导游戏过程，使活动目标真正落到实处。

（三）幼儿园听说游戏各年龄班目标

培养幼儿的口语表达能力，是幼儿园语言教育的最终目的。根据《幼儿园教育指导纲要（试行）》精神和各年龄段幼儿语言发展的水平特点，我们将听说游戏总目标进行分解，各年龄班的目标体现如下。

1. 小班

情感态度方面：

（1）乐于参加游戏活动，在游戏中大胆地说话。

（2）体验与同伴共同游戏的快乐。

认知习惯方面：

（1）发准某些难发的音，初步掌握方位词及人称代词，学习正确运用动词。

（2）养成在集体活动中倾听别人讲话的习惯。

能力技能方面：

（1）能听懂并理解较简单的听说游戏规则。

（2）尝试按照规则能说简单句。

2. 中班

情感态度方面：

（1）能主动参加游戏。

（2）提高游戏交往中运用语言的积极性。

认知习惯方面：

（1）进一步练习发音并学习正确运用代词、方位词、副词、动词、连词和介词等。

（2）愿意遵守游戏规则，养成集中注意倾听他人说话的习惯。

（3）学习迅速地理解并执行游戏中的语言规则。

能力技能方面：

（1）能听懂并理解多重游戏规则。

（2）能说简单而完整的复合句。

3. 大班

情感态度方面：

（1）积极参与游戏活动，主动遵守游戏规则。

（2）按照规则迅速调动个人已有语言经验进行表达。

认知习惯方面：

（1）学习运用反义词、量词和连词等，并能说完整的复合句。

（2）养成认真、耐心倾听他人说话的习惯。

能力技能方面：

（1）迅速地掌握和理解游戏中较复杂的多重指令，准确掌握和传递有细微差别的信息。

（2）不断提高倾听的精确程度。

第二节

玩转听说游戏

✈ 案例导入

"金锁银锁"活动过程

——中班听说游戏

1. 示范操作表演

（1）先出示一把苹果锁和两把钥匙，边操作教具边念儿歌：

金锁锁，银锁锁，

两把钥匙一把锁，

咔嚓咔嚓把它锁，

小朋友们来开锁。

（2）出示玩具娃娃，并以娃娃的口吻问："这是什么锁？"

答："这是苹果锁。"玩具娃娃又说："苹果，苹果，红彤彤。"咔嚓一声将锁打开。接着再插入另一把钥匙说："苹果，苹果，香又甜。"咔嚓又打开了苹果锁。

（3）带领幼儿念儿歌两遍或三遍，从而使幼儿对整个游戏活动有一个初步、完整的印象。

2. 讲解游戏规则

教师采用口头讲述的方式，向幼儿交代游戏规则。

（1）念完儿歌后，开锁幼儿才能问："这是什么锁？"扮锁的幼儿必须想出一个锁名来回答："这是 ×× 锁。"

（2）开锁的两位幼儿分别是两把钥匙，这两位幼儿必须用"××，××，×××"的句型来描述"×× 锁"。前面重复说名词两次，后面用三个字描述一下这种事物的特点，如"苹果，苹果，香又甜"。

（3）开锁幼儿描述得准确就能打开锁，并交换角色，否则不能交换角色（教师在示范游戏过程中采用口头讲述的方法，并向幼儿交代游戏规则。由于游戏规则中包含了活动目标，因此教师需要用言简意赅的语言向幼儿解释规则，同时还需要边讲解边示范）。

3. 教师扮演角色，引导幼儿游戏

教师先扮演开锁人的角色，幼儿扮演锁的角色，然后交换角色。通过教师参与角色的形式，帮助幼儿学习掌握游戏中的对话及描述语言，为幼儿独立开展游戏活动积累经验。

在对话过程中，鼓励幼儿讲述各种不同的锁，学习用各种不同的、简单的词语进行准确的描述。

教师需要以主角的身份带领幼儿多玩几次，并不断变换锁的名称，如"小猫锁，喵喵叫""月亮锁，像小船"。

4. 幼儿自主游戏"金锁银锁"

幼儿手拉手围成一圈装扮锁，让两名幼儿充当开锁人，一个站在圈内，另一个站在圈外。

游戏开始时，大家边念儿歌边前后摆动拉着的手，两名开锁幼儿同时随着儿歌的节奏，依次在各拉手处做开锁动作。儿歌念完后，开锁幼儿面向拉手幼儿问："这是什么锁？"拉手幼儿回答："这是 ×× 锁。"然后，开锁幼儿说："××，××，×××。"讲对了，开锁幼儿就轻轻把两个拉手幼儿的手"切"开，然后交换角色，游戏重新开始。若开锁幼儿讲得不准确，扮锁的幼儿将手拉紧，开锁幼儿就"切"不开锁，游戏继续进行。

要求：根据案例分析以下问题。

（1）听说游戏活动的话题如何选择？

（2）听说游戏活动的设计应该注意哪些问题？

（3）听说游戏活动可以有哪些组织形式？

知识讲解与案例分析

一、设计幼儿园听说游戏

幼儿园听说游戏的设计是对活动环节的安排，即对活动程序或活动步骤的思考。幼儿园听说游戏的设计包括内容的选择、目标的制定、材料的准备、过程的安排等几个方面。

（一）游戏内容的选择

听说游戏有明确的目的。选择某个游戏要具体完成哪些语言教育任务，教师要在设计游戏方案时重点考虑。

1. 游戏要有趣味性

在设计游戏内容时，教师一定要从幼儿的年龄特点出发，要真正让幼儿在游戏中既玩得好，又能掌握某方面的语言技能。

2. 游戏规则要明确

教师在设计前，一定要拟定好游戏规则，以规则来体现语言学习的重点。规则要力求易懂、易记、易操作。

3. 游戏内容要难易适中

听说游戏是为了培养幼儿倾听和表述能力而设计的，有具体的语言教育训练任务。因此，在进行游戏设计时，教师一定要从本班幼儿的实际水平出发，难易要适中。一般来说，以略高于本班幼儿现有水平为宜，让幼儿通过一定的努力能够完成。

（二）游戏目标的制定

听说游戏目标的制定必须依据幼儿听说游戏的总目标，并参考各年龄段目标。

（1）要尽量体现行为的可操作性，以便根据活动目标设计活动过程，同时便于对活动效果加以衡量和评价。

（2）要结合活动的具体内容，提出有针对性的目标，突出该活动内容的特色。

（三）游戏材料的准备

游戏材料既可以选择成品，也可以通过收集或制作的方式准备。游戏材料必须满足幼儿在活动中的需要。

（1）要考虑材料与活动目标的关系。准备活动材料首先要考虑的是活动目标的要求。

（2）要考虑材料的数量。只有提供充足的材料，才能保证每个幼儿在活动中的操作需要。

（3）要考虑材料的典型特征。特征鲜明并且能直观感受到的游戏材料有助于游戏的生动开展，帮助幼儿在脑中形成表象，从而获得语言经验。

（四）游戏过程的安排

（1）设置游戏情境。这一步骤在于向幼儿展示听说游戏的氛围，激发幼儿参与游戏的兴趣。

（2）交代游戏规则。这一步骤实际上是教师给幼儿布置任务并讲解要求的过程。

（3）教师引导游戏。这一步骤是教师指导幼儿游戏，帮助幼儿掌握游戏的规则和进程。

（4）幼儿自主游戏。这一步骤是教师放手让幼儿自己开展游戏的过程。

二、组织幼儿园听说游戏

语言教学游戏作为一个完整的教育活动来组织时，主要程序包括以下几个环节。

（一）创设游戏情境

这一程序的主要目的，在于使幼儿在轻松愉快的氛围中受到感染，调动其参与语言教学游戏的积极性，激起幼儿参与游戏的兴趣，以便产生良好的语言教育效果。例如，在"金锁银锁"活动开始时，教师采用示范操作玩具娃娃的形式，为幼儿创设一个良好的游戏情境，玩"逛超市"游戏时，教师提问："小朋友，你们喜欢逛超市吗？咱们开一个超市好不好？"师生共同搭建超市，将游戏的场景充分展现在幼儿面前，吸引幼儿的注意力，使他们产生好奇心，自然导入游戏。创设游戏情境的方法，归纳起来主要有以下三种。

1. 用物品创设情境

教师运用一些与活动有关的物品、玩具或者日用品等，创设游戏的环境和气氛，达到引导幼儿进入听说游戏的效果，如"逛超市"游戏开始时，师生共同布置超市，为游戏的开展作了很好的铺垫。

2. 用动作创设情境

教师可以通过自己形象的动作表演，让幼儿想象出游戏的角色或者游戏的场所，产生游戏的气氛，将幼儿带入游戏的情境之中。例如，"猜猜谁来了"游戏开始时，教师可以学做小兔跳或小马跑的动作，让幼儿猜猜谁来了，从而导入游戏，然后再教幼儿玩这个游戏。

3. 用语言创设情境

教师通过自己生动、有趣、直观的语言，直接描述或指出游戏中角色及所处的环境，感染幼儿，营造游戏的气氛，引导幼儿进入角色，同样可以达到创设游戏情境的作用。例如，对幼儿说："水果丰收啦，许多小动物要去摘果子。请小朋友戴上头饰，扮演小动物去找找水果在哪儿吧！"

总的说来，教师可以根据不同的游戏，选用相应的创设方法，无论用哪一种方法创设游戏情境，目的都是使幼儿尽快进入游戏情境。游戏活动开始时，教师往往会将几种方法综合起来加以使用，利用形象的实物、逼真的动作，再配以生动的语言，幼儿的游戏积极性才会充分调动起来，为游戏的顺利进行奠定良好的基础。

（二）交代游戏的玩法和规则

在创设游戏情境之后，教师要向幼儿交代游戏的玩法和规则。玩法即游戏开展的步骤；规则是被允许或被禁止的某些特定的活动。这一步实际上是教师对幼儿布置任务、讲解要求的过程。为了交代规则的效果更好，教师可以通过用语言说明和动作示范相结合的方式，告诉幼儿游戏的玩法和规则。还以"金锁银锁"为例，在创设情境、导入游戏、展开游戏过程后，教师交代游戏规则。规则一：念完儿歌后，开锁人才能提问，扮锁的小朋友必须想出锁名回答。规则二：开锁的两位小朋友分别是两把钥匙，必须用"××，××，×××"的句型描述，例如，"苹果，苹果，红彤彤"。规则三：开锁人描述准确，就能打开锁，并交换角色，否则游戏活动仍按原角色继续。只有掌握了游戏的玩法和规则，游戏才能顺利进行，游戏的教育目的才能实现。交代游戏规则时，有必要注意以下几点。

1. 要用简洁明了的语言讲解

在交代游戏规则时，切忌过多啰唆的解释，使幼儿不能及时理解游戏规则，影响游戏的开展。

2. 要讲清楚游戏的规则要点和开展顺序

游戏的规则要点，一般都是游戏中幼儿要按规范说出的话，要让幼儿明白说什么和怎样说。同时要帮助幼儿清楚地理解游戏开展顺序，先做什么、后做什么、什么角色做什么。这样才能保证游戏目的的实现。

3. 要用较慢的语速进行讲解和示范

教师在交代游戏规则时，特别是针对规则回答问题或说一句话时，应使用相对较慢的语调。由于这种语言带有示范的性质，一定要保证让幼儿听清楚，以便避免游戏中可能发生的问题。

（三）示范参与游戏

在交代游戏玩法和规则之后，教师可以引导幼儿开展游戏。教师在游戏中要充当重要的角色把握游戏的进程。这一部分与交代游戏玩法和规则有时是合并进行的。

在小班，教师担任主要角色，往往边讲解边示范。先请部分能力强的幼儿和老师一起参加游戏，再逐步过渡到全体幼儿参与。在游戏"水可以用来……"中，教师先示范游戏玩法，任意选出一张卡片，根据内容用"水可以用来……"的句式说出水的用途，让幼儿判断对错。

在中、大班，教师讲清玩法和规则后，教师示范或师生共同示范，也可先请部分能力强的幼儿试做游戏，既可以起示范作用，又可以检查幼儿是否明确游戏玩法和规则。如发现错误，及时纠正。再逐步过渡到全体幼儿参加，教师可以参与其中。再以"金锁银锁"为例，教师先扮演开锁人的角色，幼儿扮演锁的角色，然后交换角色。教师担任角色时，帮助幼儿学习掌握游戏中的对话及描述部分，在对话中鼓励幼儿讲出各种不同的锁，进行不同的描述。通过教师的引导，幼儿熟悉了游戏规则，掌握了游戏的程序，为幼儿独立开展游戏做好充分准备。

（四）幼儿自主游戏

当幼儿熟悉玩法和规则后，教师就可以不再扮演游戏领导者的角色，让幼儿自己开展活动，进入自主游戏阶段。例如，游戏"水可以用来……"中，教师把幼儿分成若干小组，幼儿以小组为单位自由活动，教师随时指导。在这个环节中，教师的角色是活动的观察者，以间接控制为主要策略。因此，这个环节的时间一定要充分，教师间接指导的质量一定要有保证。为此教师要做好以下工作。

1. 观察游戏进程，提供必要帮助

在自主游戏阶段，教师的角色应是游戏的观察者，观察的目的有两个：①观察幼儿对游戏规则的掌握情况，督促幼儿遵守游戏的规则；②及时发现问题和纠纷，提供适时帮助和教育。作为观察者，不要过多地限制和束缚幼儿，要相信幼儿。让幼儿在与同伴的互动中产生成功和失败的体验，从而更加主动地吸收、加工语言信息，更加准确地运用语言。

2.关注个体，及时指导

教师应分析每个幼儿的特点，明确需要加强的方面，提出有针对性的、可行的措施。例如对某些胆子小、能力差的幼儿，可提供较多的游戏机会，在游戏中教师要鼓励他们，提高他们的自信心；对于交往能力较弱、兴趣单一的幼儿，教师可通过与他们一起游戏，或引导小伙伴带着他们玩，激发他们对游戏活动的兴趣。

（五）组织游戏评议

当游戏结束时，幼儿往往还在兴致勃勃地谈论着玩过的游戏。这时教师可组织幼儿评议和总结游戏。这样不仅能满足幼儿的愿望，还可以使游戏更好地发挥教育作用，提高幼儿的辨别能力，促使幼儿更加主动、积极地活动，提高游戏水平，同时也能促进幼儿语言能力的发展。对游戏的评价要有目的、有重点，时间不宜过长。可以是教师评价，也可以由幼儿自己评价，或师生共同评价。及时的评价可以强化游戏的正确玩法，进一步明确游戏的规则，纠正游戏中出现的问题，为日后更好地开展自主游戏奠定基础。

三、评析幼儿园听说游戏

幼儿园听说游戏的评析就是依据一定的客观标准对教育活动及其效果做出客观的衡量和科学的判定的过程。教师能否把握好本班幼儿的年龄特征，提出适合的目标，并在设计听说游戏的过程中注意调动幼儿学习的积极性、主动性、创造性，灵活采用适合幼儿学习的方式和方法，这些是决定游戏成效的关键。对幼儿园听说游戏的评析，可以从以下几方面进行。

（一）评析游戏内容的选择情况

评析游戏内容的选择是否适合幼儿的生活经验和接受水平，是否适合幼儿在游戏中进行倾听和练习口语表达，是否有利于幼儿在原有语言经验（包括发音、运用词汇、掌握句型等）的基础上，习得新的语言经验。

（二）评析游戏目标的确定情况

评析游戏目标的确定是否恰当，包括能否从知识层面、情感态度层面及能力层面提出具体要求；游戏内容与范围是否与幼儿的语言和知识经验相符合，能否培养幼儿的倾听和表述能力；各目标是否具体、明确，表达简洁。

（三）评析游戏的准备情况

评析游戏活动的准备是否周全，是否创设了幼儿喜欢的游戏情境，是否准备了能引发幼儿参与活动的材料等。

（四）评析游戏过程的指导情况

评析游戏活动各环节的设计能否为实现目标而服务；能否做到循序渐进、环环相扣；能否突出重点、突破难点；能否自然地引出活动主题，巧妙地激发幼儿积极参与游戏的兴趣；能否依据幼儿游戏特点采取有效策略，灵活机动地指导游戏，特别是教师是否注意到幼儿掌握规则的情况，帮助他们积累游戏经验。同时，注意尽可能使每位幼儿都能参与游戏。

总之，活动效果的关键在于活动实施的质量。教师除了确立目标意识外，还要确立过程意识，注重幼儿在活动实施过程中的经历、经验与体会，以有效地实现活动目标。

案例

案例1：小班听说游戏活动

活动名称：可爱的小动物。

活动目标：

（1）教会幼儿正确地说出小动物的名称，准确地发出"咕""汪""喵""呷""叽"等音，并能协调地模仿小动物的动作。

（2）提高幼儿参与集体游戏的积极性，并要求他们做到在众人面前说话响亮。

（3）教幼儿学会倾听教师讲解的游戏要求和规则，掌握游戏方法，遵守游戏规则。

活动准备：

（1）背景图（画有草地、蓝天、白云）。

（2）教具：小鸡、小鸭、小花猫、小黄狗、小白兔、小鸽子。

（3）汽车挂件1个，汽车方向盘1个。

（4）小鸡、小鸭、小花猫、小黄狗、小白兔等头饰与幼儿人数相等。

活动过程：

1. 导入活动

出示背景图，教师："今天，有很多小动物到我们班做客，看看谁来了？"

2. 教师一一出示小动物教具

（1）小鸽子是怎样来到我们班的？（飞来的）怎样飞呢？小鸽子的本领可大了，能飞到很远很远的地方去送信，还能飞回来，不会迷失方向，小鸽子怎样叫？（咕咕咕）

（2）小鸭身上的毛是什么颜色？（黄黄的）它的嘴巴长什么样子？（扁扁的）它有什么本领？（游泳）它喜欢吃水里的什么？（小鱼和小虾）小鸭怎样叫？（呷呷呷）

（3）小鸡的嘴巴和小鸭的嘴巴长得不一样，小鸭的嘴巴长得扁扁的，小鸡的嘴巴是什么样的？（尖尖的）它喜欢吃什么？（虫和米）它会怎样叫？（叽叽叽）

（4）小花猫有什么本领？（捉老鼠）它是怎样叫的？（喵喵喵）

（5）小黄狗喜欢吃什么？（肉骨头）它会怎样叫？（汪汪汪）

（6）小白兔的耳朵是什么样的？（长长的）眼睛是什么颜色的？（红红的）它们怎样走路？（蹦蹦跳跳）

那么多小动物到我们班来做客，小朋友非常高兴，特别开心。

3. 教幼儿学习儿歌《可爱的小动物》，知道小动物的名字、叫声和动作

（1）教师示范儿歌，并配合动作，让幼儿仔细听和看。

（2）幼儿学习儿歌，并认读"咕""汪""喵""呷""叽"等字。

（3）幼儿边念儿歌边做动作。

4. 表演儿歌《可爱的小动物》

（1）教师说小动物的名字，小朋友模仿小动物的叫声，并做动作。待幼儿熟悉玩法

后，适当加速，要求幼儿一定要待老师说完后才能说和做。

（2）引导幼儿游戏，请个别幼儿上台做小老师说小动物的名字，小朋友模仿小动物的叫声做动作，要求做小老师的小朋友说话声音要响亮，吐字要清晰。

（3）改变游戏玩法，教师模仿小动物的叫声，小朋友说小动物名字并做动作。

附：

可爱的小动物

小鸽子咕咕咕，

小鸭子呷呷呷，

小小鸡叽叽叽，

小花猫喵喵喵，

小黄狗汪汪汪，

小白兔蹦蹦跳跳。

5. 游戏"动物汽车"

老师放"开汽车"的音乐。

（1）老师做动物汽车司机，脖子上挂动物汽车挂件，手握汽车方向盘。幼儿自己选择小动物头饰扮演小动物。

司机说："嗨！嗨！动物汽车就要开。"

小动物问："谁来坐？"

司机指人，被选中者必须说，如："我是小羊咩咩叫，坐上汽车快快跑，嘟嘟。"小羊还必须做小羊的动作走到司机身后，用双手拉着司机的衣服，在活动室开一圈后，游戏继续进行。

（2）可请1~2名幼儿做动物汽车司机，手握方向盘，带领幼儿开展"动物汽车"的游戏活动。在游戏活动中，教师提醒幼儿，汽车的速度不要过快，两辆汽车之间要保持一定的距离，防止发生碰撞。

（3）老师和全班幼儿开着动物汽车出教室，教师提醒幼儿要一个接着一个，不拥挤，有秩序地开动物汽车。

活动反思及评价：

本活动通过出示图片，导入、创设游戏情境，接着教会幼儿学唱儿歌，并且运用多种方法学习，特别是在活动延伸阶段，引入"动物汽车"游戏，是儿歌内容的再次复习。

案例2：中班听说游戏

活动名称：虫虫虫虫爬。

活动目标：

儿歌《虫虫虫虫爬》简单、有趣，每一幅图画连接起来就像是幅慢慢展开的分格漫画，陆续出场的角色将儿歌内容一波一波地推进。它采用了循环儿歌的形式，有很强的节奏感，每一句的末尾和下一句的开头呼应，非常有利于幼儿进行预测；同时在知识经验方面，还展现了不同动物的生活习性特征，用爬、飞、跳、游等动态词描绘了小动物的活动方式。

（1）通过游戏和表演的形式感知图片的内容，体验儿歌的韵律和节奏。

（2）感受图片分格线的格式，以此猜测儿歌的内容并学习仿编儿歌。

（3）体验参与游戏带来的快乐。

活动准备：

图片、伴奏旋律、动物卡片。

活动过程：

一、听音乐模仿小动物

教师："今天，老师带来了一首很好听的音乐，咦，我们一起听听这段音乐中可能藏了哪些小动物，这些小动物又是怎样走路的。"教师提醒幼儿有节奏地念，带领幼儿听音乐模仿小动物的爬、飞、跳、游四种走路方式。

教师反思：首先，创设情境，以一首听上去轻松且节奏感很强的旋律导入，并借助于问题"这段音乐中可能藏了哪些小动物，它们又是怎样走路的"来调动幼儿最直接的经验回忆。接着，带领幼儿模仿小动物，虽然这个环节比较简单，但需要幼儿不断适应新的动作模式，因此教师的示范、鼓励等策略由此而介入，如"看，谁来了，它是怎样走路的呀"等，帮助幼儿初步感知了儿歌的节奏性，为后面的活动做了很好的经验准备。

二、看图学儿歌，了解分格线的格式

教师："刚才你学了哪些小动物？它们是怎样走路的？"

教师："我们还可以把这个好玩的游戏变成一首很有趣的儿歌呢！这首儿歌在哪儿呢？就藏在老师带来的图片里，我们一起来看看。"

1. 出示第一张图片

教师："图片上有谁？它在干什么？它爬到谁的家？"

这张图片可以用一句好听的话来说——"虫虫虫虫爬，爬到蝴蝶家。"老师带领幼儿集体说。

2. 出示第二张图片

教师："蝴蝶是怎样走路的？它又会飞到谁的家呢？"

这张图片也可以像第一张图片一样用一句好听的话来说，请幼儿个别讲述——"蝴蝶蝴蝶飞，飞到青蛙家。"

教师反思：将第一张图片和第二张图片放在一起讲述是因为这两张图片的内容、画面、句式有着许多相似之处。问题简单明了，对幼儿来说，图片儿歌的内容是简单的，富有节奏的句式是有趣的。因此，这个环节我不断地提醒幼儿将注意力集中在儿歌的句式节奏上。通过这一环节，幼儿也会初步感知这种首尾呼应的句式。

3. 了解分格线的格式

（1）请幼儿比较第一、二张图片："这两张图片和我们平时看的图片有什么不一样的地方？你能发现其中的小秘密吗？"

（2）向幼儿介绍分格线。

教师："这个分格线有什么用呢？"

教师小结：当我们把几张小图片放在一起，用分格线隔开时，我们就可以看出这些小动物在做这些事情的连续过程了。

4. 出示第三张图片

教师："这张图片上也有分格线，谁来用一句好听的话把这张图片的内容像前两张图片一样说出来呢？"

幼儿:"青蛙青蛙跳,跳到小鱼家。"

教师反思:这个环节重点是解决分格线这一难点。分格线对于幼儿来说知识性含量大,所以我把它放在第一个大环节中单独解决,同时也是想让幼儿带着初步掌握的知识经验潜移默化地在后续的环节中慢慢消化理解。

5. 出示第四、五张图片

教师:"咦,小青蛙跳到小鱼家,它找小鱼干什么呢?原来,青蛙要告诉小鱼一件很可怕的事情,我们一起来看看。"

教师:"在小鱼的身边出现了什么呀?"(渔网要来网小鱼了)

教师:"小青蛙会对小鱼说什么?小鱼会害怕吗?""小鱼小鱼游,游到谁的家呢?渔网是它的家吗?它的家又在哪儿?""小鱼究竟有没有被抓走?我们一起看看。""小朋友在干什么?哦,小朋友跑呀跑,跑回了自己的家。"

(这两张图片的内容和前面图片的内容相比略有不同,因此一系列的提问采用了递进的形式让幼儿在联系自己生活经验的基础上进行猜测、推断,建构了有效的师生互动。)

6. 完整地学说儿歌一遍

教师:"我们一起来听着好听的音乐把儿歌完整地说一说。"教师反思:形象生动的图片配上韵味十足的旋律,能在瞬间调动起幼儿的视听感官,培养了幼儿欣赏性的倾听能力,促使幼儿在倾听和欣赏画面的过程中油然而生一种愉悦感,给后续创编活动带来了无限想象的空间。

三、创编儿歌

1. 集体创编

教师:"在这首儿歌中讲了4种小动物不同的走路方式,在一开始的游戏中我们已经知道了很多小动物的走路方式。咦,我们能不能把这些会爬的、会跳的、会走的小动物编进儿歌中,让它变成一首会变化的儿歌?我们来试试,好吗?"

教师:"好,我们先来看第一张图片,除了毛毛虫会爬,还有谁会爬?"(幼儿说出小动物的名称,教师相应地贴上图片)

幼儿一起把新创编出的儿歌说一说。

2. 个别创编

教师:"大家想不想自己来试一试,老师给大家准备了许多图片,大家可以挑选自己喜欢的小动物放在图卡上来创编新的儿歌。"

要求:

(1)新儿歌中几种小动物的走路方式要不一样。

(2)贴图片的时候,想一想,前一张分格线后面的图片应该和后一张分格线前面的图片有什么联系?你的新儿歌能不能连贯地讲下去?

(3)幼儿分别操作。

3. 幼儿展示自己的儿歌

教师反思:这个大环节应该是整个活动的高潮部分,有集体创编、小组展示,帮助孩子更好地迁移作品经验。这也是实现教育活动目标的一个重要手段。这种讲述迁移更好地帮助幼儿把书本经验转化为实践生活经验。同伴之间合作创编出一个个有趣的儿歌。一个幼儿的表述又启发了其他幼儿的想象,开拓了思路,从而引发更多的新组合。

附：

虫虫虫虫爬

虫虫虫虫爬，爬到蝴蝶家。
蝴蝶蝴蝶飞，飞到青蛙家。
青蛙青蛙跳，跳到鱼儿家。
鱼儿鱼儿游，游到谁的家？
小朋友跑呀跑，跑回自己的家。

活动反思及评价：

统观整个听说游戏教学案例，不难发现本听说游戏的教学重难点为在体验儿歌韵律和节奏的基础上，感受图片分格线的格式，并以此猜测儿歌的内容，学习仿编儿歌，这对幼儿来讲是个挑战。于是，在教学过程中引入一张张图片，并且经由集体创编，幼儿小组、个别创编等过程，形成了一个完整的教学链。可是在个别创编过程中，幼儿的想法是拓展的、开放的，但是教师能提供的图片又是有限的，所以规定幼儿按照句式讲述选择图片的难度是否过大？是否会影响活动效果？

案例3：大班听说游戏

活动名称：说相反。

活动目标：

本活动意在让幼儿在相关物品中、生活中"找找""想想""说说"反义词。根据幼儿在中班末期对反义词表现出的比较浓厚的兴趣，在升入大班开学后，在日常活动中指导幼儿尝试用反义词来形容事物，但在实际的运用中幼儿经常发生错误，因此选择设计了指导活动。

在活动设计中，考虑到幼儿刚升入大班，且发展存在着差异性，在活动材料的投入上更注重了材料的生活化、多样化、层次性，确保每一个幼儿都能在活动中获得满足与成功。

同时，根据幼儿的思维特点，从幼儿身边熟悉的实物着手，并逐步过渡到能够摆脱实物，根据自己已有的生活经验讲述。幼儿根据两种物品说出了一对反义词，再根据两种物品说出多对反义词，最后能根据一种物品说出多对反义词。幼儿的思维也由此得到了锻炼。

在活动中，幼儿思维的敏捷性、正确性在游戏速度的快慢与变化、形式的集体与个体变化中得到发展与强化。

（1）鼓励幼儿大胆探索，通过"找一找""想一想"寻找生活中的反义词。

（2）鼓励幼儿积极思维，表述时声音洪亮、清楚。

活动准备：

（1）幼儿经常接触的东西，如纸、笔、书、玩具等。

（2）自制图片，某两幅图内容能构成"反义词"。例如，笑和哭，胖和瘦，高和矮，头发多和头发少，穿长袖和穿短袖，一个白短裤和一个黑短裤，一睁眼和一闭眼等。

活动过程：

1. 在物品中寻找反义词

（1）教师："今天我们做个游戏，叫'说相反'。这儿有许多的东西，等会儿请你们去找两样东西，再找找这两样东西里意义相反的地方。"幼儿去寻找，并请每一位幼儿都将自己找的东西说出来。

①你找的两样东西里必须有反义词（多和少，轻和重，左和右，上和下，大和小）。

②别人说过的尽量不说。

（2）出示图片，鼓励幼儿能够找出多对反义词。规则同上。

2. 在生活中寻找反义词

想想在家里、电视里、马路上、教室里还有哪些"反义词"朋友，找到后等教师说"开始"就站起来（自由站起来表述）告诉大家。规则如下。

（1）你说的两样东西里必须有"反义词"朋友。

（2）别人说过的不能说。

活动延伸：

鼓励幼儿继续寻找身边的"反义词"朋友。游戏玩法如下。

（1）教师问，幼儿答，如教师说软，幼儿说硬。速度由慢到快。

（2）幼儿合作玩，一问一答。两个好朋友组成一节车厢，一个问一个答，说对了就拍一下手，表示通过。全说对了，这列火车就可以出发了。

活动反思及评价：

本次活动的话题选择有趣并贴近幼儿生活。活动目标的定位准确而又全面，也较具体，包含了听和说两个主要方面，且目标的难易适中，较符合大班幼儿的年龄特点和听说游戏的目标要求。

教师在活动过程中，由图片导入，引起幼儿的兴趣，接着提出本次活动的目标"说相反"，然后要求幼儿将已出示的图片依照"相反"进行配对。事实上，引导幼儿配对的过程就是幼儿对"相反""反义词"等的理解和掌握的过程。接着教师引导幼儿从身边事物和生活经验中的反义词说起，使幼儿有话可谈。在拓展阶段，用小火车游戏进行延伸，即由教师带领游戏转为幼儿自主游戏。

教师提出的问题难度和经验都符合大班幼儿的语言最近发展区，有助于提升幼儿的语言经验。整个活动过程较为清晰，有层次感，衔接自然，体现了以幼儿为本的理念。

⚙ 拓展训练

训练一：观摩和评析听说游戏教学案例

训练目标：

（1）培养学生的观察能力和分析能力。

（2）了解听说游戏活动方案书写的构成要素，培养学生对所学知识的分析运用能力。

训练要求：

到幼儿园或利用多媒体、录像资料观摩。要求学生对活动目标定位及达成、活动材料准备及环境创设、幼儿参与活动程度、师幼互动效果、游戏活动设计、教师组织指导等方面进行全方位的观察记录及评析。

训练二：幼儿词汇游戏活动的设计

训练目标：

（1）教学游戏活动的设计能力。

（2）按步骤完成—个听说游戏教学案例的书写，检验学生对所学知识的理解能力和掌握程度。

训练要求：

根据幼儿学习词汇的目标和特点设计—节完整的词汇接龙游戏活动方案。

训练三：幼儿园听说游戏活动的设计与模拟教学

训练目标：

（1）培养实际听说游戏的组织与操作能力。

（2）锻炼在实际活动操作中的应变能力。

训练要求：

（1）以小组为单位设计小班语音游戏活动并模拟教学，其他学生观摩并评析。可以由一个学生模拟教师，其他学生模拟幼儿，模拟组织—节听说游戏教学活动。

（2）试讲者应准备教案及相关教具。

（3）观摩者要记录活动的全过程，重点观察活动的组织形式和环节的衔接，并比照听说游戏的设计原则和组织步骤及指导要点，对活动进行评析。

学习总结

在本章中我们学习了语言教育活动中的听说游戏，本项目详细阐述了听说游戏的设计与组织，同时列举了部分教学的实际案例与方案，能更直观地让学习者从理论与实践的双向层面对幼儿园听说游戏的设计组织有深入的了解，从而达到提高教学设计能力的教学目标。

第七章
通过文学作品增进文学素养

🌱 导学

在本章中你会学习到什么是幼儿园文学作品教育活动，文学作品活动有哪些特点，幼儿园的文学作品活动应该如何设计和组织，教学指导的要点有哪些。

📋 学习目标

（1）理解幼儿园文学作品活动的内涵。

（2）了解幼儿园文学作品活动的特点和类型。

（3）明确幼儿园文学作品活动的总目标及年龄阶段目标。

（4）能够制定合理的文学作品活动目标。

（5）掌握幼儿园文学作品活动设计与组织实施的基本思路和方法。

思维导图

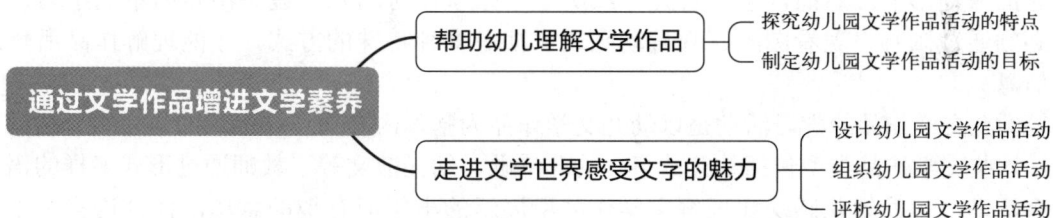

第一节

帮助幼儿理解文学作品

✈ 案例导入

文学作品的魅力

新年后我们开展了"新年的甜甜话"的文学活动，目的是希望让孩子们感受到故事中的吉祥祝福话语，并能在合适的场合，把合适的祝福话语送给亲人与朋友。活动过后，很多孩子都能把其中的话语迁移到生活之中。"眉开眼笑"这一简单的祝福话语就引出了很多有趣的故事。阳阳妈妈反馈说，一次阳阳与邻居孩子玩的时候发生了一点不愉快，争吵起来，邻居男孩非常生气，皱眉赌气不理人。就见阳阳走过去，拍拍他说："不要生气，祝你眉开眼笑！"男孩听了，扑哧一下笑出声来，气氛也马上变得友好和睦起来。一句简单的祝福话语能有如此大的效应，足见文学活动对幼儿的影响与魅力。

要求：根据案例分析以下问题。

（1）情境中的幼儿是如何运用新词的？

（2）由此可以看出，幼儿文学作品对幼儿语言的发展有何作用？

🧩 知识讲解与案例分析

一、探究幼儿园文学作品活动的特点

（一）幼儿园文学作品活动的内涵

文学作品是语言艺术的结晶，也是语言教育的工具之一。幼儿园文学作品活动是以文学作品为基本教育内容而设计组织的语言教育活动类型。这类活动从一个具体的文学作品入手，围绕作品展开一系列相关的活动，帮助幼儿体会语言艺术的美。

有经验的教师都有这样的体会，幼儿似乎具有热爱文学作品的天性，他们对故事、童话、儿歌充满了浓厚的兴趣。幼儿文学因其独特的魅力，一直受到广大幼儿的喜爱。

文学作品能满足幼儿的好奇心，将自然、生活、社会知识蕴含其中，每一个故事或诗歌都蕴含了丰富而独特的语言信息，其独特的艺术魅力和思想内涵会对幼儿产生潜移默化的深刻影响。然而，念一首儿歌或听一个故事，对幼儿来说并不是简单的学习，他们必须通过倾听、观看图画、观看动画或表演等多种特殊的方式，才能理解作品所传递的信息。

幼儿文学作品的学习活动是以幼儿文学作品为基本内容而设计组织的语言教育活动类型。这些文学作品类型包括幼儿故事、幼儿诗歌、幼儿散文等。教师通过形式多样的语言教育活动，帮助幼儿感受和理解文学作品所展示的丰富而有趣的意境，体会语言艺术的美，使幼儿受到教育和感染。

（二）幼儿园文学作品活动的教育价值

1. 导思

幼儿文学是开启心智的启蒙文学，对幼儿心理成长起着引导作用。文学作品的引导是作家对生活的体验、认识、评价，乃至他的人生观、世界观所形成的某种倾向，经过作品的表达而影响读者。这种影响通过作品的主题思想和人物形象，在可塑性极强的幼儿心目中产生良好的作用。

优秀的幼儿文学作品如春雨浸润幼儿心田，给幼儿心灵以营养，提升幼儿的审美能力。此外，幼儿园开展主题鲜明、内容健康的文学活动，可以从小培养幼儿高尚的思想品格，为幼儿树立正确的人生观、世界观打下坚实的基础。

2. 染情

幼儿的行为充满情绪色彩，情绪作为信息交流工具的特点具有感染性。在幼儿期，情绪的感染作用尤为突出。幼儿园文学作品的主题具有很强的感染性，如童话故事中关于聪明、勇敢、正直、友谊、同情等内容，有助于婴幼儿道德感的形成；寓言、笑话、绕口令、猜谜语等与幽默感相联系的情绪体验，有益于婴幼儿理智感的萌发；诗歌、散文中那些抒发着至真、至善、至美的爱的种子在婴幼儿的心田生根、发芽、结果，有益于婴幼儿美感的发展。可见，幼儿文学以能激发幼儿的高级情感，点燃和分化其情绪情感为最大的特点，不仅能够陶冶幼儿的性情，提高审美趣味，给幼儿以美的感受，而且能净化幼儿心灵，完善气质，给幼儿以思想道德的启迪与教育。

3. 益智

婴幼儿最早对周围世界的认识，主要是通过直接观察，但他们的生活和活动范围相当有限，文学作品便成了他们获得知识、扩大眼界、满足求知欲的一个窗口。如数数歌巧妙地把数字嵌进幼儿感兴趣的事物中，帮助幼儿记忆数字；绕口令用读音相近的字组成幽默的内容，训练婴幼儿的思维能力和语言能力；猜谜语能发展婴幼儿的判断推理能力。对幼儿来说，文学作品不但为他们呈现新奇的世界，而且带给他们大量新鲜的感性知识，循环往复，循序渐进，促使幼儿以这些知识为起点，不断丰富其知识和经验。

4. 添趣

快乐是人类共同的需要，更是成长中婴幼儿的必需品。快乐，对幼儿来说不仅能够振奋精神，还有利于他们的生长发育，对身心健康、个性发展都有不容忽视的积极效果。如根据童话名篇改编的《拔萝卜》，无论是故事中的人物，还是他们之间互相拉着拔萝卜的动作，甚至他们一起"嗨哟，嗨哟，拔不动"的叫喊声，都会因为其游戏的特点带给幼儿快乐的体验和感受。优秀的幼儿文学作品充满着天真烂漫的情趣，给婴幼儿带来极大的快乐，这种快乐之美常常通过洋溢着幽默、谐趣、笑趣的形式来表现。

（三）幼儿园文学作品活动的特点

幼儿的文学活动，是以文学作品为基本教育内容而设计组织的语言教育活动类型。这类活动以优秀文学作品作为语言教育的内容。教师通过形式多样的语言教育活动，帮助幼儿感受和理解文学作品所展示的丰富而有趣的生活，体会语言艺术的美，使幼儿受到教育和感染，为幼儿提供全面的语言学习机会。

1. 围绕文学作品教学开展系列活动

幼儿文学活动突出的特征之一，是从文学作品教学入手，围绕作品开展教学活动。文学作品是语言艺术的结晶体，每一篇具体的儿歌或故事，都包含着丰富的语言信息。从具体的文学作品展开活动，是一个包含理解美、欣赏美、表现美以及表达自己对文学作品的理解和想象的多层次活动。例如，在大班散文《秋天》的教学中，可以设计系列活动。诸如，活动一，感知理解作品的主要内容和特色；活动二，以折纸、绘画、粘贴等形式，表现秋天的美丽景象，并理解学习作品中的文学语言；活动三，改编或仿编散文《秋天》，加深幼儿对作品的理解和感受。通过这一系列的活动，幼儿真正感受到了作品所描绘的美丽意境，理解了作品中文学语言的特色，这样层层深入的活动设计，真正体现了文学作品的教育功能，从而达到文学教育的目的。从文学作品教学入手，围绕作品教学开展活动，这一基本特征由两个方面的因素所决定。

（1）活动对象的特点决定了文学作品活动的特征。在幼儿文学作品学习活动中，幼儿学习内容是具体的文学作品。例如，《三只蝴蝶》《三只羊》《三只小猪》，向幼儿展示了一个个丰富有趣的情境事件。与其他语言教育活动相比，在文学作品活动中，幼儿感受的活动对象具有形象生动、信息量丰富的特点，而幼儿在活动中与活动对象的相互交流，就是学习理解文学作品的过程。

（2）活动主体的特点也影响了文学活动的这一特征。文学作品以书面语言的形式结构储存语言信息。幼儿需要通过聆听、朗读、阅读图画、观看表演或观看动画等形式，理解接受文学作品所传递出的信息，以这种中介方式，将这些信息转化为口头语言信息；然后围绕具体的文学作品，开展系列活动，让幼儿完全理解和掌握文学作品中所蕴含的丰富有趣的信息。

在理解"围绕文学作品开展活动"这一特征时，有一点必须加以特别说明。"文学作品"是一个笼统的概念，它包含诸多不同种类、不同特征的文学样式。因而在我们设计组织幼儿文学作品活动时，需要充分考虑每一类、每一个具体的文学作品对幼儿学习的不同要求。

2. 整合相关领域的学习内容

幼儿的文学活动从文学作品教学出发，常常整合其相关领域的内容，开展多种形式的系列活动，使得幼儿在各方面有更多的机会认识文学作品中表现出来的社会生活内容，促进他们对作品的感知理解，这是幼儿文学活动的另一基本特征。

文学作品本身的特点决定了它包含丰富的语言信息，因而一部文学作品，对幼儿而言，往往意味着不同层次的学习。首先，聆听或阅读作品，主动感知各种语言符号连接的作品，即学习和欣赏作品；其次，透过语言和概念去认识作品所表现的一定的社会生活内容，实际上是借助于作品使幼儿认识周围的世界；再次，通过开展与作品主题相关的幼儿动手动脑的活动，将作品经验迁移到幼儿的实际生活中，以检验和加深幼儿对作品的理解；最后，文学作品本身是艺术的结晶体，文学活动不仅要让幼儿感受语言美，更要让幼儿学会创造性地想象和表达，学以致用，实现对作品深层次的掌握。要真正帮助幼儿顺利通过上述各个层次的学习，把握文学作品的深厚内涵，仅仅向幼儿讲述文学作品的内容是不够的，有必要在幼儿接受了具体作品后，进一步开展与这一作品内容相关的活动。例如，小班故事《小兔找太阳》，在幼儿熟悉了故事内容之后，开展表演游戏、师生户外散步观察太阳活动，让幼儿体验、理解作品人物心理，接着让幼儿画一画"我眼中的太阳"，说一说"我心中的太阳""太阳的朋友——圆形物体"等，通过以上相关的层次活动，不仅有利于幼儿感知理解、学习掌握文学作品，也有利于幼儿的科学知识、绘画等其他各方面能力的提高。

3. 提供多种与文学作品相互作用的途径

有关理论揭示幼儿语言的发展是通过个体与外界环境、各种语言和非语言信息交互作用逐步获得的。因而幼儿的文学活动应当着重于引导幼儿积极地与文学作品相互作用，在这一过程中，通过多种操作途径，让幼儿得到更好的发展。

用活动的形式来组织幼儿的文学活动，使幼儿可以在动手、动口、动眼、动耳、动脑等各种途径的学习中获得亲身经验。仍以"小兔找太阳"为例，幼儿不仅听了故事，看了图画，而且还表演了人物角色，体验理解了作品中人物的心理；再通过户外散步观察，想一想、画一画"我眼中的太阳"，说一说"我心中的太阳"等活动，获得多种与文学作品相关的交互的活动机会，也获得了多种操作语言及非语言信息的经验。这样可以促使幼儿更有兴趣、更积极主动地投入学习过程中去，以便更好地掌握学习内容，同时也给幼儿发展提供了更多的机会。

4. 扩大了幼儿自主活动的范围

在文学活动中，幼儿在教师的引导下，能够比较自由地进行倾听欣赏、展开讨论、操作表演等，在亲自操作实践探索和想象创造中，达到对文学作品和文学语言准确、深刻的理解和感知，同时也扩大了幼儿的自主活动范围。

📦 小贴士

幼儿文学作品活动与谈话活动和讲述活动的比较

活动类型	活动方式	幼儿语言表达要求	凭借物的运用
谈话活动	在幼儿已有经验的基础上进行交谈，包括围绕某一主题的谈话活动和开放性的讨论活动等，带有随意性	比较宽松自由，语言形式不拘，以说明想法为目的，不特别强调规范化的语言	凭借物的出现往往是为了创设一种谈话情境，以引出有趣的话题，旨在促成幼儿之间宽松、自由的交流
讲述活动	组织幼儿针对一个凭借物（如图片、实物等）进行较完善的构思，独立讲述，活动的计划性和主题性更强	需要幼儿运用独立语言，要求语言规范、完整，有中心、有重点、有顺序地讲述	凭借物是幼儿讲述的依据。幼儿要运用语言描述凭借物；对凭借物的描述可以做内容方面的充实，但不能任意修改凭借物的主要特征
文学作品活动	让幼儿在看图、倾听的过程中理解故事内容，并进行表达、表现	锻炼的是幼儿的语言综合表达能力，如准确发音、丰富词汇、连贯表达等，分为讲述、复述和续编活动	凭借物只是作为一种辅助材料来帮助幼儿读（听）懂故事，理解故事，加深字、词、意的理解和学习，并对故事产生浓厚的兴趣

（四）幼儿园文学作品活动的类型

一般来说，幼儿文学作品学习活动可以分为幼儿故事活动、幼儿诗歌活动和幼儿散文活动等类型。

1. 幼儿故事活动

幼儿故事是幼儿文学的重要组成部分，具有主题鲜明、单纯，内容浅显，情节曲折，语言优美，人物形象鲜明生动，富有童趣等特点。幼儿故事活动一直是幼儿文学作品学习活动中的重要内容。幼儿故事的类别很多，有幼儿童话、幼儿寓言、幼儿生活故事、动物故事、历史故事等。

幼儿故事通过典型的人物形象、曲折的情节、生动优美的语言吸引着幼儿，使他们从故事中受到感染和教育。故事可以提供丰富的材料，幼儿听故事可以从中学到新词和优美的语句，积累丰富的语言"养料"。有些故事还可以供幼儿学习复述，发展他们连贯性的语言能力。

幼儿故事活动有教师讲述故事、幼儿复述故事、表演故事、续编和创编故事等形式。教师讲述故事是指通过图片、手偶、故事围裙等直观教具，生动而有感情地把故事讲给幼儿听，帮助幼儿学习理解故事中的词句和内容。幼儿复述故事是指幼儿在反复听并理解故事的基础上，基本上按照故事原文重复故事，提高连续讲述的能力。故事表演是指幼儿通过语言、表情和动作再现故事中的情节，体验故事中人物情感的活动形式。这种形式符合幼儿具体形象思维的特点，深受幼儿喜爱。故事的续编和创编是指幼儿通过想象与构思，按照故事情节的发展，编故事结尾、故事高潮或编完整的故事。

2. 幼儿诗歌活动

幼儿诗歌包括儿歌、幼儿诗及浅显的古诗，诗歌主题单纯，内容浅显，意境优美，韵律和谐。如幼儿诗《摇篮》中，"天空是摇篮，摇着星宝宝，白云轻轻摇，星宝宝睡着了。大海是摇篮，摇着鱼宝宝，浪花轻轻翻，鱼宝宝睡着了。花园是摇篮，摇着花宝宝，风儿轻轻吹，花宝宝睡着了。妈妈的手是摇篮，摇着小宝宝，歌儿轻轻唱，小宝宝睡着了。"幼儿诗歌还富有童趣，读起来朗朗上口，便于幼儿朗读和记忆，如《小刺猬去理发》中，"小刺猬，去理发，嚓嚓嚓，嚓嚓嚓，理完头发瞧瞧他，不是小刺猬，是个小娃娃。"

幼儿诗歌活动包括幼儿学习朗诵诗歌，欣赏诗歌，仿编、创编诗歌，诗歌表演，诗歌绘画等活动。幼儿朗诵诗歌可以采取多种形式，如大小声朗诵，集体、个人、小组朗诵，分角色朗诵或对答式朗诵。对于一些意境优美且篇幅较长的诗歌，教师可以配上适合的音乐反复诵读供幼儿欣赏，把幼儿带入诗情画意的情境。仿编、创编诗歌是指幼儿仿照某一诗歌的结构框架，调动自己的经验和想象进行模仿创造，编出自己的诗歌。这种活动对幼儿的要求较高，有利于发展幼儿的想象力和创造力，通常处于整个诗歌活动的最后一个层次。而对于一些内容有趣、有情节的叙事诗，可以让幼儿通过表演来体验角色的心理和情感。此外，教师还可以鼓励幼儿拿起手中的画笔把诗歌优美的意境画出来。

3. 幼儿散文活动

幼儿散文是用凝练、生动、优美的文学语言写成的，供幼儿学习的叙事、记人、状物或写景的文学作品。在幼儿散文中充分运用了比喻、拟人、夸张、想象、反复等表现手法，作品具有优美的意境，为幼儿勾勒出一幅幅形象逼真、充满童趣的画面。幼儿散文能给幼儿带来美的熏陶和感染，丰富幼儿的想象力。

4. 幼儿绕口令活动

绕口令是一种训练幼儿发音的游戏儿歌，谜语是一种丰富幼儿认知、训练幼儿思维的智力儿歌。它们都属于幼儿诗歌的独特形式，不仅具有诗歌句式对仗工整、音韵和谐等特点，同时又具有自身的特色，因而教学中既应体现诗歌教学的特点，又要顾及其特殊性。

总之，幼儿文学作品活动对幼儿有极大的感染力。通过活动，幼儿用自己特有的方式大胆地表现情感和感受作品的快乐与美好。通过围绕文学作品的系列活动，幼儿在获得喜悦的同时，也提高了对文学作品的感知、理解能力，丰富了审美经验，发展了创造力与想象力。

（五）幼儿园文学作品活动的选材要求及作品赏析

1. 幼儿园文学作品活动的选材要求

幼儿园在选择文学作品时，必须从幼儿的视角、幼儿的兴趣爱好和幼儿的体验思考去选取幼儿能够接受的文学作品，具体应满足以下三方面要求。

（1）形象要具体鲜明，语言要浅显易懂。

幼儿的思维特点主要表现为具体形象性，因此幼儿文学必须强调具体性。其表现为：具体的物应包括具体形状和色彩，具体的事应包括具体经过和行为，具体的人应包括具体体态和表情。幼儿模仿性强，分辨是非能力弱，所以幼儿文学作品还必须强调鲜明性，即作品中需要塑造值得幼儿学习和效仿的正面形象和行为，若需要反映一些反面的形象，则态度要鲜明，让幼儿能明辨是非。此外，幼儿文学在描绘人、事、物的同时，还需要用图画来加强形象性，以弥补幼儿生活经验的不足。

幼儿期虽然是人的一生中语言发展最迅速的时期，但语言发展水平还处于低级阶段。为了让幼儿听得懂、学得来，在选择作品时，教师应尤其注重作品的语言要幼儿化、口语化，如在词语方面，多用名词、动词等有具体形象便于幼儿感知的词语，以及常见的形容词、象声词等易唤起幼儿记忆的词语；在句式方面，以简单句、短句为主，常用主动句，少用被动句。另外，语言的音乐性、韵律性也是幼儿文学的重点，这样易于引起幼儿背诵的兴趣，进而锻炼幼儿正确发音和掌握朗诵技巧。

（2）情节要有趣，结构要条理清楚。

幼儿喜爱故事性强的作品，尤其是那些夸张而富有动感的情节更容易吸引他们的注意，激发他们的兴趣，进而使他们获得快乐的体验。鉴于幼儿的这一心理特征，文学作品的情节要求单纯、生动有趣。所谓单纯，是指在一个作品中，最好只反映一个事件，涉及的人物不要太多，事件逻辑关系要简单。所谓生动有趣，是指情节发展迅速，事件过程富有趣味，能吸引幼儿注意。4岁以下幼儿欣赏的文学作品其情节连贯性不必太强。

在文学作品的结构方面，总体上应使故事严谨完整、脉络清楚、层次分明。严谨完整是指情节安排要有头有尾，结尾圆满，使幼儿在情感上获得满足；脉络清楚则指情节最好是一条线索贯穿彻底，枝蔓要少，但主要情节可有适当重复；层次分明要求情节按顺序层层展开，避免插叙、倒叙、冗长松散的叙述等。4岁以下幼儿欣赏的文学作品，心理描写和景物描写都要少；5～6岁幼儿的抽象逻辑思维开始萌芽，偶尔选用包含插叙、倒叙的作品也未尝不可。

（3）主题要健康明朗，内容要丰富多样。

文学作品是人类审美的最高形式，幼儿文学作品同样具有审美价值。为了发挥审美作用，教师要善于选取主题健康明朗之作。健康，就是摒弃"灰色童谣""暴力动漫"等有违传统教育的内容，选择能陶冶性情、积极向上的优秀作品；明朗是针对隐晦、模糊、费解而言的。

幼儿文学作品的内容不但要活泼、幽默，富于童趣，而且应力求丰富多样。教师在选择内容时，既可以选择反映幼儿所熟悉的人、事、物的内容，也可以选择更有益于语言发展、智力启蒙、思维训练以及良好品德行为培养的内容，让幼儿在文学作品学习中初步认识自我、认识人生、认识社会、认识自然，以利于幼儿智慧的启迪和人格的形成。

2. 幼儿园文学活动的作品赏析

幼儿尚处在成长的初始阶段，解读语言文字的能力还很差，欣赏文学作品总是间接的，往往有赖于成人的二度创作。因此，成人的文学鉴赏水平直接影响到幼儿接受文学的质量。那么，幼儿园文学作品的赏析应从哪些方面入手呢？

首先，从文学作品的形象、语言、情节、结构、主题、情感、写作手法等方面做整体把握：形象包括鲜明的形象及突出的特征；语言是否幼儿化、口语化；情节的夸张性、动感性如何；结构是单纯性、重复性还是递进性；主题是否明朗；情感是否丰富；写作手法采用的是比喻、象征、夸张、拟人的手法，还是顺叙、插叙、倒叙的手法等。

其次，从文学作品的体裁方面做深入的鉴赏和分析。文学活动的重要任务之一就是培养幼儿的审美能力。审美能力是在反复欣赏不同体裁的优秀作品后建构起来的，每一种体裁都有自身的风格、独特的审美价值。

（1）幼儿故事：有引人入胜的情节，有重复变化、多样统一、均衡完满的整体结构，可以满足幼儿多方面的精神需求。幼儿故事常见的有童话故事和生活故事。

童话故事是在现实生活的基础上，用符合幼儿想象力的奇特的情节编织成的富有幻想色彩的故事。童话的基本特征是幻想，独特修辞手法是拟人和夸张。

生活故事取材于社会现实生活，以叙述事件为主，反映幼儿熟悉或需要了解的生活内容，向幼儿讲述经过提炼、概括或虚构的"真人真事"。

（2）幼儿诗歌：感情充沛、想象丰富、形象生动、语言精练、音律和谐，集中体现了语言艺术的美学特征。

（3）幼儿散文：语言精美，描述生动细腻，幼儿在感受意境美、语言美、情感美的同时，可以提高对自然美、社会美的敏感性。

上述常见的不同体裁文学作品各具特色，因此，围绕作品开展语言教育活动，应该深入分析并准确把握每一类作品的特点，从每一类具体的文学作品出发引导幼儿学习、理解作品内容。

二、制定幼儿园文学作品活动的目标

（一）幼儿园文学作品活动总目标

1. 幼儿园文学活动总目标的内容

情感态度方面：

（1）喜欢欣赏不同体裁、不同风格的文学作品。

（2）积极参与文学作品的表现性和创造性活动。

（3）体验文学作品所蕴含的审美情趣。

认知习惯方面：

（1）认识文学作品的形象美、情感美、语言美、意境美，丰富与作品相关的社会、认知、语言等知识。

（2）理解文学作品的人物形象、情节内容，学习把握作品的主题倾向或情感脉络，明白其中蕴含的道理。

（3）初步感知文学作品语言的丰富性和多样性，逐步接触文学语言的艺术构成方式。

（4）逐步养成有意识积累文学语言的习惯，并乐意尝试运用于适当场合。

能力技能方面：

（1）学会分辨诗歌、散文和故事这三种不同体裁的文学作品。

（2）学会倾听、朗诵、讲述文学作品，初步掌握倾听和讲述的技能。

（3）能运用较恰当的语言、动作、音乐、绘画等形式表达对文学作品的理解。

（4）能在文学作品原有基础上展开想象，仿编或改编诗歌、散文，续编或完整编构故事。

2. 幼儿园文学活动总目标的内涵分析

文学活动的总目标具有多维度、整合性的特点，以帮助幼儿发展完整的语言为宗旨，不仅为幼儿设立全面的语言学习目标，如融合倾听、朗读、讲述等方面的情感、认知和能力，还涉及诸多文学作品的学习目标。因此，在追求教育目标实现的过程中应着重把握如下要点。

（1）让幼儿享受参与文学活动的乐趣。

文学作品是一个笼统的概念，包含诸多不同种类、不同特征的文学体裁，因而教师在设计活动时，需要充分考虑每一类、每一个具体的文学作品对幼儿学习的不同要求。

吟诵诗歌时，不但要逐步要求幼儿完整、流利、有节奏、有感情地朗诵，还应特别强调语音、语调、语词、语句的练习，让幼儿在理解语音的顺溜（饶舌）、语词的重组、语义的幽默、节奏和形式的变化中体验无限乐趣。

聆听和诵读散文时，应重点引导幼儿领会散文中的各种艺术美，理解形象化的情景交融、客观与主观结合的艺术描绘，学习运用轻柔或轻快的语调跟诵，并在反复聆听和诵读中陶冶性情，提升审美情趣。

讲故事时，应有意识地引导幼儿感知故事中夸张、象征拟人的语言表现方式，感受故事中浓郁的生活情趣，让幼儿在屏声止息地倾听故事，兴趣盎然地讲述、复述或表演故事的过程中获得身心的满足感。

（2）提高幼儿对语言多样性的认识。

文学作品为幼儿提供了规范又成熟的语言样本，这些样本可以让幼儿模仿、记忆并创造性地运用到生活的其他场合。

① 认识各种句式。文学作品给幼儿提供的语言句式既丰富又规范，教师要善于捕捉文学作品中的各种句式，引导幼儿去感知，让幼儿在日积月累的过程中潜移默化地掌握各种不同的句式，从简单到复杂、由少到多，直到能够熟练地运用接近于成人口语的句法结构。

② 丰富各类词汇。文学作品在向幼儿展示成熟的语言时，往往突出那些文学作品精心选择的词汇，如描绘社会、自然、日常生活的词语，叙述故事情节的连贯性的连接词，描述人的心理活动和状态的形容词等，丰富的语言能够帮助幼儿理解和表述个人对周围一切的感想。此外，教师应多选用作品中出现的叠音词、象声词、感叹词、语气词等来扩充幼儿的词汇量，促使幼儿语言更具形象、生动活泼。

③ 感受不同风格。文学作品中所展示的不同国家、不同地方、不同个人特点的作家所创造的语言，正好能反映生活中语言丰富多彩的一面。幼儿不仅可以从故事、童话和诗歌中学习汉语的各种特殊风格，而且可以从翻译成汉语的文学作品中感受我国少数民族，或英语、俄语、西班牙语、意大利语等其他不同国家民族语言的特殊韵味。

（3）使幼儿掌握倾听、朗诵和讲述的技能。

① 倾听。文学作品给幼儿提供了有意识的、评析性的、欣赏性的倾听机会。有意识地倾听是指能集中注意地、有目的地听，是欣赏文学作品的基本要求。评析性的倾听又称分析性倾听，要求对所听的内容进行分析、评价，这是善于听的一个方面。另一个方面，即欣赏性倾听，要求对倾听的内容抱有赞美态度，作品中人物的美好行为能在其心灵中产生积极影响。

② 朗诵。朗诵是指运用声音的不同变化来表现文学作品的内容，以加强其艺术感染力。幼儿朗诵时，教师不仅要帮助幼儿发音吐字清晰，而且要引导幼儿学习运用重音、停顿、语气、语调等朗诵技巧来表现作品的情感和内容，使作品的表达停顿得当，重音突出，语气、语调自然和谐，语言的节奏感自然鲜明并具有一定的艺术表现力。

③ 讲述。教幼儿学习讲述故事时，关键在于帮助幼儿分辨"表""白"的部分，这是

增强其艺术感染力的前提。"表"是指故事中的叙述部分，叙述时语气、语调要客观，把故事情节的来龙去脉和前因后果交代清楚，同时，也应该表达出作者对故事中人物、事件的褒贬态度。"白"是指故事中的对话部分，讲述时应根据不同人物的不同性格特征和思想情感，运用不同的音色、语调、语气和语速来塑造栩栩如生的人物形象。

（4）发展幼儿的艺术想象力和审美创造力。

假如我们借用绘画艺术中的术语留白于文学教育活动中，就是要给幼儿留出一些感受、体味作品的空间。为此，教师应有意识地给故事、诗歌、散文留些问题或"尾巴"，激发幼儿联想和想象，让幼儿去探求或延伸，并运用语言和非语言进行表达。

① 语言表达。幼儿文学活动的语言表达一般为重复性再现和创造性再现两种。前者要求幼儿通过对作品的回忆，或生动有表情地讲述（复述）故事，或声情并茂地朗诵诗歌、散文；后者要求幼儿通过对作品的思考，或运用比较完整连贯的语言回答教师的提问，表达自己的感想，或通过自己的探索发现，创造性地运用语言仿编诗文、续编故事等。

② 非语言表现。幼儿文学作品的非语言表现，即运用多元的形式进行展现（如美术、音乐、舞蹈、戏剧等）。这要求幼儿不仅对作品的表现形式加以大胆创新，而且对作品的内容加以变化与再创造，通过多通道的参与，训练多角度思维，改变作品的表现形式，表达自己对作品的独特理解。

（二）幼儿园文学作品活动目标的制定

幼儿园文学作品活动目标的制定应针对不同题材的文学作品，制定相应的教育活动目标，力求体现全面性、针对性和一致性。

1. 全面性

幼儿文学活动目标的全面性表现为认知习惯、能力技能、情感态度这三方面内容。认知习惯方面主要从感知、理解、掌握文学作品的情节内容、画面情景、人物形象、主题倾向入手；能力技能侧重于文学作品中字、词、句、段的模仿练习，诗文的吟诵，故事的讲述，作品的创编；情感态度则立足于情感美、意境美、语言美等的体验、表达以及积极性、主动性的激发，兴趣、爱好的培养等。从这个角度拟定活动目标，有利于教师明白一切文学活动的设计、组织都必须以促进幼儿身心全面发展为基本出发点。

2. 针对性

（1）针对文学作品类型。幼儿园文学作品的学习有其独特的教育功能，它主要是向幼儿展示成熟的语言，增强幼儿对语言多样性的认识，同时通过接触文学语言，鼓励幼儿创造性地运用语言，提高幼儿灵活运用语言的能力。它有别于其他类型的语言教育活动，拟定目标时尤其要和讲述活动、早期阅读活动区分开来。

（2）针对具体文学体裁。诗歌强调在理解的基础上，完整、流利、有节奏、有韵律地朗诵，并根据具体作品，针对难发准的字音和难理解的字词进行重点练习。故事偏重对情节的了解、人物形象的感知、情感脉络的梳理、主题思想的把握，以及对优美的词、句、段（包含角色对话）的模仿、学习和运用，必要时还可以进行复述和表演。散文侧重于欣赏、理解、表达作品所展示的语言美、意境美、情感美等，注重审美情趣的陶冶和审美创造力的培养。

（3）针对不同的年龄班。教师应考虑所在班级幼儿已有的经验，提出适当的活动目标。如在创造性想象与创编方面，小班仅要求仿编诗歌、散文中的一句或续编故事结尾；中班就要求仿编或续编一个情节或一个画面；大班则允许幼儿大胆想象，进行再创造，在教师的引导下自己完成诗歌、散文或故事的创编。

3. 一致性

（1）要求上应与上级目标保持一致。一般说来，幼儿文学活动的总目标和各年龄段目标是由专门的机构制定的，但需要一线教师熟记在心。教师设计的具体语言教育活动目标必须以此为前提和基础。

（2）描述上应做到主体一致。活动目标重在指向幼儿，而非指向教师，也就是说同一文学作品的学习活动方案中呈现出来的目标条目都应从幼儿的角度出发，主要阐释幼儿要发展到什么程度，而非教师要教些什么。

教师只有熟悉文学教育活动的目标结构，了解文学活动的总目标与各年龄段目标之间的关系，并充分考虑到目标制定的全面性和针对性，才能设计出科学、合理、适合幼儿发展特点的文学活动目标。

（三）幼儿园文学作品活动各年龄班目标

1. 小班

情感态度方面：

（1）喜欢听故事和念儿歌。

（2）愿意参与欣赏性和表现性文学活动。

（3）初步体验文学作品中所蕴含的审美情趣。

认知习惯方面：

（1）初步感受文学作品的语言美，并逐步养成模仿美的习惯。

（2）丰富与文学作品相关的知识，明白浅显的道理。

（3）学习理解文学作品的情节内容或画面情节。

（4）知道文学作品语言与日常生活语言的不同。

能力技能方面：

（1）能集中注意地、有目的地倾听文学作品。

（2）能独立地朗诵儿歌，与同伴一起复述简短故事。

（3）能初步运用语言、动作、表情等方式表达对文学作品的理解。

（4）能在文学作品原有基础上扩充想象，仿编诗歌、散文中的一句或续编故事结尾。

2. 中班

情感态度方面：

（1）喜欢欣赏不同形式的文学作品。

（2）积极参与表现性和创造性的文学活动。

（3）体验文学作品所蕴含的审美情趣。

认知习惯方面：

（1）感受文学作品的情感美、语言美，丰富相关的知识，明白蕴含的道理。

（2）理解文学作品的人物形象、情节内容、主题倾向，体会作品的情感基调。

（3）知道诗歌、散文和故事是不同体裁的文学作品。

（4）逐步养成积累文学语言的习惯，并愿意尝试运用于适当场合。

能力技能方面：

（1）能对所倾听的文学作品进行简单的分析、评价。

（2）能较有感情地朗诵诗歌、散文，复述和表演故事。

（3）能运用较恰当的语言、动作、音乐、绘画形式表达自己的理解。

（4）能根据文学作品提供的线索扩展想象，仿编或续编一个情节或一个画面。

3. 大班

情感态度方面：

（1）喜欢欣赏不同体裁、不同风格的文学作品。

（2）主动积极参与表现性和创造性的文学活动。

（3）正确体验文学作品中所蕴含的审美情趣。

认知习惯方面：

（1）感受文学作品的形象美、情感美、语言美、意境美，丰富相关知识，明白蕴含的哲理。

（2）理解文学作品的人物形象、情节内容，学习把握作品的主题倾向或情感脉络。

（3）初步感知文学作品语言和结构的艺术表现特点，接触艺术语言构成方式。

（4）有积累文学语言的初步意识和习惯，并乐意尝试运用于适当场合。

能力技能方面：

（1）能进行欣赏性倾听，对文学作品中的艺术美初步抱有赞美态度。

（2）能分辨诗歌、散文和故事，并能有感情地朗诵、讲述（复述）或表演。

（3）能运用恰当的语言、动作、音乐、美术等形式表达对文学作品的理解。

第二节
走进文学世界感受文字魅力

案例导入

"空气新鲜了"活动过程

——大班文学作品活动

1. 创设情境，引出故事

教师出示城市背景图。教师提问："有一只小猴，从森林来到大城市，小猴非常开心，我们来猜猜它为什么很开心？""我们来听听故事里小猴为什么开心，后来又怎么样了呢？"运用提问方式引出故事。

2. 欣赏、理解故事内容

（1）教师讲述第一、二段。

提问：

① 小猴为什么会得这种病？（附：小猴在大森林里从来不生这种病）

② 城市里的空气为什么会受到污染？

③ 小猴又该怎么办？（请幼儿讨论）

（2）教师："好！我们来听听医生是怎么说的？小猴又是怎么做的？"

教师："你有没有好的办法来让城市里的空气不受污染？"

（启发幼儿讨论，想各种办法）

（附：大烟囱冒烟怎么办？汽车后面排出的尾气有毒怎么办？城里的人这么拥挤怎么办？）

（3）继续讲述。

教师："好！我们来听听小猴是用什么办法来让城市里的人也能吸到新鲜空气的？"

3. 完整讲述

教师："这故事真好听，它使我们知道了让空气新鲜的办法。好，我们来完整地听一遍好吗？"

4. 延伸活动：人人争做环保小卫士，让我们的家乡更美丽

教师："城里的空气变得甜甜的、香香的，大家生活在那里觉得很开心，身体也很好。现在，我们的家乡也想成为大家心目中最美、最文明的城市，小朋友们愿不愿意为它出一份力呢？想一想你们能做些什么？"（幼儿讨论，想各种办法）

教师："出示标记，告诉幼儿它的用处。"

要督促与提醒一切违反环保的人。

附故事：《空气变新鲜了》

有一只小猴从森林来到了大城市。"哇，城市真美呀！"小猴高兴地大叫起来。他看见马路上行驶着各种各样的汽车，还"嘀嘀嘀……"地叫，人们穿着各种漂亮的衣服来来往往，一座座高楼大厦真漂亮，商店里摆满了各种各样的玩具。大城市真好！

小猴决定在大城市住下来。可是在城里住了一段时间，小猴觉得身体很不舒服。鼻子痒痒的，嗓子干干的，呼吸也很困难。于是小猴去医院看病："哇，看病的人这么多！"医生说："你们都是得了空气污染过敏症，最好的办法是呼吸新鲜空气。"小猴灵机一动："我回老家去。"回到森林老家，小猴觉得森林里的空气甜甜的、香香的，真的和城市不一样。没过几天，小猴的病就好了。

小猴想：要是城里和自己生一样病的朋友们也能吸到新鲜空气该多好啊！对，我把空气带到城里去。小猴在城里开了一家空气供应站，病人一到这里呼吸新鲜空气，病马上就好了。于是这些病人一起商量，要把我们大城市的空气也变得像森林里那么新鲜。他们一起动脑筋、想办法，在空地上种上了许多绿草、红花、大树，还通过先进技术让城市的烟囱不再冒黑烟，让各种车辆排出的尾气不再污染空气。人们知道了：不能随便乱扔垃圾，要保护绿化、爱护环境。终于，大城市的空气也变得甜甜的、香香的。

要求：根据案例分析以下问题。

（1）文学作品活动的内容如何选择？

（2）文学作品活动的设计应该注意哪些问题？

（3）文学作品活动可以有哪些组织形式？

❖ 知识讲解与案例分析

一、设计幼儿园文学作品活动

从幼儿园文学活动的学习角度来看，活动设计必须把握以下四个基本层次结构。

（一）初步感知作品

这是幼儿园文学活动的起始环节，主要让幼儿接触文学作品，欣赏文学作品，认知文学作品，这是任何一类或任何一个文学作品学习所不可或缺的首要环节。教师可以根据作品内容的难易程度，采用不同方式组织教学，引导幼儿初步感知、理解作品的主要情节、人物性格、情感脉络、主题倾向以及语言特色，感受作品所呈现的意境美、形象美、情感美、语言美等，同时帮助幼儿排除学习上的认知，语言、社会知识方面的障碍，为更好地进入后面的学习活动奠定良好的基础。在这一层次的活动中，有三个值得注意的问题。

（1）不过多地重复讲述作品，以免幼儿失去兴趣。故事类作品篇幅较长，以讲述两遍为宜，诗歌、散文篇幅相对短小，可以适当增加次数。

（2）不强调机械记忆背诵，以减轻幼儿短时记忆负担，让幼儿将更多的注意力投向学习过程中的感知作品内容，欣赏作品的美。

（3）多用提问方式组织讨论，加深幼儿对作品的理解。设计的问题应有助于幼儿联系个人的生活经验，引发幼儿深入思考和想象。

（二）理解体验作品

在初步感知作品的基础上，教师有必要进一步组织相关的认识活动，引导幼儿理解并表现作品。首先，通过学习讲述（复述）故事，朗诵诗歌或散文，帮助幼儿学习、模仿规范而成熟的语言样本，促进其口头语言的发展；然后，组织一些相关的活动，让幼儿用"眼睛去看，耳朵去听，脑袋去思考"具体的作品内容，帮助幼儿深入体验理解作品内涵，切身感受和经历作品中所展示的情感心理和精神世界。

在理解体验的这一层次上，有两个必须注意的事项。

（1）学习讲述故事和朗诵诗文是紧随作品欣赏之后的又一重要环节，这是教师为幼儿提供的全面的语言练习机会，应该谨慎对待，引导幼儿深入理解和体验。

（2）从作品出发组织相关的必要的活动，如观察走访，让幼儿接近、了解与作品相关的自然或生活情境，也可以是绘画或表演，引导幼儿再现作品内容，甚至是一次专题讨论，有助于幼儿对作品的理解和体验。

（三）迁移作品经验

文学作品既来源于生活，又高于生活。文学作品向幼儿展示的是建立在幼儿生活经验基础上的间接经验，这种经验常使幼儿感到熟悉又有趣，新奇又好玩。教师仅仅让幼儿停留在理解和体验这些间接经验的基础上是远远不够的，还不能充分地将这些间接经验与幼儿的直接经验联系起来。因此，教师需要进一步组织与作品重点内容有关的活动，帮助幼儿将文学作品的内容整合地纳入自己的经验范畴，使得他们的直接经验与文学作品的间接经验实现双向迁移。

在迁移作品经验这一层次上，也需注意：围绕作品的重点内容开展活动，往往是可操作性或具有游戏性质的活动，如绘画、制作、建构、歌唱、舞蹈、表演等动手、动脑的活动，旨在带领幼儿走出作品，实现与现实生活紧密结合，为想象和创造性语言表达打下坚实基础。

（四）创造性地表现作品

幼儿园文学活动归根结底是语言教育活动，最终都应该落实到幼儿语言的学习和运用上。通过前面三个层次的学习活动，幼儿对文学作品的感知、理解和体验已经达到了一定的要求。接下来，教师可以继续提供机会，让幼儿想象，并创造性地运用语言去表达自己的认识和想象，如让幼儿续编、扩编童话故事，仿编或改编诗歌或散文，或引导幼儿围绕文学作品内容进行想象性讲述等。这种创造性的学习活动使文学活动的开展更为深入，给平时耳熟能详的文学作品赋予更深刻的内涵，并不断提高活动的审美性和趣味性。

最后这一层次的活动，同样有必须面对的问题。

（1）该层次的活动仍然立足于原有已学的文学作品内容上。

（2）应鼓励幼儿动脑筋，大胆表述自己的所思所想，注重培养幼儿对语言艺术的敏感性。

综上所述，文学作品的学习是系统的活动，是从理解到表达，从模仿到创新，从接受到运用的整合过程。这样的活动过程集中呈现出"听、说（演）、编"的活动环节。可见，设计文学活动，遵循活动的基本结构是前提，组织好听、说（演）、编的中心环节才是关键。

二、组织幼儿园文学作品活动

（一）幼儿故事活动的组织

1. 创设情境，引出故事

为了使幼儿能有兴趣去听故事，在讲述故事之前先要营造一个良好的氛围，把幼儿的注意力集中到故事活动上来。这就是通常说的导入环节。导入的方法有情境导入、谈话导入、谜语导入、悬念导入、实物导入等。导入方式要多样化，可以根据活动内容和教育对象的不同而灵活设计。

（1）情境导入。教师可以创设与故事内容相适应的情境来导入，如故事《森林音乐会》中，教师给幼儿描绘了这样一幅画面：夏天来了，草绿了，花儿开了，森林里的小动物在开音乐会呢！你们看，谁来了？随着教师的讲述播放相关森林背景的课件，为幼儿创设声情并茂的情境。

（2）谈话导入。教师也可以采用谈话导入法，用富有情感的语调与幼儿进行简短的谈话，激起他们听故事的兴趣，如故事《我最开心的一天》中教师说："谁能告诉老师你最开心的一天是什么时候？"通过这个谈话引出故事。

（3）谜语导入。谜语导入是在活动前让幼儿猜有关故事的谜语来导入，如在讲《小蝌蚪找妈妈》之前，教师可先说一个谜语让幼儿猜"大脑袋，长尾巴，全身黑溜溜，生在春天里，长在池塘中"，从谜语的答案——蝌蚪中引出故事。

（4）悬念导入。例如，故事《小壁虎借尾巴》，先出示小壁虎的图片，对幼儿说："今天有只小壁虎来我们班做客了，但是它很伤心，因为它的尾巴没有了，所以它要去借尾巴。你们想知道小壁虎的尾巴是怎么没有的吗？它都向谁借了尾巴？下面就让我们来听故事《小壁虎借尾巴》。"这样一来，幼儿听故事的积极性和兴趣一下子被调动起来，通过教师生动、形象的讲述，孩子们是带着问题走进故事，带着答案走出故事的。

（5）实物导入。幼儿的思维是比较形象、直观的，因此借着精心制作的教具可以使幼儿能集中注意力且方便幼儿理解，如在讲故事《小兔子乖乖》时，在导入环节出示兔子的手偶并说"今天，我们请来了一位朋友，小朋友们看看是谁"，从而引出故事。

2. 生动讲述，呈现故事

一次故事活动中教师可以讲2～3遍故事，每遍讲述对幼儿的要求应逐步提高。讲第一遍时，要求幼儿记住故事的名称、角色，对内容有粗浅的印象。第二遍时应让幼儿记住主要情节，理解内容，学习词句。第三遍（也可听故事录音）时，让幼儿完整欣赏，加深印象。为了吸引幼儿的兴趣，让他们愿意听故事、喜欢听故事，收到良好的活动效果，教师在讲故事时必须充满感情，把故事讲得生动流畅，使幼儿随着故事情节的展开，与故事中的人物一起高兴、着急或难过，犹如身临其境，受到感染。

（1）教师应掌握讲故事的技巧。教师要在"讲"字上下功夫，既不照书背，也不照书念，而是深入故事情境中，将自己与故事中人物的情感交融在一起，这样才能将故事讲得绘声绘色。教师要从两方面下功夫：一是语言方面，二是表情、动作方面。在语言上，首先，教师的普通话要标准，吐字清晰，音量适中；其次，语言要抑扬顿挫，并且随着故事情节的变化语调也要有所变化，如故事《小兔子乖乖》中在讲到兔妈妈到森林里采蘑菇时，可用轻松欢快的语调，讲到大灰狼要吃掉小兔子时，应转换成紧张着急的语调；再次，语言要符合作品中角色的性格特征，如小白兔应用活泼开朗的声音、狐狸用狡猾奸诈的声音、大灰狼用凶狠虚假的声音、狮子老虎用粗重厚实的声音等；最后，要适当使用夸张的语气来渲染气氛，在表情动作上应根据故事情节的需要加上适当的表情与动作，并随着故事情节的变化而变化，如讲到情况紧急，脸部表情要紧张，讲到高兴的地方，要眉开眼笑，讲到羞愧的地方，要眼睛向下，难为情地低下头，讲到出坏主意时，眼珠就要滴溜溜一转。

（2）教师应掌握呈现故事的方式。幼儿年龄小，思维具有直观形象性，讲故事时如果能和直观教具相结合，会收到良好的效果。常用的教具有故事围裙、手偶、图片、头饰、多媒体课件、背景音乐等。在教具的呈现上应注意，讲第一遍故事时一般不使用教具，或只出示故事中的角色就够了。因为第一遍故事对幼儿来说是新鲜的，要求幼儿集中注意力听故事，避免因教具分散注意力。当幼儿初步了解故事内容后，教师就可以运用教具讲第二遍故事，通过直观教具把幼儿的注意力吸引到故事中。此外，教师还要注意教具的操作要符合该角色的特性，如鸟是从空中飞来的，兔子是跳出来的，乌龟是从地上爬的，狗不能放在树上，猪不能从楼上的窗子里一下子跳到地上等，这样才能增加真实感。

3. 提问讨论，理解故事

要帮助幼儿理解故事，一般通过提问的方式。根据提问的时机，可以分为讲故事前的提问、讲故事中的提问和讲故事后的提问。

（1）讲故事前的提问。讲故事前的提问通常和导入语结合在一起，目的是激发幼儿听故事的兴趣，如故事《爱吃糖的小熊》，教师先展示小熊捂着牙的图片，向幼儿提问"大家看一看这只小熊是怎么了，它为什么捂着牙"，让幼儿发挥想象，自由讨论。

（2）讲故事中的提问。讲故事时，为了让幼儿全神贯注地听，一般不要插问，以免打断幼儿的思路，影响故事的完整性。但在某种情况下，简短的插问是可以的。故事讲到关键之处，启发幼儿思考时可设置插问，如《瓜瓜吃瓜》中讲到外婆看见瓜瓜把西瓜皮扔到垃圾箱时说"真乖，真乖，都像咱瓜瓜这么懂事就好了"的时候，可插问"外婆知道西瓜皮是瓜瓜扔的吗？"，启发幼儿积极思考，有了答案后教师就可以继续把故事讲完，或者讲到重点语句，要让幼儿加深印象时也可插问，如《狐狸和乌鸦》中讲到狐狸看到乌鸦嘴里的肉，想骗乌鸦开口便对它说"您的羽毛真漂亮，比其他鸟都漂亮，嗓子真好，可以给我唱首歌吗？"，讲到这里教师可以问幼儿，狐狸是怎么说的？幼儿重复狐狸的话后再继续讲故事。

（3）讲完故事后的提问。故事讲完后，为了帮助幼儿回忆故事情节、理解故事主题而需要对幼儿提出问题，让幼儿思考、回答。根据提问的类型，可以分为描述性提问、思考性提问和假设性提问。描述性提问主要帮助幼儿理清故事的名称、角色和主要内容。这类问题的答案都能在故事中直接找到，不需要太多的思考，主要是让幼儿凭借记忆来回答，如故事的名字叫什么，故事中都有谁等。思考性提问的答案蕴含在故事之中，但不一定有直接现成的答案，因此需要幼儿在真正理解的基础上来回答。这类问题常常含有"为什么"这个疑问词，如"为什么说大象伯伯的商店是奇妙的商店""为什么其他小动物得不到小树叶，而小熊可以得到"等。假设性提问需要幼儿换位思考来回答，答案呈现出开放性，常常运用在理解故事的结束部分，这类问题通常含有"假如""如果"这类连词，如"如果你碰到了这样的事情会怎样做""假如你有一朵七色花，你会用它来做什么"等。

4. 激发想象，表现故事

在幼儿理解故事内容之后，可围绕故事开展相关的活动，让幼儿以自己特有的方式把故事表现出来，激发幼儿的想象力，培养他们对美的感受力。

（1）复述故事。幼儿复述故事不是死记硬背，而是在理解的基础上自然讲述。既要求幼儿基本上照故事原文，运用原文中的关键词句，又可以让他们按照自己对故事的理解，适当使用替代的词语讲述，只要基本意思不变就行；既可以复述完整的故事，也可以复述一个优美的词语或句子、一段幼儿感兴趣的对话或一些动作的精彩描述等。故事中有很多不同角色的生动对话，如故事《鸭妈妈找蛋》《小蝌蚪找妈妈》等，教师可以组织学生分角色学习对话，为故事表演做好准备。

（2）表演故事。表演故事一般由复述故事自然转入，凡是幼儿会复述的故事都可以组织幼儿进行表演。从语言的复述到动态的表演，符合幼儿具体形象思维的特点，深受幼儿喜爱。在表演故事的过程中，幼儿不是以演给别人看为目的，而是追求表演的满足感与快乐感。值得注意的是，有些故事叙述性语言过多，需要教师对其进行改编，增添人物对话才适合表演，如一个故事里说"小花狗看到小青蛙，叫它一块儿去玩，小青蛙不肯上岸，要到泥里去睡觉"，可以改成小花狗一看见小青蛙就喊："小青蛙，小青蛙！"小青蛙把头从水里伸出来说："什么事呀？"小花狗说："小青蛙，这么冷的天，别在水里游泳了，上来跟我一块儿玩吧。"小青蛙一听，呱呱呱地笑着说："小花狗，我不是游泳，我要到泥里睡觉，明年春天再见吧。"通过这样的改编，更适合幼儿表演。

（3）续编、创编故事。同复述故事相比，续编、创编故事对幼儿创造性运用语言提出了挑战。幼儿在理解原作品一句话或一段话的基础上，构思出新的内容。教师可以根据幼儿的年龄特点、语言能力等具体情况，在图画等手段的帮助下鼓励幼儿创编出几句话、一个段落或整个故事。

小班编故事的重点是故事的结尾。幼儿依据对故事情节的理解，在故事要结束时编出一个结尾。中班的重点放在故事情节的高潮部分，在故事情节向高潮发展时突然停止，让幼儿自己去想象、构思，编出可能出现的情节。大班的幼儿重点应放在编完整的故事上，此外也可让幼儿根据故事的情节发展编出其他结局，如有位老师讲完《乌鸦和狐狸》的故事后，提出了一个问题："狐狸骗了乌鸦的大肥肉，乌鸦用什么办法才能夺回来呢？"这个问题一下子就打开了孩子们思维的闸门。有的说："正当狐狸要吞大肥肉时，乌鸦一下子飞过来，用尖嘴巴啄狐狸的眼睛，狐狸痛得哇哇直叫，肉就从狐狸嘴里掉了出来。"有的说："乌鸦哇地一叫，喊来一群小蜜蜂，把狐狸蜇得满脸大包，肉就夺回来了。"还有的说："乌鸦对狐狸说这肉是有毒的，等狐狸开口说话时就乘机把肉抢回来。"通过这样的创编，发展幼儿的创造力与想象力。

📚 案例

活动名称：中班语言活动"丑小鸭"。

活动目标：

中班幼儿的阅读有两大特点：一是能逐页翻书，并能根据书页前后画面内容建立联系，二是在阅读的同时喜欢倾听，并能将听到的内容与画面对应起来。但是由于中班幼儿处于直观形象性思维阶段，他们在倾听时更多关注的是画面中明显的图案（如主要角色和背景等），对图的理解和对故事所表达的内在情节的感受与理解还不能同步进行。因此，我们想通过集体性的阅读活动解决这共性的问题。我们选择了安徒生的童话故事《丑小鸭》作为阅读材料。

（1）通过集体活动帮助幼儿掌握在阅读时抓住故事主要线索的方法，欣赏并喜爱故事中丑小鸭的角色形象。

（2）让幼儿在倾听故事的同时能按线索理解故事内容，发展幼儿记忆故事主要内容的能力。

（3）激发幼儿的同情心和保护小动物的美好情感。

（4）对文学作品有兴趣，培养幼儿的倾听习惯。

活动准备：

《丑小鸭》故事大图书一本、幼儿小图书人手一册、天鹅头饰一个、音乐磁带"天鹅湖"一盘。

活动过程：

1. 情境设置，激发兴趣

教师头戴天鹅头饰边舞边来到幼儿的面前，引起幼儿的兴趣，从而引出故事《丑小鸭》。

评析：兴趣是最好的老师，通过教师的舞蹈和旋律优美的音乐，让幼儿对故事充满遐想和兴趣。

（1）展示大图书第一页：鸭妈妈正在孵小鸭，看着小鸭一个个破壳而出，它开心极了。

请幼儿说一说：图上有什么？图中讲了什么意思？

（2）展示大图书第二页：可是有一只小鸭过了几天才出壳，而且模样又丑又土。

请幼儿说一说：小鸭们长得都一样吗？不一样的小鸭能和它的哥哥姐姐们相处好吗？

（3）展示大图书第三页：哥哥姐姐们都认为丑小鸭太丑而不愿意理它。

请幼儿说一说：哥哥姐姐们为什么不喜欢丑小鸭。

（4）展示大图书第四页：农庄里的鸡鸭和哥哥姐姐们都欺负丑小鸭。

请幼儿说一说：农庄里的鸡鸭喜欢丑小鸭吗？它受欢迎吗？它高兴吗？那它应该怎么办呢？

（5）展示大图书第五页：丑小鸭在农庄实在待不下去了，就离开了农庄。

请幼儿说一说：丑小鸭还在农庄吗？它为什么离开农庄？

（6）展示大图书第六页：丑小鸭来到一块沼泽地里住下。有一天，飞来两只大雁，它们正在捉弄丑小鸭时被猎人打了下来。

请幼儿说一说：丑小鸭去了哪里？发生了什么事？从图上看它高兴吗？

（7）展示大图书第七页：猎狗抓了一下丑小鸭没抓着，就走开了，丑小鸭认为猎狗都嫌它丑，更伤心了。

请幼儿说一说：猎狗抓到丑小鸭了吗？丑小鸭为什么更伤心了？

（8）展示大图书第八页：天冷了，一个老婆婆收留了丑小鸭，可老婆婆的猫和鸡又整天欺负它。

请幼儿说一说：谁收留了丑小鸭？老婆婆的猫和鸡喜欢它吗？

（9）展示大图书第九页：下大雪的时候丑小鸭被猫和鸡赶了出来，在水里快冻成冰了，幸好一个农夫救了它。

请幼儿说一说：下大雪的时候丑小鸭被谁赶了出来？它冷吗？有没有人救它？谁救了它？

（10）展示大图书第十页：可丑小鸭在农夫家没多久就跑了出来，不久春天到了，它看到几只白天鹅优雅地在水里游着。

请幼儿说一说：丑小鸭一直住在农夫家里吗？春天来了，它看到了什么？

（11）展示大图书第十一页：丑小鸭很羡慕它们，但当丑小鸭低下头时，从水中的倒影发现自己也是一只美丽的天鹅。

请幼儿说一说：丑小鸭喜欢白天鹅吗？可当它低下头时发现自己变成了什么？它是从哪儿发现自己变成天鹅的？

（12）展示大图书第十二页：大天鹅热情地欢迎它的到来，几个孩子发现了，高兴地大叫："看呀！那只美丽的小天鹅，它是新来的！"

请幼儿说一说：天鹅欢迎丑小鸭变成的小天鹅吗？人们喜欢它吗？它高兴吗？请小朋友做一个既开心又幸福的表情。

评析：通过大图书的层层展示，让幼儿边看图片边理解图片内容，同时联想故事的下一环节，设置了悬念，激发了兴趣。让幼儿跟着故事内容的展开，深入理解丑小鸭历经苦难时的伤心，用它的悲惨遭遇激发幼儿的同情心和保护弱小的美好情感。最后丑小鸭变成了美丽的小天鹅，让幼儿感受丑小鸭的快乐心情。

2. 听故事，看图书

（1）发给幼儿每人一本丑小鸭小图画书，让幼儿边看边听，教师声情并茂地读"丑小鸭"的故事。

（2）提问：丑小鸭为什么被别人叫做丑小鸭？开始时它生活得快乐吗？后来丑小鸭经历了哪些危险？丑小鸭有什么梦想？它的梦想实现了吗？如果你看到一只"丑小鸭"会怎样做？

评析：通过教师声情并茂地讲故事，引发幼儿对文学作品的兴趣，培养幼儿的倾听习惯。人手一册小图书的使用，使幼儿通过欣赏图书进一步熟悉故事内容，通过图书上丑小鸭的表情感受丑小鸭的心理变化。同时，提升了幼儿的学习兴趣，让幼儿能够更加关注故事，了解故事内容。

3. 自由看图书，相互讲故事

在背景音乐"天鹅湖"的美妙旋律中，幼儿自由观看《丑小鸭》图书，然后自主结伴互相讲一讲"丑小鸭"的故事。

评析：为了满足幼儿看图书的兴趣和表达的欲望，设置了自由看图书、相互讲故事这一环节，目的是让幼儿更进一步理解故事内容，加深印象，增强记忆。

活动反思及评价：

对于本次活动，教师设计、使用了两种图书，活动一开始教师用大图书分段落地讲述故事，通过提问打开幼儿的思维，让幼儿插上想象的翅膀去大胆设想丑小鸭应该怎么办，同时教师加以引导，紧紧抓住幼儿的兴趣点，把故事讲出来。然后教师声情并茂地讲故事，让幼儿边听故事边看小图书，使幼儿更容易掌握故事内容，把握"丑小鸭"的心理变化，避免了幼儿单纯听故事的空洞性和枯燥性，激发了幼儿的学习兴趣。

（二）幼儿诗歌、散文活动的组织

诗歌和散文是幼儿园文学作品活动中的重要内容，它们的设计和组织程序大体相同，故在此一并阐述。

1. 设置情境，引出诗文

诗歌活动类似故事活动，教师要运用多种手段和途径创设一个吸引幼儿的情境，为幼儿准确理解作品做好铺垫。教师可以利用图片、幻灯片，结合生动的语言描述，将幼儿带入文学作品的意境中。教师也可以利用提问，让幼儿回忆已有的经验并引出新内容，如在大班散文诗《落叶》中教师提问："秋天到了，一片片树叶飘落到了地上，小朋友们，如果你是小动物，你会拿树叶做什么呢？"在幼儿回答后，教师说："秋天天气冷了，聪明的小动物们到底拿树叶做什么呢？我们一起来看看。"这样教师就在不知不觉中带领幼儿进入了文学作品的优美意境中。导入的方式多种多样，具体可参见故事活动的导入方法。

2. 示范朗诵诗文

教师通过示范朗诵，让幼儿感知诗文的内容，沉浸到诗歌或散文的意境中，并在语音和感情的表达上为幼儿提供模仿的榜样。教师的示范要求吐字清楚、感情真挚，有节奏、有起伏地朗诵，要有音韵美。示范朗诵原则上是由教师承担，有时也可以用录音代替。

3. 帮助幼儿理解诗文

教师示范朗诵之后，应运用多种方法帮助幼儿理解诗歌或散文的内容。只有理解了，幼儿才能感受到诗文的美，才能为下一个环节有感情地朗诵诗文奠定基础。理解诗文主要包括对重点字、词、句的理解；对诗文内容的理解；对诗文表现出的情绪情感的理解等。教师可以通过以下方式帮助幼儿理解诗文。

（1）通过直观教具理解。教师可以将诗歌或散文所描绘的意境通过直观的画面呈现在幼儿面前，让幼儿通过观察画面来理解诗文的主要内容，或者利用生动的挂图或幻灯片，配以优美的乐曲和教师生动的讲解，使作品内容与画面和音乐结合起来，使幼儿犹如置身于作品的情境中，如诗歌《春天到》，可以结合春天的景象和欢快的音乐来学习。

（2）通过提问理解。教师可以通过描述性提问、思考性提问和假设性提问三个层次的提问来帮助幼儿理解诗歌，如儿歌《逗蚂蚁》中"蚂蚁来呀来，快快来吃饭。什么饭，白米饭。什么菜，炒青菜。什么筷，毛竹筷。什么碗，烂泥碗。吃不了，往回搬。哼唷哼唷搬得欢"。首先可以通过描述性提问帮助幼儿理解诗歌大意："小朋友叫蚂蚁来干什么？小朋友请蚂蚁吃什么饭？什么菜？用什么筷？什么碗？蚂蚁吃完了吗？"让幼儿通过回答来理解诗歌的主要内容。接着，通过思考性提问，引导幼儿去体会诗歌的主题，可以问："蚂蚁为什么是哼唷哼唷搬得欢？"最后，通过假设性提问帮助幼儿学以致用，与日常生活结合，达到举一反三的效果。教师可以提问："如果是你请蚂蚁吃饭，你想让蚂蚁吃什么？用什么筷子？什么碗？"通过这三个层次的提问，幼儿逐步加深对诗歌的理解。

4. 幼儿学习朗诵诗文

在幼儿理解诗文的基础上，教师可以教幼儿朗诵诗文。通过多种形式的反复朗诵，幼儿不断品味、领悟作品。教师应不断变化形式进行朗诵，避免机械记忆、枯燥乏味，可以采取大小声朗诵，集体、小组、个人朗诵，分角色朗诵或对答式朗诵。幼儿在朗诵诗歌时也可以配上相应的动作，或者边拍手边朗诵。教师应注意幼儿朗诵的节奏、声音的大小和声调，不要拖腔拖调像背书似的念，也不要一字一顿地读。

5. 围绕诗文开展相关活动

教师围绕诗文开展相关活动，引导幼儿通过自己对诗文的理解组织相关的活动，加深对诗文的体会与感受。常见的活动有以下几种。

（1）配乐朗诵。对于一些意境优美、音韵和谐的抒情诗或抒情散文，教师可以配上合适的音乐，让幼儿配乐朗诵，或者让幼儿在配乐诗朗诵中用舞蹈去表现诗歌的意境，如儿歌《云》，让幼儿在音乐声中身披薄纱学云跳舞，边跳边听"云儿云儿真美丽，我把云儿摘下地，云儿云儿真听话，我把云儿变小鸡"。

（2）与绘画活动相结合。教师可以鼓励幼儿将诗歌或散文的意境及自己对作品的理解以绘画的方式表现出来。绘画完之后，再向同伴讲述自己对作品的理解，如儿歌《伞》中"下雨了，下雨了，快快撑开美丽的伞。红红的花朵是蜜蜂的伞，黄黄的树叶是蚂蚁的伞，绿绿的荷叶是青蛙的伞，白色的蘑菇是小白兔的伞。下雨了，下雨了，大家都有一把伞"。幼儿可以将儿歌的内容画成一幅画，既可以按照诗歌的内容来画，又可以加入自己的想象，并用语言将自己的作品描绘出来。

（3）诗歌表演。对于一些内容很有趣、有情节的叙事诗，教师可以让幼儿通过表演诗歌来体验作品角色的心理及情感，如《小熊过桥》中"小竹桥，摇呀摇，有只小熊来过桥。立不稳，站不牢，走到桥上心乱跳。头上乌鸦哇哇叫，桥下流水哗哗笑，妈妈妈妈快来呀，快把小熊抱过桥。河里鲤鱼跳出水，对着小熊高声叫，小熊小熊别害怕，眼睛向着前面瞧。一二三，走过桥，小熊过桥回头笑，鲤鱼乐得尾巴摇"。

（4）诗歌和散文的仿编与创编。诗歌和散文的仿编和创编活动，即幼儿在欣赏诗歌与散文，理解其内容和结构的基础上进行的一种创造性学习活动。幼儿仿编诗歌和散文的能力，与他们的认识、想象及语言运用能力密切相关，不同年龄的幼儿仿编能力有差异，仿编的形式也有所不同。在组织仿编活动时，教师必须充分注意不同年龄段幼儿的发展水平，对他们提出不同的要求。小、中班幼儿仿编活动的重点是要求幼儿在原有句式的基础上换词，通过改换某个词来体现诗歌或散文画面的变化，如儿歌《春天来了》中，小班幼儿可以将春天的一些简单特征进行变动，把"桃花开了"改为"迎春花开了"，把"小鸭子高兴地在水面上游来游去"改为"小熊高兴地在森林里跑来跑去"。仿编后的作品因为某些词句的变动而换上了新的形象，于是构成了新的画面。大班的幼儿不但要能熟练地仿编，还要学习如何创编。教师要帮助幼儿抓住作品的特色进行创编。创编诗歌对幼儿各方面的要求很高，因此一般在大班下学期进行。此外，教师要为幼儿提供仿编或创编所需的图片或实物，如中班儿歌《屋顶运动场》，教师可以为幼儿准备各种小动物和它们活动场所的图片，让幼儿根据图片和儿歌内容进行仿编。幼儿可以将儿歌的名字"屋顶运动场"改为"草原运动场"，将"小猫们在屋顶做运动"改为"小兔们在草原上做游戏"。教师通过直观的图片启发了幼儿的思维。

与诗歌仿编、创编相比，散文仿编、创编对幼儿的思维和语言的要求都高得多，因此，散文仿编一般在中班以后进行，而散文创编难度很大，一般在大班才开始尝试。散文创编一般采用绘画的形式进行。创编前，教师应帮助幼儿找出作品中可产生联想的内容，启发他们将这些内容以绘画的形式表现出来。

案例

案例1

活动名称：中班语言活动"春姑娘吹泡泡"。

活动目标：

（1）理解诗歌并学习朗诵。

（2）学习动词"飞、飘、转"，能边说边做动作，并学说"××、××，春天到了"的句式。

（3）感受春天里的美景。

活动准备：

课件，春天图景，红、绿、黄色圆形卡片若干。

活动过程：

（一）创设情境，激发兴趣

春天到了，天气暖和了。瞧，春姑娘来了！春姑娘张开了小嘴巴，她吹呀吹呀，吹出了好多泡泡。看，有哪些颜色的泡泡呀？

哇！有红泡泡、绿泡泡、黄泡泡，真好看。春姑娘吹泡泡，吹出泡泡到处跑。看，泡泡跑到哪里去了？

（二）分段理解，学习句式

1. 教师讲述红泡泡部分

提问：

（1）红泡泡叫醒了谁？它是怎么去叫醒的？（学习动词：飞）

（2）它是怎么说的？（幼儿学说句式，并边做动作边说）

（3）桃花发生了什么变化呀？为什么红泡泡要去叫醒桃花呢？

小结：红泡泡飞呀飞呀，飞到桃树上桃花开了，桃花桃花春天到了。红泡泡是红色的，它叫醒了粉红色的桃花。

2. 理解绿泡泡部分

提问：

（1）绿泡泡跑到哪儿去了？它是怎么去的？（学习动词：飘）

（2）绿泡泡会怎么叫醒呢？（幼儿学说句式，并边做动作边说）

（3）绿泡泡飘到柳树上，柳树怎么了？为什么绿泡泡要来叫醒柳树呢？

小结：绿泡泡飘呀飘呀，飘到柳树上柳树变绿了，柳树柳树春天到了。绿泡泡是绿色的，它叫醒了绿色的柳树。

3. 理解黄泡泡部分

提问：

（1）黄泡泡去叫醒了谁？怎么去叫醒的？（学习动词：转）

（2）黄泡泡又会怎么叫醒呢？（幼儿学说句式，并边做动作边说）

（3）迎春花又发生了什么变化？为什么是黄泡泡来叫醒迎春花呢？

小结：黄泡泡转呀转呀，转到迎春花边迎春花开了，迎春花迎春花春天到了。黄色的迎春花被黄泡泡叫醒了。红红的桃花、绿绿的柳树、黄黄的迎春花都笑了，说："谢谢了，春姑娘！"

（三）完整欣赏，学习朗诵

你们喜欢春姑娘的泡泡吗？那让我们和春姑娘的泡泡一起去飞吧！

完整朗诵诗歌。

提问：诗歌的题目叫什么？春姑娘吹出了哪几种颜色的泡泡？它们分别叫醒了谁？

分组、分角色朗诵诗歌。

调皮的泡泡躲到了小朋友的椅子下面，小朋友把它们找出来吧。你找到的是什么颜色的泡泡，就请你去叫醒谁，好吗？

幼儿分角色表演并朗诵诗歌。

（四）迁移生活，寻找春天

春姑娘的泡泡叫醒了桃花、柳树、迎春花，还叫醒了许多其他的朋友。它为什么要把这些好朋友都叫醒呢？叫醒了好朋友可以在一起干什么啊？

活动反思及评价：春天到了，大自然会发生许多的变化，春姑娘叫醒了大家，让我们的世界变得更美好，我们和好朋友一起唱，一起跳，春天到了真美丽啊！

我们就跟着春姑娘的泡泡去找找我们在大自然中的好朋友吧，看看我们还要去把谁也叫醒。

教师用泡泡带领幼儿出去寻找春天。

附诗歌：

春姑娘吹泡泡，春姑娘吹泡泡，吹出泡泡到处跑。

红泡泡飞呀飞呀，飞到桃树上桃花开了，桃花桃花春天到了。

绿泡泡飘呀飘呀，飘到柳树上柳树变绿了，柳树柳树春天到了。

黄泡泡转呀转呀，转到迎春花边迎春花开了，迎春花迎春花春天到了。

红红的桃花、绿绿的柳树，黄黄的迎春花都笑了，说："谢谢了，春姑娘！"

案例2

活动名称：大班散文欣赏活动"春雨的色彩"。

活动目标：

（1）通过欣赏和朗诵散文诗，让幼儿感受春天的美丽。

（2）让幼儿初步了解散文诗的语言美和意境美，引导幼儿进行扩散思维。

（3）识字：小燕子、麻雀、黄莺。

活动准备：

（1）春景图、录音机、大屏幕、相关字条、字卡。

（2）磁带《春天在哪里》《春雨的色彩》。

活动过程：

1. 开始部分

教师："小朋友，现在是什么季节？"（春天）"春天在哪里呢？我们一起听音乐给爸爸妈妈表演这个节目吧。"听音乐跳"春天在哪里"舞蹈。

小朋友刚才表演得真棒，春天到底是什么样子的呢？咱们一起看看图片就知道了。

2. 出示《春景图》

观看完提问："小朋友们，你们看到春天了吗？春天是什么样子的？"（有五颜六色的花、小草绿了，柳树发芽了）引导幼儿大胆想象，个别提问、讨论相结合。

"上周六下了一场雨，你们知道叫什么雨吗？"（春雨）"谁知道春雨过后，花、草是什么样子的？空气会怎么样？"（花更红了，草更绿了，空气更新鲜了）"春雨是什么颜色的呢？"

请欣赏散文《春雨的色彩》。

3. 听录音，欣赏散文《春雨的色彩》

提问：

小朋友们，这首散文诗好听吗？

散文诗的名字叫什么啊？（《春雨的色彩》）

春雨中有谁在说话啊？小鸟们在争论什么问题？请看大屏幕，我们再来欣赏一遍。这次小朋友们要仔细听听小鸟们是怎样说的。

4. 观看大屏幕，欣赏《春雨的色彩》

提问：

小燕子是怎样说的？（出示小燕子、绿色。），小燕子为什么说春天是绿色的？（春雨落在草地上，草地绿了；春雨淋在柳树上，柳枝绿了。）

小麻雀是怎样说的？（出示麻雀、红色。），小麻雀为什么说春天是红色的？（春雨洒在桃树上，桃花红了；春雨滴在杜鹃丛中，杜鹃花红了。）

小黄莺是怎样说的？（出示黄莺、黄色。），小黄莺为什么说春天是黄色的？（春雨落在油菜地里，油菜花黄了；春雨落在蒲公英上，蒲公英的花也黄了。）

小鸟们说得对不对呢？春雨听了大家的议论，下得更欢了，沙沙沙，沙沙沙，好像在说："亲爱的小鸟们，你们的话都对，但都没有说全面。我本身是无色的，但我给春天的大地带来万紫千红……"小鸟们说得太好了，现在我们边看着大屏幕边跟着小声说一遍好吗？

5. 边看大屏幕边小声朗读

小朋友说得非常好，那你们认识这些小鸟字宝宝吗？

6. 学习字宝宝

（1）看谁认得准，说得对。

（2）找朋友。

（3）送字宝宝回家。

7. 听录音"春天在哪里"，结束活动

活动反思及评价：

本节课准备充分，从教学目标到活动过程经过反复研究、反复推敲、反复商量、反复试讲，教师不但备教材而且备孩子，追随孩子的兴趣点，根据幼儿思维直观形象的特点制作课件、幻灯片、字卡等，孩子在整个活动中参与的积极性非常高，并能够根据自己的已有扩散性的思维，把春天的美景描绘得非常漂亮，通过对散文的欣赏，初步感受散文的语言美和意境美，同时通过活动陶冶了幼儿的情操，培养了幼儿热爱春天的情感。但在活动中各环节的时间安排也有考虑不够周密的地方。如在让幼儿进行扩散思维时想象的时间长了一点，后来的时间就显得有点儿赶。

（三）幼儿绕口令活动的组织

（1）做好相应的准备工作。教师应将自己所选的绕口令事先背熟，并录好快速念的声音，以备教学时给幼儿欣赏。同时准备好相应的教学玩具。

（2）创设情景导入，教师可以通过播放动画片的形式，生动直观地展示给幼儿，从而导入绕口令活动。

（3）教师先用正常语速示范朗诵，读准相似音，吐字清楚，富有情感。

（4）帮助幼儿理解绕口令。方法基本同诗歌教学的理解方法。

（5）教师再次示范朗诵，引导幼儿朗诵绕口令。可以通过实物或图片，引导幼儿练习发准相似音，可采取多种形式的练习，如跟读，集体朗诵，个人、小组接龙等形式，由慢到快，逐步提高要求，逐渐加快速度，达到又快又准的效果。

（6）围绕绕口令开展相应的游戏活动，如边朗诵边表演、朗诵比赛、接龙游戏、进行朗读练习、看"节奏图"快速练习等。

（四）幼儿谜语活动的组织

幼儿谜语活动分为猜谜和编谜两种活动形式。谜语活动对幼儿的能力有一定的要求，即幼儿必须具有一定的生活经验，对事物或现象的特征有一定的认知，具备一定的语言理解和表达能力，思维发展具有一定的概括性等，才能准确开展谜语活动，所以谜语活动主要在中大班开展。

1. 幼儿猜谜活动的设计和组织要点

（1）创设情境导入，方法与诗歌类似，以便引起幼儿猜谜的好奇心和浓厚兴趣。

（2）教幼儿掌握猜谜的具体方法。如果是幼儿初次接触猜谜语，教师要先介绍谜语的组成，由谜面和谜底构成，猜谜的方法要求幼儿仔细听清楚每个字、每句话，并把几句话连起来想，注意谜面的每句话都要与谜底吻合，再把每句话的特征综合起来判断，以猜出谜底。

（3）教师示范猜谜。教师出示谜语后，示范猜谜，引导幼儿将谜面与谜底每一句逐句对应、检验。

例如，谜语《星星》。

> 许多小银灯，
> 挂在天空中。
> 白天看不见，
> 晚上才出现。
>
> （谜底：星星）

教师提问题："天空中有什么东西像小银灯呢？晚上才出现，是什么东西呢？"要把猜的东西句句核对。到谜面的每一句都与星星的特征相吻合，综合起来，猜出的谜底就是"星星"。

（4）教师引导幼儿猜谜。教师念谜面时，要求发音准确，吐字清楚，速度适中，关键词重读；启发幼儿猜谜时，教师可以通过适当讲解，提出启发性问题引导幼儿思考，如以下谜语。

> 身穿黄衣裳
> 弯弯像月牙
> 吃着软又甜
> 宝宝最爱吃。
>
> （打一水果）（谜底：香蕉）

教师出示谜语时，幼儿可能很难猜出是香蕉，要是教师抓住"像月牙""黄""软""甜"启发幼儿思考，提出关键性的启发性问题："在我们知道的水果中，什么水果身穿黄衣裳？并且它长得像月牙，软软的，吃起来是甜甜的。"幼儿综合以上特征进行思考，就很容易猜出是"香蕉"了。出示谜底时，师生共同印证谜语，教师可拿出作为谜底的实物或图片，引导幼儿将谜面的每一句逐句与谜底核对，再次印证谜语。

（5）教幼儿记忆谜语儿歌。方法同诗歌类似。

（6）同样方法出示谜语两个或三个，引导幼儿猜谜。猜谜活动结束时，鼓励幼儿将学会的谜语带回家去给别人猜，并引导幼儿在日常生活和娱乐活动中进行猜谜活动。

2. 幼儿编谜活动设计与组织要点

编谜对幼儿的知识面、智力和语言能力都有较高的要求，需要幼儿具有一定的生活经验，主要是对生活中常见事物或现象的特征或习性要有一定的认识。所以主要在大班开展。

（1）教师引导幼儿认识谜语特点。教师可以向幼儿解剖一首已猜过的谜语，使幼儿懂得谜语的构成和相关特点。例如，前面猜的谜语"香蕉"，前两句是讲香蕉的形状，后两句是讲它的口感。通过分析，说明编谜的方法很多，可以从物体的形状、颜色、声音、动态、性质、用途或者生活习性等方面去编。同样的东西可以有不同的编法。编出的句子要短小精练，音韵和谐，读起来朗朗上口。

（2）教师示范编一首谜语。教师示范编谜前，应出示谜底的实物或图片，让幼儿观察熟悉它的特征，教师再边看实物或图片边逐句编谜，编好后，引导幼儿将编出的谜语与实物或图片加以对照，使幼儿进一步掌握编谜的方法。

（3）教师出示谜底，引导幼儿编谜。一般可以采取以下两种方法。

① 教师启发幼儿逐句编谜，如以"肥皂"为谜底，教师出示一块方形肥皂，问："这块肥皂样子像什么？"幼儿七嘴八舌说出不同的句子，确定一句："看着像块糕。""这块糕能用嘴咬吗？"幼儿说不能，引导又编出一句："不能用嘴咬。"教师让肥皂沾上水，用手搓搓，手上显出白泡泡，引导又编出两句："沾水搓一搓，满手白泡泡。"这就编出一首肥皂的谜语。这种编法虽较呆板，但较容易，对初学编谜者可用。

② 教师提出一系列启发性问题，引导幼儿完整编谜。最后教师对幼儿编出的句子进行指导、修改，集体编成一首谜语的谜面。例如，还以"肥皂"为谜底，让幼儿观察肥皂后，教师提问："肥皂看起来像什么？它有什么用？要是碰到水后会怎么样？"根据问题，幼儿先三三两两地试编，再请他们发言，教师进行指导，最后编出：小小一块糕，洗衣不可少；蘸水搓一搓，衣服干净了。

（4）教师引导幼儿背诵自编谜语。编好的谜语引导幼儿背熟，鼓励幼儿给中班幼儿或家长猜，以提高编谜的兴趣。编谜也可以在日常生活和游戏中进行，鼓励幼儿编谜后互相猜。

三、评析幼儿园文学作品活动

（一）文学作品活动的评析

1. 活动内容是否满足幼儿审美需要，符合幼儿年龄特征

首先，评析文学作品的内容是否满足幼儿的审美需要，是否以幼儿的审美趣味为前提。文学活动所应用的审美艺术要素总是体现幼儿能适应的特殊规范和要求，呈现出特殊的组合形态和构成状态。

其次，评析文学作品的内容是否符合幼儿的年龄特征，是否以幼儿的接受能力为基础。幼儿主要通过"听"来接受文学方式，因此要从文学作品的题材、主题、情节、结构、形象、表现手法等方面评价是否符合幼儿的年龄特征，并为幼儿可理解和接受。

2. 活动方式是否利于幼儿学习能力的发展

首先，为了确保幼儿学习动机的激发，教师是否能特意创造出某种与作品内容、意境、情感相协调的环境或氛围，以便更好地帮助幼儿理解、体验、把握、享受文学作品，

这是评析的一个重要方面。

其次，为了确保幼儿学习能力的良好发展，要评价教师是否做到：幼儿有更多机会在学习作品之前、之后完整欣赏他人的讲述或朗诵；幼儿有更多机会直接欣赏、表现、表演文学作品本身，而不是让他们更多地去面对种种孤立的语音、语词、语句的操练；幼儿有更多机会完整连贯地讲述、朗诵文学作品，而不是反复练习或操练其中的片段或某个技能。

总之，教师在组织幼儿开展文学活动时，不应仅仅只是教会幼儿背诵一首诗歌，吟诵一篇散文，复述一则故事，而是要注重诱发幼儿的学习动机，培养幼儿的审美情趣，发展幼儿的语言能力和思维能力，引导幼儿掌握学习方法，帮助幼儿逐步领悟到为人处世的真谛，让幼儿学会学习、学会思考。

（二）文学作品活动应注意的问题

1. 充分发掘文学作品的整体功能

文学作品具有寓教于乐的特点，对幼儿发展的整体功能可以概括为知识启蒙、智力启蒙、人生启蒙。知识启蒙是文学作品的表层功能，通常表现为让幼儿通过文学教育获得某些信息，学习某些知识经验，掌握某些词句，懂得某些道理，因而幼儿文学作品首先成为幼儿知识启蒙的重要工具。教师要在文学活动中，充分发掘文学作品知识启蒙的功能，让幼儿获得丰富的自然知识和社会知识。

智力启蒙和人生启蒙则为文学作品的深层功能，是幼儿文学活动的重点。实际上，幼儿在接受儿歌、故事等知识启蒙的同时，也在或多或少地接受着智力启蒙和人生启蒙。如谜语歌《月亮》"有时像香蕉，有时像圆盘，白天看不到，晚上才出现"不仅在传授知识的同时满足了幼儿的好奇心和求知欲，而且对于幼儿推理判断和联想能力的发展也是极为重要的。在文学活动中让幼儿学习语言，增强文学理解和文学艺术的想象力，激发其创造性思维，也就是发掘文学作品的深层功能。如童话《白雪公主》《渔夫和金鱼》等，在丰富幼儿知识的同时，又发挥了巨大的智力启蒙作用。

另外，文学作品中那些栩栩如生的形象、生动有趣的情节，直接展现社会生活，为幼儿展示了一个他们未曾经历的世界，使他们能够深入细致地体验了解主人公的情感、态度、行为和心理世界等，从而形成一定的认识和生活经验，这对于加速幼儿的社会化进程，有很大的帮助。因此，在文学活动中，既要注意发掘文学作品的表层功能，又要注意深层功能的发掘，让其功能整体发挥，以促进幼儿语言水平的提高。

2. 在日常生活中渗透文学教育

幼儿文学作品教育除了正式组织的教育活动之外，在日常生活中，教师可以利用各种条件进行文学作品的渗透。例如，在墙饰布置中安排故事和诗歌的内容，在听觉背景中出现故事和诗歌，使之在不经意中渗入幼儿的大脑，从而产生一定的记忆。一些在背景中出现过的作品，当移到正式的学习活动中时，幼儿往往会产生"似曾相识"之感，增加进一步学习和探究的兴趣。教师也可以培养幼儿主动学习的习惯。如让幼儿独立自主地选择图书、磁带、卡通片录像带或光盘等，操作音响设备和电脑，收听或收看文学作品。当然，也可以在其他领域的教育活动中渗透文学教育。如幼儿穿衣时，老师念儿歌："抓领子，盖房子，小老鼠，出洞子，吱溜吱溜上房子。"幼儿一边听，一边学穿衣，增加生活的情趣，像游戏似的就把衣服穿好了。在刷牙前后也可以加入儿歌，如《刷牙歌》："小小牙齿用处大，吃饭说话都用它。吃过食物漱漱口，早晚记住把牙刷，天天用它要爱护，少生病来健康佳。"达到生活与文学活动的有机结合。年龄越小的幼儿，越要让作品融入日常生活，使之在幼儿的操作中内化形成文学表象。

3. 不断增强时代意识，符合幼儿欣赏情趣的文学作品

要使选择的文学作品能够真正体现语言教育的目标，能够促进幼儿语言的发展，教师必须增强时代意识，不断充实有时代气息的幼儿文学作品，以提高幼儿学习文学作品的兴趣。

从幼儿的兴趣出发，就要选择幼儿感到有趣味的作品。例如，文学作品中的人物形象及其动态与日常生活中的形象既有联系又有较大的反差，幼儿往往特别感兴趣。如《会动的房子》中，小松鼠错把乌龟背当作大石头，把房子造到乌龟的背上，当出现险情时，才发现自己犯了粗心大意的毛病。幼儿见过许多造房子的情景，但却从未看到过会动的房子，更没有看过乌龟背上造房子，他们就会感到滑稽可笑。

还有想象奇特、动作性强、情节和语言循环往复、结局完满的作品，都符合幼儿的情感和期望。教师可以选择这一类作品，增加并补充到语言学习的内容中去，使幼儿已有的经验在想象中得到整合与创新。在幼儿的经验范围内，教师还要注意充实一些人物、情节、情感变化比较复杂的文学作品。这对于幼儿更富有挑战性，有助于幼儿全面调动自身的文学心理功能，使学习文学的潜能得到开发。

4. 教师应尽可能让幼儿在自由、宽松、舒服的环境中欣赏文学作品

幼儿欣赏文学作品的效果受环境的影响很大，应注重自由的、宽松的、舒服的环境在文学活动中的重要价值。在文学活动过程中，应从阅读的物理环境和精神环境两方面提供给幼儿适宜的环境，还要注意阅读活动中的操作性问题，具体方式主要有重视幼儿的语言表达，运用动作展示对作品的理解，运用音乐绘画等方式加深对文学作品的体验等。

案例

案例1：小班儿歌欣赏活动

活动名称：吃得欢。

活动目标：

刚进入幼儿园小班的孩子都有一个明显的特点，即"以自我为中心"，也都有各自在家的饮食习惯，有好的，也有不好的，进餐情况完全视当时的心情而定。《纲要》指出教育内容贴近幼儿的生活来选择幼儿感兴趣的事物和问题，又有助于拓展幼儿的经验和视野。《吃得欢》是一首活泼俏皮的儿歌，以简单易懂的语言，形象生动地描述了幼儿进餐的过程，这首儿歌的内容既贴近幼儿的生活，又符合小班幼儿在词汇方面，以名词为主的特点，而通过欣赏儿歌中的某些内容，能够丰富幼儿的词汇，促进幼儿的语言发展。这朗朗上口的儿歌能很快吸引幼儿的注意力，而且儿歌的内容贴近幼儿的生活，以幼儿为主体，能够极大地调动幼儿参与活动的积极性，让他们在体验用餐乐趣的同时，发展语言能力。

（1）学习并初步理解儿歌内容，感受儿歌所表现的童趣。

（2）尝试用适当的词语替换儿歌的饭菜名，能仿编儿歌。

（3）体验用餐的乐趣，初步形成不偏食的良好饮食习惯。

活动准备：

（1）物质准备：香米饭、炒青菜的彩色图片。

（2）知识准备：幼儿已经向妈妈询问过自己常吃的饭菜名或自己喜欢吃的饭菜名。

活动过程：

1. 提问导入

教师先交代儿歌名，然后向幼儿展示香米饭、炒青菜的彩色图片，提问："这图片上画的是什么？"

2. 欣赏儿歌

教师准确并有表情地朗诵儿歌，引起幼儿学习的兴趣。

3. 教幼儿朗诵

（1）逐句教，着重提示幼儿"有营养，不偏食""吧唧吧唧吃得欢"这两句。

（2）分组练习。

（3）分组朗诵，比赛巩固记忆。

4. 朗诵儿歌

（1）幼儿听教师朗诵。

（2）师幼对诵，幼儿在教师的提示下可加上招招手、闻一闻、吃一吃等动作，随幼儿自己发挥。

（3）幼儿朗诵。

5. 仿编儿歌

教师提问："小朋友，你们在家都吃什么饭菜呀？你最喜欢吃什么饭？什么菜呀？"教师引导幼儿用自己知道的饭菜名替换儿歌中的饭菜名。

活动延伸：

教师提醒：回到家后，幼儿还可以创编新的儿歌，和爸爸、妈妈一起玩这个游戏。

活动反思评价：

欣赏文学作品是幼儿学习语言的一种活动类型，而仿编活动是幼儿在欣赏、理解文学作品内容及构成的基础上的一种创造性活动。本节课的选材源于幼儿的生活经验，根据小班幼儿的语言特点，通过教师讲解、朗诵、表演活动，让幼儿理解和熟悉儿歌内容，发展幼儿的语言能力，且有利于幼儿初步形成不偏食的良好饮食习惯和团结合作意识。在理解儿歌结构的基础上，结合幼儿的生活经验，发挥幼儿的想象力，发展幼儿的创造能力。

附：

吃得欢

小朋友来呀来，

快快来吃饭。

什么饭？香米饭。

什么菜？炒青菜。

有营养，不偏食。

吧唧吧唧吃得欢！

案例 2：中班诗歌欣赏活动

活动名称：我是三军总司令。

活动目标：

（1）在进一步掌握诗歌的基础上，启发幼儿仿编诗歌《我是三军总司令》。

（2）发展幼儿的想象力、创造力。

（3）培养幼儿对学习语言文学作品的兴趣。

活动准备：

诗歌内容的图片、活动室布置各种动物图片、每组一套动物小卡片、音乐磁带、歌曲《长大要当解放军》磁带。

活动过程：

（一）欣赏复习诗歌《我是三军总司令》

教师配乐朗诵，幼儿欣赏。

教师："小朋友，让我们复习一首前几天学过的诗歌，然后告诉大家，你听到了什么？"（教师配乐朗诵）

提问："谁能告诉大家这首诗的名字？"

幼儿："这首诗歌是《我是三军总司令》。"

幼儿随教师配乐朗诵诗歌。

教师："小朋友回答得很好，让我们一起看着诗，随着音乐朗诵诗歌《我是三军总司令》。看谁朗诵得最美、最动听！"

（二）仿编诗歌

1. 启发幼儿仿编诗句

教师："小朋友，如果你也是一个三军总司令，你想让谁来当你的飞机、军舰、坦克呢？看！老师还给小朋友们提供了许多图片、卡片，你们可以边观察边选出自己的飞机、军舰、坦克，告诉周围的好朋友。"（幼儿参观各种图片，教师巡回指导）

教师："你想让谁来当你的飞机？为什么？"

幼儿："我想让啄木鸟当我的飞机，因为它能飞翔。"

教师："你想让谁当你的军舰？为什么？"

幼儿："我想让海豚当我的军舰，因为它很聪明，而且会游泳。"

教师："你想让谁来当你的坦克？为什么？"

幼儿："我想让狮子来当我的坦克，因为狮子很凶猛。"

2. 启发幼儿仿编诗句

小朋友都选出了自己喜欢的飞机、军舰和坦克。现在看谁能用诗一样的语言把它告诉大家。例如，你想让蜻蜓做你的飞机，就可以用诗里的语言来说："蜻蜓妈妈问我：'小蜻蜓哪去了？'"我说："小蜻蜓做了我的飞机。"（幼儿接龙发言仿编诗句）

3. 仿编诗歌

（1）引起幼儿仿编兴趣。教师："小朋友你想当小诗人吗？把你选的飞机、军舰、坦克编进诗里，用诗一样的语言朗诵出来，你就能成为小诗人了。"

（2）示范仿编诗歌的方法。教师："现在我们就把小朋友选出的飞机、军舰和坦克编进诗里。"（教师示范编一首诗歌）"这样我们就编成了一首诗，成了一位小诗人。看我们班有多少位小诗人。"

（3）分组仿编诗歌。教师："现在小朋友可以把自己编的诗朗诵给周围的小朋友听，我们再选出一位小诗人朗诵。"（幼儿仿编诗歌，教师巡回指导）

请每组的一名幼儿随音乐朗诵自己仿编的诗歌。

（三）随优美的旋律走出活动室

教师："刚才小朋友都运用聪明的头脑编出了一首最好听的诗。现在让我们一起放松一下，跳一支愉快的舞。"（随《长大要当解放军》的音乐旋律走出活动室）

活动延伸：

可把小卡片放到语言角让幼儿在自选活动中继续仿编诗歌。

活动反思及评价：

作者根据中班幼儿的年龄特点，在欣赏和理解诗歌的基础上学习仿编诗歌。在活动的开始部分首先欣赏配乐诗朗诵，让幼儿在优美的旋律及教师生动丰富的肢体动作带动下，再次感受诗歌，在轻松愉快的氛围中自然感知诗歌的优美韵律，并且通过幼儿配乐朗诵诗歌让幼儿充分体会和进一步理解诗歌。

幼儿学习仿编诗歌的过程是本次活动的重点也是难点，为了突破这个难点教师在活动前创设了与活动相适宜的环境，布置了许多动物图片。引导幼儿观察认识了很多动物，并开展了为小动物找家的活动，让幼儿知道小燕子、老鹰、猫头鹰等喜欢在天空翱翔；鲨鱼、海豹、鲸鱼等喜欢在水中嬉戏；狮子、老虎、大象等喜欢在陆地狩猎……这些知识的积累为幼儿仿编诗歌提供了大量素材，为仿编诗歌做好了知识准备。在教育活动中，教师首先引发幼儿仿编诗歌的兴趣"如果你是一名三军总司令，想让谁做你的飞机、军舰、坦克呢？"结合幼儿思维具体形象的特点，教师为幼儿提供了可以在桌面操作的小动物卡片，让幼儿在宽松、和谐、自由的氛围下观察，把自己的选择与同伴、教师交流，让幼儿在活动中主动建构知识，而此时教师只是一位引导者、观察者与合作者。幼儿结合图片的暗示，自主学习仿编诗歌。在宽松、自主、愉快的学习氛围下，幼儿越编越自信，内容越编越多，为不同能力水平的幼儿提供了大胆创造并体验成功与快乐的机会。孩子们通过与同伴的交流，增进了相互之间的友谊，分享了创新的快乐。

案例 3：大班绕口令活动

活动名称：猫和包。

活动目标：

（1）能在图标的帮助下朗诵绕口令。

（2）练习发准易混淆的字音：宝、包、猫、叼。

（3）喜欢说绕口令，体验说绕口令的乐趣。

活动准备：

（1）根据绕口令内容制作图标：小宝、小猫、包各 4 个。

（2）图片一：小宝、小猫、包。

（3）图片二：每一张都画有小宝、小猫、包共 4 张。

活动过程：

1. 图片激趣

出示图片一：小宝、小猫、包。

提问："这是什么？它们之间到底发生了什么有趣的事呢？"

2. 欣赏绕口令《猫和包》

（1）教师示范朗诵绕口令两遍。

（2）提问："你听到了什么？"根据幼儿的回答将图标按照绕口令的格式摆放出来。

（3）幼儿看着图标初步朗诵绕口令两三遍。

提问："你在读绕口令时有什么感觉？你发现这个绕口令中有哪些容易混淆的字？"

教师小结：原来这首绕口令的宝、包、猫、叼字读音相近，容易混淆，念起来比较拗口，念快时容易念错，我们念的时候要注意。

3. 练习读准相近音

（1）老师读但不出声，让幼儿看老师的口型猜猜老师在读什么字，然后大声念出来并进行练习。

（2）游戏：击鼓传图片。

4. 借助图标学习绕口令

（1）教师用逐渐减少图标的方法，帮助幼儿记忆绕口令内容。

（2）不使用图标练习朗诵。

（3）让幼儿用书练习朗诵。

5. 运用多种形式进行绕口令比赛

（1）加入节奏练习，引导幼儿一边拍手一边朗诵绕口令，帮助幼儿掌握绕口令的节奏。

（2）尝试加快速度朗诵绕口令并进行比赛。

（3）鼓励幼儿朗诵自己掌握的绕口令，增加幼儿对绕口令的兴趣。

附：

猫和包

小宝拿包逗小猫，

小猫叼走小宝的包，

小宝追猫去要包，

猫叼包和小宝藏猫猫。

活动反思及评价：

绕口令最大的特点就是拗口，在学习绕口令《猫和包》时，儿歌中的"宝、猫、包、叼"这几个字的发音很容易混淆，难以掌握。活动开始，教师通过图片引入，激发幼儿学习的兴趣，接着示范朗读—练习混淆字的发音—根据图标学习绕口令—通过多种形式比赛。整个活动孩子们的学习积极性比较高，掌握得也不错。

活动设计符合大班年龄幼儿，活动选材新颖，来源于生活，以图结合汉字的形式，让幼儿很快理解了什么是绕口令，也了解了绕口令的意义，让其了解绕口令的特点，感知绕口令的节奏和韵律。看着图标就能很顺口地读出来。幼儿对这样的活动很感兴趣，在以后的教学活动中应多用这样的形式来开展教学。

❖ 拓展训练

训练一：观摩幼儿园文学作品活动

训练目标：

（1）观摩、记录幼儿园教师如何出示文学作品，并逐步完成活动目标、活动准备及活动过程的设计环节，了解文学作品活动的教案书写。

（2）增进对幼儿园文学作品活动的具体组织和指导环节的设计。

训练要求：

（1）观摩幼儿园小、中、大班文学作品活动各一个。观摩、记录活动全过程，重点观察活动目标的达成、活动过程的设计和组织、幼儿的参与效果。

（2）与幼儿园执教教师进行交流研讨，请幼儿园执教教师介绍活动中的目标设计、材料准备、过程组织及活动方式的构想。学生围绕观摩活动提出问题。

（3）完成见习报告。

训练二：幼儿园文学作品活动的设计

训练目标：

（1）掌握幼儿文学作品活动的组织形式和方法。

（2）学习运用所学理论知识及观摩活动中的经验。

训练要求：

（1）针对诗歌《春天到》（小班）、《红房子》（中班）、《金色的太阳》（大班），你怎样进行提问，引导幼儿感受文学的美？

（2）自己选择一个文学作品活动的主题，设计一篇完整的文学作品教案。

训练三：幼儿园文学作品活动的组织

训练目标：

（1）培养实际的幼儿文学作品的组织与操作能力。

（2）锻炼在实际活动操作中的应变能力。

训练要求：

（1）任选一个幼儿文学作品活动，准备教案及相关教具，进行模拟教学。

（2）在模拟活动的基础上，到某一幼儿园任选一个年龄班，实际进行文学作品活动教学。

学习总结

在本章中我们学习了语言教育活动中的文学作品活动，本项目详细阐述了文学作品活动的设计与组织。同时列举了部分教学的实际案例与方案，能更直观地让学习者从理论与实践的双向层面对幼儿园文学作品活动的设计组织有深入的了解，从而达到提高教学设计能力的教学目标。

第八章
当幼儿爱上早期阅读

🌱 导学

在本章中你会学习到什么是幼儿园早期阅读教育活动，早期阅读活动有哪些特点，幼儿园的早期阅读活动应该如何设计和组织，教学指导的要点有哪些。

📋 学习目标

（1）理解幼儿园早期阅读活动的内涵。

（2）了解幼儿园早期阅读活动的特点和类型。

（3）明确幼儿园早期阅读活动的总目标及年龄阶段目标。

（4）能够制定合理的早期阅读活动目标。

（5）掌握幼儿园早期阅读活动设计与组织实施的基本思路和方法。

🔗 思维导图

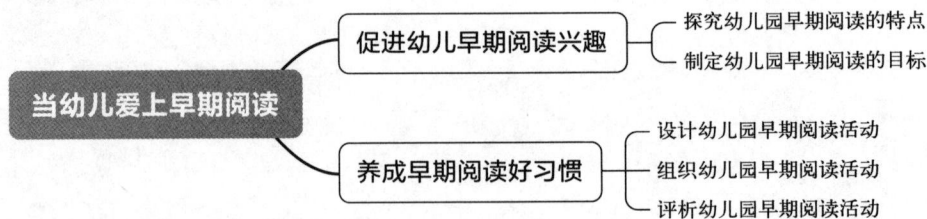

第一节

促进幼儿早期阅读兴趣

✈ 案例导入

什么才是早期阅读？

当老师布置"早期阅读活动"的试讲任务后，同学们就分头认真准备起来，并在学校的微格教室分组开展试讲。在评议各组试讲情况时，大家积极发言，各抒己见。小琪说"我们选择《逃家小兔》这本图画书。该书精美，内容适宜，把组织活动的重点放在边看图边讲故事上，如同讲故事、听故事一样，这样是阅读活动吗？"小美说："我们选择了图画书《月亮的味道》，大家都爱不释手，但我们的活动重点是引导幼儿对每一个画面进行仔细观察和理解，侧重启发幼儿注意图上画的是什么地方？图上有谁？他们在做什么，说了什么话？进行早期阅读，这样是不是跟看图讲述的指导一样？好像体现不出阅读的特点。"小敏说："我们组与众不同，我们利用图片和字卡教幼儿认识'木'字旁的字，采用字图对应、抽卡片、排卡片、描画字形等各种有趣的游戏，高效率地让幼儿认识了一连串文字，突出了认字和识字的教学重点，这才是真正的阅读活动。"……听了同学们的发言，大家陷入了沉思，也产生了诸多的困惑。

　　要求：根据案例分析以下问题。

　　（1）早期阅读等同于认字和写字活动吗？

　　（2）图画书阅读与看图讲述、文学作品活动有哪些异同之处呢？

🧩 知识讲解与案例分析

一、探究幼儿园早期阅读的特点

（一）幼儿园早期阅读的内涵及教育价值

　　早期阅读活动是幼儿语言教育不可缺少的教育形式，是个体终身学习的基础，也是个体认识世界的重要途径，阅读能力在很大程度上决定着一个人的学业和成就。在《纲要》关于幼儿语言教育的内容与要求中提到："利用图书、绘画和其他多种方式，引发幼儿对书籍、阅读和书写的兴趣，培养前阅读和前书写技能，培养幼儿对生活中常见的简单标记和文字符号的兴趣。"苏霍姆林斯基曾说："阅读越早，对智力发展越有益。"有研究者提出，3～8岁是学习阅读的关键期。在这一时期，幼儿需要养成阅读的习惯，形成自主阅读的能力，从而将阅读的兴趣转变成一生的热爱。幼儿到4～5岁的时候，已经获得了日常语言交际量的90%，对书面语言产生了主动需求，因此，开展早期阅读是非常必要和可行的。但是在今天由电视、电子游戏和网络所构筑的科技世界中，幼儿与书本的距离却越来越远。因此，近年来世界各国所推动的教育改革，几乎都将推广阅读风气、提升阅读能力列为重点。

1. 幼儿园早期阅读的内涵

　　提到阅读，人们常会感到不惑：幼儿很小，不识字，怎么能阅读呢？其实，幼儿阅读与学龄阶段的阅读大有区别。对于年幼的幼儿来说，只要是与阅读活动有关的任何行为，都可以算作阅读。例如，用拇指和食指一页一页地翻书；会看画面，能从中发现事物的变化，将之串联起来理解故事情节，读懂图书；会用口语讲述画面内容，或听老师念图书文字等。当幼儿和父母一起出去，看到自己认识的字，然后兴奋地念出来，这也是一种阅读。虽然婴幼儿不认识字，但在上厕所时通过看厕所门口上的男女头像，分辨自己该进哪个门；当幼儿识别红绿灯的交通指示、安全标志、商品标志等时，他们都已经在阅读。如刚刚满月的婴儿，抓着一本书在咿咿呀呀地玩着，或者看着上面的图画又撕又打，都可以算是一种阅读。而当他们看见大人坐在沙发上看报纸，自己也装模作样地拿起报纸，认真地"看着"，不管他们拿的报纸是正的还是反的，也可算是一种阅读。甚至当他们还在妈妈肚子里时，妈妈就开始给他们朗读故事和文章，这也算是一种阅读。

　　因此，在早期阅读中，幼儿读的不是完全意义上的"书"。阅读是人们通过对书面语言和其他书面语言符号的辨认、感知和理解，从中获取知识和信息的实践活动和心理活动过程。早期阅读是指幼儿凭借变化的色彩、图像、文字，或通过成人形象地读、讲来理解读物的活动过程。幼儿早期阅读教育是指以幼儿自身经验为基础，在适当情境中，通过幼儿对文字、符号、标记、图片、影像等材料的认读、理解和运用，对幼儿身心所施加的一种有目的、有组织、有计划的影响活动。

小贴士

对标志的认读和运用

幼儿年龄较小，各种心理活动带有明显的直觉行动性，语言及思维都是在直接与事物的接触或活动中进行的，离开了具体的事物、具体的活动便不能进行。他们常常边做边想、边做边说，只有在相应的情境中才能理解内容。所以想让幼儿认识标志，必须在幼儿熟悉的生活情境中进行，否则他们无法理解。根据幼儿的这些特征，在他们初入园时，首先在他们各自的生活用品——小床、茶杯、毛巾、晨检牌上贴上一样小动物，由于幼儿比较喜欢亲切的小动物，自然很快就记住了属于自己的物品。其次，让幼儿认识厕所的标志，在小便池上贴上小男孩和小女孩的头像，引导幼儿认识自己应使用的小便池。最后，让幼儿认识室内、园内的标志。在水桶旁贴上小脚印，让他们知道人多的时候要排队喝水，不要拥挤。刚开始他们不习惯，总是想怎样就怎样，不断让他们看到标志，提醒他们"人多了要排队"，他们逐渐能学会遵守集体规则。马路上有红绿灯、斑马线，大厦里有防火、安全出口等。当家长带幼儿外出游玩时，及时地让幼儿观察标志，且家长可以把标志画下来，让幼儿进行涂色，最后请幼儿把标志的含义讲给其他人听。幼儿在寻找、涂色、讲述的过程中，进一步理解了标志并会从中找出规律。如在交通标志中有"斜线"的，就表示"不可以"。

需要重点强调的是，早期阅读不等于早期识字。早期阅读应当包括一切与书面语言学习有关的内容。识字是学习书面语言的一种内容和方式，但不是唯一的内容与方式。大批地、正规地组织幼儿识字是不可取的，大量、系统地识字不是幼儿早期阅读的内容。但是，在组织幼儿早期阅读活动中故意回避与文字的接触，也是错误的做法。

简而言之，早期阅读不仅仅是"读"文字，还包括对图片、符号、标记的辨认及对影像资料的阅读，如幼儿观看动画片也属于早期阅读。早期阅读也不仅限于用眼睛看或用嘴读，还包括听、写、画、触等其他多种感官的参与，如盲人通过触摸识别盲文的过程，幼儿运用绘画代替文字，传达自己言意、情感的过程等。

2. 早期阅读的教育价值

早期阅读是一种融观察、想象、记忆、思维、表达等综合能力的活动，是一种接触书面语言的行为活动。它是口头语言与书面语言相互结合的整体，是语言内容与其他学科内容相互联系的整体，也是学前幼儿学习、教育与生活融合一起的整体。它能促进幼儿的全面发展，具有多方面的教育价值。

（1）愉悦身心，增加幼儿的生活情趣。幼儿阅读是以快乐体验为追求的。在早期阅读中，借助丰富多样的阅读材料和内涵丰富的阅读内容，能够让幼儿陶醉于阅读的快乐之中，让幼儿时时感受到翻阅图书和阅读各种材料带来的乐趣，感受阅读材料所传递出的直观景象和生动情趣，获得愉悦的体验，对阅读留下美好的印象，并产生向往的憧憬，从而增加幼儿的生活情趣，充实幼儿的精神世界。

（2）开阔视野，丰富幼儿的社会经验。通过阅读，幼儿能从阅读内容中感知大自然的神奇美妙和科学的无穷奥妙，激发起对科学现象的探索欲望。同时还能了解社会生活中的各种人、事、物，接触了解国内外、各地区、各民族的不同文化，懂得做人的道理，理解做事的规则，从而增长知识，开阔眼界，不断丰富社会生活经验。

（3）增进交流，提高幼儿的语言表达水平。幼儿借助阅读，能够不断运用口头语言和书面语言进行交流活动，积极地与阅读的材料、阅读的伙伴、阅读的内容进行多方面的互动和不同角度的交流表达，增加与语言接触的频率和运用语言的机会，尤其是增强对书面语言的敏感性，从而有效地提高语言表达水平。

（4）刺激大脑，开发幼儿的智力潜能。从大脑皮层语言中枢的成熟和机能定位来看，阅读中枢位于大脑皮层中央后回部，即顶叶、枕叶、颞叶交界处的角回。从脑皮层的发育顺序看，阅读中枢应在说话中枢之前基本发育成熟，这为早期阅读奠定了生理基础。通过阅读，幼儿在反复观察的过程中，把阅读的图案、符号或画面作为一个整体模式进行识别，整体印在神经网络里，有效刺激大脑，促进大脑神经功能的成熟，开发幼儿的观察、感知理解、记忆等各项智力潜能。

（5）学习阅读，培养幼儿基本的学习能力。研究表明：幼儿在 6 岁之前较 6 岁之后更容易学习阅读，口头语言与书面语言的发展是同步的。在阅读活动中，幼儿不仅能够借助形象生动的阅读材料和内容激发阅读兴趣，学习阅读方法，而且能够养成爱护书籍、自主阅读、积极思考和表达的良好习惯，促进幼儿在阅读中观察猜测、思考想象、表达创造，培养基本的学习能力，为幼儿的终身学习奠定良好的基础。

3. 幼儿园早期阅读的特点

早期阅读的概念相当宽泛，而不仅仅局限于认识几个字和学写几个字，教师应全面把握幼儿园阅读活动的特征。

（1）良好的阅读环境。幼儿的阅读兴趣和自主阅读的意识需要在良好的阅读环境中进行熏陶和培养，创设自在、有趣、丰富的阅读情境是幼儿早期阅读的需要，是区别于进入小学后正规阅读的主要标志。

良好的阅读环境是充满情趣的，需要具备如下的要求。一是购置方便、实用、合适而美观的阅读设备，如幼儿图书橱柜、桌椅、围栏、音像器材等，为幼儿阅读提供直观和便利的设施。二是营造温馨、舒适、迷人而愉悦的阅读氛围，如为幼儿提供台灯、坐垫、茶点和背景音乐等，让幼儿在教师、家人温情的陪伴中充分享受阅读的惬意和美妙。三是提供充足、互动、自由而灵活的阅读机会，让幼儿有充足的时间进行阅读，有机会与阅读环境、与同伴和教师进行交流互动，并能够自由而灵活地选择阅读时间、地点和阅读材料，自主地开展阅读活动。

（2）丰富的阅读材料。阅读材料是幼儿阅读的对象和内容，对幼儿而言，阅读材料是直观、形象、生动、具体的，具有实际意义。在幼儿园的阅读活动中要提供生动、形象、直观而丰富的阅读材料，如图书、画报、杂志、光盘等。各类阅读材料的题材应丰富多彩，包括生活、科学、环境、生命教育、亲情、友谊、克服困难、奇险经历等；文体也应多种多样，包括童谣、诗歌、故事、传记、散文、剧本等。在安全的前提下，教师将各类阅读材料放在幼儿伸手可及的地方，让幼儿随时可以接触阅读材料，更好地激发幼儿阅读和书写的兴趣。

（3）多样的阅读形式。早期阅读的形式是多种多样的，包括引导幼儿阅读不同类型的图画书，以及在日常生活中引导幼儿阅读广告牌、街上的标志、餐馆的菜单、家中的电话簿、玩具的说明书等，其中最为典型的形式是图画书阅读。此外，在每一种形式的阅读活动中，教师要注意引发幼儿对生活中常见的简单标记和文字符号的兴趣，引发幼儿对书籍、阅读和书写的兴趣，培养幼儿前阅读、前识字和前书写的技能。

（4）整合的阅读活动。早期阅读是一项整合性的教育活动，体现在如下方面。一是幼儿认知的综合整体。阅读需要幼儿在观察、思维、想象等的基础上，对阅读内容进行理解，倾听成人早期阅读，发表自己的观点和见解，有效锻炼幼儿对阅读信息的观察模拟、理解分析、预期猜测、自我调适以及提高表达讲述等各种阅读能力。二是口头语言与书面语言相互结合的整体。阅读不仅始终伴随口头语言，持续有效地促进幼儿口语的发展，同时还让幼儿大量地接触以印刷材料呈现的书面语言，包括图像、色彩、线条、符号以及文字信息等，能够有效地将口头语言和书面语言相互结合，促进幼儿阅读能力和语言能力的发展。三是语言内容与其他学科内容相互联系的整体。早期阅读为幼儿提供了充分运用语言的机会，促使幼儿伴随阅读活动的深入，不断感知和模拟各种语言运用方式，提高口语运用的熟练度，增强对书面语言的敏感性。同时，早期阅读的材料丰富多样，内容涵盖天文地理、古今中外等广泛题材。四是幼儿学习、教育与生活融合一起的整体。早期阅读与幼儿的现实生活紧密联系，是为幼儿的生活服务的，在阅读过程中幼儿的学习、教育与生活融合在一起，发挥着教育的整体功能。

（5）鲜明的文化背景。阅读的材料充分展现作者的意图和书面语言的特点，因而使阅读活动具有鲜明的文化背景。不同国家、不同民族以及不同地区的作者在阅读材料中所传达的内容和所运用的书面语言都具有社会性特点，有其不同的文化背景和文化特征。在开展阅读活动时，教师要引导幼儿理解母语的特性和文化背景，如认识汉字的起源、汉字的结构规律、汉字的书写工具，尝试运用毛笔写字、作画，尝试在竹简、简帛、宣纸上写字等，帮助幼儿认识母语的特点，感受祖国的文化。在选择外国图画书时，教师应考虑幼儿的生活经验和理解水平，注意与本土文化的融合和转化，让幼儿更好地接触多元的文化，感知语言的多样性。

（二）幼儿园早期阅读的类型

幼儿园的语言教育活动可分为专门性的和渗透性的两大类型，依据这一思考，可将幼儿园早期阅读分为专门性的阅读活动和渗透性的阅读活动。

1. 专门性的阅读活动

专门性的阅读活动主要指教师有目的、有计划、有组织开展的，面向全体幼儿的集中阅读活动，具体类型主要有集体阅读活动和阅读区活动。

（1）集体阅读活动。它指教师组织开展的图画书阅读、前识字和前书写等活动，有意识地培养幼儿的阅读兴趣、阅读习惯和阅读能力。在此类活动中，教师所选择的图画书是经典优秀的，所开展的阅读过程是开心快乐的，所进行的前识字和前书写活动是与幼儿的生活需要密切关联、与图书阅读相互结合的，是在生活中和游戏中自然轻松开展的，是为了让幼儿获得粗浅的文字和书写意义的经验，而不是单纯机械地认字和写字。

（2）阅读区活动。它是指在园内或班级内创设阅读区域，定期更新阅读材料，指导幼儿自主开展阅读的活动。在阅读区活动中，教师的指导虽然以间接指导为主，但教师在阅读环境的创设和布置、材料的投放和更新、区域规则的制定和执行、对幼儿的全面观察和个别指导等方面都需要发挥主导作用，需要教师有目的、有计划、有组织地给予安排和指导。阅读区的自主积极活动，能够有效地培养幼儿的阅读兴趣、阅读习惯和阅读能力，因而将这类活动纳入专门性的阅读活动中，有其特别的教育意义。

2. 渗透性的阅读活动

渗透性的阅读活动指在集体阅读活动和阅读区活动之外，与日常生活、游戏活动、领域教育、家庭生活等相互结合和渗透的活动。这类活动更多是随机性和融合式的阅读活动。具体的类型有以下几种。

（1）日常生活中的自由阅读。它指幼儿在日常生活中自由自在、随机开展的阅读活动，即在幼儿园的一日生活环节中，包括晨间接待、早操、早点、集体活动、区域活动、午餐、午睡、午间活动、午点、户外活动等各环节之中和环节之间自然结合、随机开展的阅读活动。如在晨间接待时间，幼儿可自由到阅读区拿书阅读；早点和午餐后幼儿可自由看图画书；午餐前结合图片"介绍菜谱"的报餐活动；户外活动之后的"阅读欣赏"时光等，这种活动是幼儿可自由轻松参与的阅读活动。

（2）游戏活动中的阅读活动。它指在各类游戏中渗透阅读的内容，或利用阅读的手段，结合阅读的要素，强化阅读教育功能的活动。如角色游戏中玩"书店""书吧"的游戏；表演游戏中根据图书的内容进行表演；结构游戏中按照建构设计图开展主题建构活动等。而在游戏活动中各区域标志图、区域规则、游戏主题标志、角色标志、游戏场所分布图等，体现了游戏中结合阅读要素、利用阅读手段的因素，能够促使幼儿通过辨识各种图示和图标顺利地开展游戏活动。

（3）领域教育中的阅读活动。早期阅读可渗透到幼儿园健康、社会、科学以及艺术等领域教育中，与各领域教育相互结合，促进领域教育活动的开展和阅读能力的提高。如幼儿通过阅读有关健康、社会、科学和艺术内容的图书、画报、视频或展板等，可以获得各领域的教育内容，从中受到全面的教育；也可通过阅读与各领域教育活动的相互转化，延伸领域教育内容和阅读内容，增进各领域教育的成效。如在开展科学活动"颜色的变化"中结合观察记录；在美术活动"好看的色彩"中结合范围欣赏；也可在这两个活动之前或之后阅读图书《颜色》。如此，在领域教育中有机地结合阅读活动，能够获得良好的教育效果。

（4）家庭生活中的亲子阅读。亲子阅读是早期阅读的一种有效形式。在家庭中开展亲子阅读，有着非常重要的作用。亲子之间亲密地共同进行有关阅读活动，如一起阅读图画书、一起讲述图书的内容、一起看图书玩游戏、一起制作图画书或画报等，既能增进亲子间的情感交流，又能有效培养幼儿的阅读能力，促使幼儿学习模仿家长热爱阅读的行为，从小与书为伴，热衷阅读，终身受益。幼儿园要倡导亲子阅读，让家长在家中重视开展亲子阅读，并持之以恒地进行，以温暖的亲情陪伴幼儿的阅读活动，给幼儿的童年生活增添更多的快乐体验，促进幼儿健康发展。

（三）幼儿园早期阅读的选材要求与作品赏析

早期阅读需要阅读材料，其中最为典型的阅读材料即图画书。对图画书的选择与赏析是教师在早期阅读工作中的必要准备，是有效开展阅读活动的前提，也是实现早期阅读教育价值的重要环节。

1. 图画书的选择

幼儿早期阅读的兴趣首先来源于阅读材料,阅读材料既是对原有知识的补充和升华,又能开阔幼儿的视野,还能帮助没有经过阅读训练的幼儿构建一定的语言基础和知识体系,使他们易于接受。

(1)根据儿童的年龄特点和阅读兴趣提供支持性的阅读材料。教师和家长应该引导幼儿阅读些优美的、充满童趣的、富于哲理的、益智启智的图书,选择纸张色彩、图案和内容都优美的图书让幼儿阅读,使幼儿做到"开卷有益"。

(2)选择适合幼儿年龄特点和认知水平的阅读材料。在早期阅读过程中,应该根据幼儿的年龄特点和认知水平选择阅读材料。例如,在为小班幼儿选择阅读材料时应考虑小班幼儿的年龄特点。由于小班幼儿眼球发育不够完善,因而观察的广度和深度都不够,而且他们的生活经验也有限,语言表达能力和理解能力还比较弱,应选择一些画面简单、主题鲜明、对话简洁,最后书中有重复的语言和情节的读本。到了大班,他们的思维更加灵活,能够知道口头语言和文字的对应转换关系,观察力也更加细致,所以为他们选择的阅读材料可以更加丰富,使其阅读个性化。阅读材料的难度和篇幅会直接影响幼儿阅读的兴趣,阅读材料的难度应略高于幼儿的阅读水平,让幼儿在阅读过程中"只要跳一跳,就能够得到",增强幼儿阅读的信心。

(3)选择贴近幼儿生活的适宜的阅读材料。在阅读材料的选择中,要能密切地联系幼儿生活实际,贴近幼儿生活。选择幼儿熟悉的生活实例作为阅读材料,可以帮助幼儿产生阅读兴趣,获得更多的新的生活经验,达到寓教于乐的效果。阅读教学要和幼儿生活紧密结合,让幼儿从生活的角度去阅读。

(4)选择充满童趣、情感积极的阅读材料。在选择阅读材料的时候,我们常常给幼儿提供那些夸张、奇特、拟人化、有趣味的读物。因为追求故事性和趣味性是每个幼儿的天性;喜爱故事,求奇、求趣、求乐是每个进入阅读状态的幼儿所具有的共同心理。故事性强、充满童趣的图书大都描绘的是幼儿的多彩生活。它再现了幼儿的奇特想象,从而激发了幼儿的阅读兴趣,有利于提高幼儿的阅读能力。

2. 图画书的赏析

只有懂得赏析图画书,才能有效利用图画书,充分发挥图画书的教育价值,实现阅读的教育目标。赏析图画书是一项需要锻炼的能力,也是一项需要修炼的素养。

图画书的赏析包括对图画书装帧特点、文字符号以及表达内容等方面的理解、分析、琢磨和体会。

对图画书装帧特点的分析主要指对图书结构、各部分设计特点、绘画风格、版式、页面、美术符号等方面的理解和分析,具体要理解图书结构中封面、扉页、环衬、封底等每一部分的设计特点和意图;要理解所采用的绘画风格,是水彩画、水墨画、剪贴画、简笔画,还是油画、版画等;要理解图书版式的尺寸、页面的安排,如是16开、32开,还是8开,是单页单幅图、单页多幅图,还是跨页单幅图等;要理解其美术符号的特点,如色彩、线条、图像等的表现手段、表现方式及表达意义。

对图画书文字符号的理解和分析主要指对文字的书写特点、表达风格、文与图的搭配、文字出现位置等方面的分析。图画书以图为主,文字为辅,文字发挥画龙点睛的作用,以增强画面的内涵,突出画面的主题。为引发幼儿对图画书中文字的关注和感知,作者和画家都需要讲究文字符号的呈现特点，如用不同的字体、字号、颜色；运用幼儿的口头语言，或文学的诗句，或简洁的说明性语言等不同的表达方式；放置在画面中的不同位置等。这些因素和特点都需要教师一一分析，从而把握阅读的要素和对幼儿相应阅读方法及能力的指导。

对图画书表达内容的理解和分析主要指对图画书所传递出的内容类别、内容结构、描述方式、中心主旨、表达意图等方面的分析。在对图画书外在阅读要素分析的同时，应整体领会图画书的内容，准确把握图画书的内容类别，是文学类、益智类、科普类，还是综合类；内容结构是单线式的、多线分散式的，还是重复式的；内容的描述方式是故事、诗歌、散文类的，还是说明介绍、设疑对话的方式。此外，还要分析内容的中心主题和内涵意义，准确理解作者的表达意图。针对这些分析，教师才能制定恰当的阅读目标和阅读要求，才能充分发挥图画书的教育价值，有助于培养幼儿良好的阅读习惯。

二、制定幼儿园早期阅读的目标

（一）幼儿园早期阅读总目标

幼儿园早期阅读目标的定位应体现早期阅读的价值取向和所期望达到的教育目的，它应依据早期阅读的内容、教育功能和幼儿的学习特点及身心发展水平等多方面因素进行综合考虑。

1. 幼儿园早期阅读总目标的内容

活动目标应具有整体性和全面性，应体现情感态度、认知习惯及能力技能三大维度的要求。根据《幼儿园教育指导纲要（试行）》的精神，目标应突出情感、兴趣、态度、个性等方面的价值取向，着眼于培养幼儿终身学习的基础和动力。因此，早期阅读的总目标表现为以下几点。

（1）情感态度方面。激发幼儿对书面语言的兴趣，使幼儿热爱书籍、爱护图书，喜欢观察书面语言信息（包括以印刷材料呈现的各种色彩、图像、符号及文字等），对认读汉字有兴趣，对文字有好奇感和探索愿望，能自觉自主地参与阅读活动。

（2）认知习惯方面。引导幼儿认识图书的结构，学习阅读的基本方法，懂得按顺序逐页地翻阅图书，养成良好的阅读习惯，初步建立图画符号与语言符号、口头语言与书面语言的对应转换关系。

（3）能力技能方面。培养幼儿对书面语言信息的观察模拟、预期猜测、自我调适以及连贯表述的能力，培养前阅读、前书写的技能。

2. 幼儿园早期阅读总目标的内涵分析

早期阅读是语言领域的重要内容，其目标的制定要符合《纲要》的要求。在《纲要》关于语言领域的目标和内容要求中指出"能清楚地说出自己想说的事；喜欢听故事、看图书；引导幼儿接触优秀的儿童文学作品，使之感受语言的丰富，并通过多种活动帮助幼儿加深对作品的体验和理解等"，要"利用图书、绘画和其他多种形式，引发幼儿对阅读和书写的兴趣，培养前阅读和前书写技能"。《纲要》的语言教育总目标体现了对幼儿情感态度、认识和能力三方面的描述，早期阅读目标也应着重体现这三方面。

（1）从情感态度上培养幼儿的阅读兴趣、良好的阅读习惯和态度。浓厚的阅读兴趣、良好的阅读习惯和自觉的阅读态度是早期阅读活动的重点目标。兴趣是最好的老师，是儿童求知的开始。但兴趣只是幼儿打开阅读之窗的第一步，养成良好的阅读习惯和态度才是早期阅读的最终目标。

① 阅读兴趣的培养。我国古代杰出的史学家司马迁，其父司马谈是汉朝的太史令，十分博学。司马迁受父亲的熏陶，自幼刻苦学习，阅读史籍，10岁就能流畅地读古文，从小就培养了对史书的兴趣，从而为日后的辉煌学术成就奠定了基础。犹太人都很爱读书，在他们出生不久，父母就把蜂蜜撒在《圣经》上，让孩子去舔，让孩子从小认为书是甜的，并从此不断地给孩子讲上面的故事，将书始终放在床头，让孩子从小感觉到看书和吃饭一样重要，培养孩子的阅读兴趣。

为保持幼儿对图书的兴趣，幼儿园应做到定期更换图书，根据实际需要补充图书。鼓励幼儿把家里的图书带到幼儿园交换和共享。另外，教师和家长要尊重幼儿，在为幼儿选书时，给予幼儿挑选图书的自主权，激发他们的阅读兴趣；还可以开展一些活动，激发幼儿读书的兴趣，如在图书区开展游戏活动。

小贴士

开展各类图书活动

1. "我是故事大王"活动

幼儿自愿报名，以讲故事的形式举行比赛，集体投票选出获胜者。获胜的幼儿可以得到一份小奖品，还可以把自己的照片粘贴在图书区"故事大王"栏上。

2. "知识小博士"的活动

从幼儿经常看的科普图书上找一些内容制作成小题目，幼儿自愿报名，参加知识竞赛。其他幼儿当观众。获胜的小朋友可以得到一份小礼物。

3. "自制图书"活动

（1）照片故事。由照片制作的图书可表现很多内容，如自己经历的事、自己的学习过程或家庭生活片段等。

（2）连环画图书。连环画图书可以是幼儿自己编的故事；还可根据班里发生的事画出连环画，再整合成书。

（3）新闻图书。如在奥运火炬传递期间，小朋友们都很关心奥运火炬，可以利用剪报制作一本主题为"奥运火炬在传递"的图书。

除了运用各种活动外，还可以利用标志培养幼儿的阅读兴趣。标志是一种非文字符号。在认识标志的同时，幼儿就将认识标志的技能很自然地运用到认识文字中。因为对于不认字的幼儿来说，符号标志与文字标志没有太大的区别。通过认识符号继而自然过渡到认识文字，这样的方式幼儿更容易接受。

小贴士

让符号标志培养阅读兴趣

在各活动区游戏中渗透符号标记的阅读。如操作材料、图书的分类摆放标记，美工区制作方法图示标记,不用教师讲而是让幼儿自己观察怎么做。在游戏教学中,运用符号标志进行阅读。游戏是幼儿产生和保持识字与阅读兴趣的主要手段,听读游戏是一种非常好的"寓学于玩"的教育方法。幼儿伴随着轻快的音乐,聆听着优美的诗歌、生动的故事,认真欣赏、跟读、认读指字。在愉快的氛围中,幼儿不知不觉地认读了汉字,掌握并理解了许多词语的意思,使听觉、视觉、触觉逐渐协调,达到使汉字字音、字形、字义结合起来的目的,提高了文字阅读能力。另外,在区域活动中开展找影子、字宝宝捉迷藏、走迷宫、识字棋等游戏,让幼儿在游戏中快乐地学习,加深对汉字的记忆。在活动室环境中渗透主题教育的有关内容,让环境为阅读活动、主题活动同时服务,将课题研究和主题活动有机地结合,如在开展"小宝宝"的主题活动时,贴上手势图片让孩子阅读,通过阅读知道不同手势代表的不同意思。在开展"娃娃家"主题活动时,创设亲亲一家人的照片专栏供孩子们进行分享阅读。在开展"过新年"主题活动时,让孩子阅读十二生肖的图片及文字等,使环境与孩子说话。另外,根据孩子好动、好扮演的年龄特点,我们为孩子创设了小舞台,让他们戴上头饰,拿起道具来扮演角色,表演各种故事,如两只蝴蝶、三只熊等。除此之外,我们还充分利用走廊、室外环境让孩子抬头、低头都能置身于阅读的小天地,不断地激发他们阅读的兴趣。

利用家长资源,在生活中创设环境标志。例如,路的名称、交通标志、商店的名称、广告用语、商品名称等都是很好的阅读材料。研究表明,父母越早开始,越经常和孩子一起读书,孩子对文字的理解、写作能力就越强,知识面就越广。家庭环境及父母阅读习惯对孩子阅读能力的培养有很大的影响。家长应经常和孩子一起分享读书的快乐,定时定内容地指导幼儿阅读图书,鼓励幼儿在听书的过程中跟读。另外,家长在家里也应为孩子创设一个自由读书的空间,让孩子随手可以拿到自己喜爱的书,并给家庭中的物品做一些名称标记,如"镜子""房间""卫生间""柜子""玩具狗""电视机"等。家长还可以通过指导幼儿观察不同的印刷品,帮助幼儿了解文字的功能和重要意义,如查看信件、报纸或购物单等。

② 阅读习惯和态度的培养。在幼儿阅读中,人们经常看到幼儿在翻开书,面对一幅画时,一会儿看这儿,一会儿看那儿;而在面对一本书时,一会儿翻到中间,一会儿翻到前面;还有许多幼儿看书的速度非常快,但问他们图书内容时,他们却回答不出来。这是因为幼儿的思维具有跳跃性特点,常常呈现出无序化状态,看书随意性大,同时,也存在一些幼儿缺乏认真阅读图书的态度及观察理解符号和思考的能力。因此,教师在指导幼儿看书时,要有针对性地示范看书的要领,如把一页的图书进行放大,引导幼儿进行观察,并根据图画的内容,提出相关问题,让幼儿带着问题有目的地看。

世界著名学者约翰·斯图尔特·穆勒在自传里写道:"如果说我有一点成就的话,那是我从我父亲那里接受了早期教育的结果。父亲从小培养了我的阅读习惯,我还可以断言,早期阅读使得我进入社会比别人早 25 年。"某种习惯的养成,从一定程度上说,要依赖于某种情境的反复出现,因而创设良好的阅读环境是为良好阅读习惯的形成创造条件。如幼儿园将图书角设置在临窗户的墙角,避免和喧闹的建构区及表演区相邻,并且保证有充足的光源;配备与幼儿身高相适宜的书架,以及柔软、舒适、鲜艳、美观的靠垫和地垫等。另外,制定合适的阅读规则也很必要,如根据阅读场地的大小限制人数,避免幼儿阅读时出现拥挤现象;带幼儿参观图书馆,感受安静氛围,了解一些图书借阅方式,教育幼儿在看书时不要大声喧哗，不随便打扰别人。这些都有利于幼儿对于阅读规则的掌握。

（2）从认识上初步建立幼儿口头语言与书面语言的对应关系。口头语言是书面语言发展的基础。学龄前阶段是幼儿口头语言发展的关键期，对幼儿来说，他们的早期阅读过程是与他们已经获得的口语分不开的，学习书面语言是调动自己的口语经验，将书面语言信息与自己已有的口语经验对应起来，是幼儿自主阅读能力发展的一个重要方面。例如，引导幼儿为自己的物品做标记时，可以写上名字，如亮亮，让幼儿认识"亮亮"两个字，并知道"亮亮"是一个人的名字。又如，在杯子上贴上一个"杯"，让幼儿知道它念 bēi，并知道什么是杯子，以此让幼儿知道文字有具体的意义。在讲故事、念儿歌时，教师可以有意识地反复边说边指着图书中的相关文字，让幼儿知道教师是在讲图书的内容，明白故事、儿歌是由文字组成的。在幼儿阅读时，引导幼儿观察画面上的文字，用口语讲出画面内容，或听老师念图书，知道教师是在讲故事的内容。

帮助幼儿了解图书制作的经验，知道图书上说的故事是作家用文字写出来的，或是画家用图画表现出来的。幼儿自己也可以尝试做小作家、小画家，把自己想说的事画成一页一页的图画故事，再订成一本图书；还可以让幼儿尝试互相写信，把自己想说的话画成图画，请爸爸妈妈在下面填上文字，然后寄给别人。让幼儿在写信、收信的过程中，理解口头语言与书面语言是可以相互转换的。

当然，帮助幼儿建立口头语言与书面语言之间的联系，绝不应当要求幼儿机械记忆和认读某些文字，而应着重于让幼儿了解两者的对应关系，使他们在阅读时能积极调动经验来学习、理解。如认读"妈妈"这两个文字，必须要调动自己原有的语言经验，使之与文字符号对应起来；再如"长机枪"和"机枪是长的"是不同语法的表现形式，需要幼儿在阅读这样的书面语言时，能够调动口语语法经验来完成认知加工过程。

早期阅读活动应让幼儿获得以下两方面的认识。一是懂得书面语言和口头语言一样，都可以储存信息。但书面语言用文字的方式记录储存，并具有可视的特点。二是懂得书面语言和口头语言一样，都是人们交际的工具。但是交际的方式不同，口头语言直接说出来，书面语言却具有文字反映的特点，不受时间、空间条件的限制。

（3）从能力上培养幼儿应掌握的阅读方法和技能。"阅"即教给孩子看书的技能，如学会一页一页地看书，并能从前往后按顺序看。"读"即成人讲读书籍内容，幼儿倾听，或在成人帮助下，通过连续的画面，幼儿可以把人物动作与背景串联起来，从而掌握书本的内容。幼儿阅读教育的最基本目标就是使幼儿掌握阅读的方法、具备自主阅读的能力。阅读能力是在掌握阅读方法的基础上形成的，只有懂得了方法，才能形成独立阅读的能力，才能为其终身学习打下基础。

① 幼儿应掌握的阅读方法。幼儿应掌握的阅读方法有很多，如拿书、翻书、指读、浏览，以及查阅资料、使用工具书和阅读时的思考、分析、归纳、总结等。

幼儿看书的速度很快，往往一翻就翻到头，一本书就算看完了。这种看书方法对幼儿来说没什么作用。因此，在阅读时应该引导幼儿逐页阅读，让幼儿仔细观察每个画面。具体的引导方法有以下几种。

a. 指导幼儿看书时，先看封面和封面的字，久而久之，看书要先看书封面、再往后看的习惯就养成了。幼儿拿到书，看过封面，很容易就翻到第一页、第二页、第三页……在这种情形下，幼儿看一页翻一页的习惯也逐渐养成了。

b. 设计一些浅显易懂的语言帮助幼儿掌握翻书的方法。如把一本书比作一座房子，封面是前门，封底是后门，页码是小房间。看书时要把前门打开，走进小房间，小房间里会有许多精彩的小故事，看完故事就要从后门走出来，最后把门关上。

c. 要做到多想多忆，可以在阅读之前提出一些简单的要求，让幼儿带着一些问题去阅读，注意一些重要的情节，边看边思考，让幼儿"自由"地接受知识，以便幼儿自觉养成仔细观察、独立思考的好习惯。

d. 成人通过与幼儿共同阅读，为幼儿树立正确看书、认真看书的榜样。如教师边讲故事边翻动图书，为幼儿进行榜样示范，让幼儿在理解故事内容的基础上，感受到有序翻看图书的益处，学习有序翻看图书的方法。

e. 让幼儿知道看书时应看懂前一页再看后一页，边看边想，理解每幅画面的意思。

f. 让幼儿听录音看图书，引导其直接感受图书故事与录音机之间的联系。可以运用幼儿读过的熟悉的故事，引导幼儿边听边翻。在教师的简单提示下，让幼儿体验录音和图书画面之间的对应关系，巩固有序翻书的经验，最后放手让幼儿独立阅读图书。

② 幼儿应掌握的阅读能力。

a. 观察、理解和概括的技能。首先，学会观察。幼儿观察的发展，表现在观察的目的性、持久性、组织性、细致性及概括性上。例如，教师要求学生围绕某一问题观察画面。在阅读活动中，幼儿需要通过对画面、角色表情的比较、分析等作出简单的判断和推理。幼儿的思维在不断地观察、想象中逐渐丰富，在成人经常讲解指点的刺激下得到促进，逐步从以具体、直观、形象为主向逻辑抽象思维过渡。教师应指导幼儿边看边想，引导他们在阅读的过程中，仔细观察画面中人物的表情、动作、背景等；启发他们合理想象，思考画面中的人物在干什么，将要干什么，让他们联系前后页来理解画面，并串联起来，有意识地让他们认识到一个精彩的故事是由连续的画页构成的。

其次，发展理解能力。一切外部的信息，只有通过幼儿的理解，才能内化为其自身的东西，同时理解力也是幼儿自主阅读不可或缺的能力。理解技能是幼儿阅读中最基本的技能。幼儿不仅要理解单页画面的内容，还要对画页间各种角色的表情、动作及角色间的关系进行观察、分析和判断，从而理解画页与画页之间、画页与整个故事之间的联系。例如，小班阅读《小弟与小猫》中有这样几幅画面："小弟弟想抱抱小姐姐怀里的小猫。但是他的手和脸脏脏的，小猫咪把脸扭过去不想让小弟弟抱，转而溜走了。"在这几幅画面中，幼儿只有对小弟弟的手和脸仔细观察，才能理解小猫为什么把脸扭过去，进而溜走；同时明白小弟弟不讲卫生，连小猫都不喜欢。可见，幼儿要理解故事内容，必须要善于观察角色的表情、动作等，结合上下文正确地理解、分析和判断。

最后，幼儿在看完图书后应能概括出故事的主要意思。幼儿需要对照前后画面的变化，寻找共同点、不同点和衔接点，在理解的基础上以口头表达的方式概括图书的主要内容。

b. 反思、预期与假设的技能。首先，让幼儿在听故事、看图书的过程中，能对故事里所发生的事情和故事里的人物等进行思考，或听完故事、看完图书之后，有对阅读内容的反思过程。这种能力将有利于幼儿加深对阅读内容的理解。例如，在幼儿阅读故事《小刺猬与大菠萝》的过程中，启发提问："小刺猬背了一个什么东西？它把菠萝放到桌子上后在想什么？最后它是怎么吃的菠萝？"让幼儿在对阅读内容反思的过程中，理解内容。进而再提问："小刺猬刚开始知道这是个大菠萝吗？为什么？"引导幼儿在阅读时寻找事件发生和发展的某种原因，更加深入准确地理解阅读内容。

其次，发展幼儿的预期技能，这种技能是指预计估测阅读内容的能力，可为幼儿在未来的阅读学习中能比较快速地理解阅读内容奠定基础。预期技能要求幼儿在阅读图书的过程中，当看到一个故事的开头时，就能够知道这一类故事可能的过程和结局。例如，在阅读《三只小猪》时，幼儿了解到三只小猪分别盖了草房子、木头房子和砖房子，大灰狼轻而易举就把草房子和木头房子攻破了。前两头小猪遇到了麻烦，它们一起逃到第三只小猪的砖房子里。大灰狼绞尽脑汁想进去吃掉小猪，但小猪们克服恐惧，积极想办法，齐心协力把大灰狼赶跑了。这样的故事会给幼儿留下深刻印象，随着幼儿阅读中预期能力的增长，在读到类似的故事时，幼儿便能预测到后面可能发生的结果。在文字学习方面，预期技能也可以使幼儿举一反三，迅速把握文字的基本规则。如幼儿学习了"江、河、海、湖"等与水有关的文字后，就会预期"溪、流、洋、浪"等带有三点水偏旁的字都与水有关。

最后，听故事或者看图书之后，可以让幼儿假设换一个条件或者情景，故事里的人或者动物会怎样，事情会朝着什么样的方向发展。例如，故事《三只小猪》中，假如换作三只小兔，它们会盖什么房子，会发生什么事。如果遇到老鹰会怎样，小兔会怎么对付老鹰。幼儿有了这些假设的技能之后，可以将之运用到未来书面语言的学习过程中。

（二）幼儿园早期阅读目标的制定

1. 体现《幼儿园教育指导纲要（试行）》精神

目标的制定必须符合《幼儿园教育指导纲要（试行）》的精神，突出情感、兴趣、态度、个性等方面的价值取向，着眼于培养幼儿终身学习的基础和动力，全面体现幼儿阅读的情感态度、认知习惯和能力技能等方面的相互联系和促进，全面地落实《幼儿园教育指导纲要（试行）》中语言领域目标和早期阅读总目标的要求。

2. 做好细化分解

目标的细化应依据早期阅读的教育价值、内容特点和幼儿的身心发展水平及学习特点，在不同年龄段进行分解，循序渐进地实现总目标；应依照完整的目标体系，将各级目标进行准确转化和逐级分解，将高层次的、较为概括的目标转化为低层次的、具体明确的目标，从而逐步实现总目标。

3. 突出情感目标

目标的制定应将情感态度的培养放在首位，突出阅读指导的重点，将阅读的三大维度目标统整在一起，促成幼儿阅读兴趣、认知习惯、能力等的协同发展和整体提高。制定目标时应始终突出阅读兴趣的培养，以良好阅读兴趣的提高作为重要的目标追求，让幼儿在充满快乐的阅读氛围中促进阅读综合素质的提高。

4. 讲究表述方式

目标的表述要从幼儿的角度提出，采用行为目标的表述方式，语言表达要简洁明了。要直接明确地提出活动能够达到的理想状态和效果，以幼儿为主体提出各项目标的要求，不再出现"引导幼儿、让幼儿、培养幼儿"等字眼，用具体、明确、简练的一两句话进行表述，应避免啰唆冗长、写一大段话的目标表述方式。

（三）幼儿园早期阅读各年龄班目标

根据《幼儿园教育指导纲要（试行）》精神和幼儿各年龄段语言发展的水平特点，幼儿园早期阅读各年龄班的目标体现如下。

1. 小班

情感态度方面：

（1）喜欢和家人、同伴一起阅读。

（2）喜欢倾听他人讲述图书的内容。

（3）喜欢模仿成人看书读报，会轻拿轻放图书。

（4）喜欢关注生活中的符号和标志。

认知习惯方面：

（1）认识图书的结构，了解书是由封面、内页、封底构成的。

（2）学习看书的基本方法，懂得如何正确拿书和翻阅图书。

（3）能安静地一页一页地看书。

（4）能区分文字与其他符号的不同，了解图像与文字的对应关系。

（5）认识简单的文字和自己的名字。

能力技能方面：

（1）能初步看懂单幅图画书的主要内容。

（2）能讲述图书页面上的内容。

2. 中班

情感态度方面：

（1）喜欢阅读图画书。

（2）懂得爱护图书，会整理图书。

（3）喜欢指认符号、标志和文字。

（4）喜欢描画图形和符号，喜欢模仿制作图画书。

认知习惯方面：

（1）知道图书的结构，了解图书中的扉页和环衬。

（2）学习按页码有顺序地看书。

（3）会专注地逐页翻书和阅读。

（4）初步了解汉字的由来和简单的汉字认读规律。

（5）尝试用有趣的方式练习汉字的基本笔画。

能力技能方面：

（1）能有顺序和比较性地观察画面，看懂单页多幅图画书的内容。

（2）能大胆猜测和预期图书的内容。

（3）能清楚地讲述阅读的主要内容。

3. 大班

情感态度方面：

（1）喜欢阅读各类书籍，会自觉阅读图书。

（2）喜欢修补图书，会分类整理图书。

（3）喜欢指着文字阅读，对图画书中的简单文字感兴趣。

（4）喜欢描画和临摹汉字，喜欢书写自己的名字。

认知习惯方面：

（1）能按书的结构仔细地阅读。

（2）知道图画书中的画面与文字的对应关系。

（3）进一步了解汉字认读的规律。

（4）能与同伴合作制作图画书，进一步了解图画书的构成。

（5）掌握基本的书写姿势，练习基本笔画。

（6）认读常见的文字，理解其含义。

能力技能方面：

（1）能仔细和全面地观察画面，理解图书的内容。

（2）能预期图书的内容，并伴随阅读的过程进行调整。

（3）能完整连贯地讲述阅读的内容。

第二节
养成早期阅读好习惯

✈ 案例导入

小狗的一天

在一个雨过天晴的早上，小狗一起床就兴高采烈地跑到了院子里。院子的花丛里开满了五颜六色的花朵，高高的树上挂着一个小秋千，地面上有一片脏兮兮的泥地和一个小小的水坑。小狗在绿油油的草地上开心地跑来跑去，它想：终于天晴了，我可以在院子里开开心心地玩一整天啦！姐姐和弟弟看到小狗高兴的样子，也乐呵呵地跟在小狗的后面。

小狗跳进花丛中，就用嘴巴咬起花来，左一朵、右一朵，把花丛弄得乱七八糟，花朵也东倒西歪不成样了，连正在花朵上休息的蝴蝶也吓得飞走了。姐姐和弟弟连忙说："小狗，你不能践踏花草。"小狗没趣地跑开了。

小狗一溜烟地跑到了院子的小水坑旁，"扑通"一声，跳到了水坑里，弄得水花四溅。水坑里的青蛙和小鱼都被它的举动吓了一跳，慌忙地跳出水坑，生气地瞪大了眼睛，仿佛在说："你这个坏蛋小狗，干嘛要来打扰我们的生活，把我们的家都弄乱了，快点走开！"看来小狗在这里也不受欢迎哦！

小狗又来到了一片脏兮兮的泥地里，它索性钻进去打起滚来了，嗨，这下可好，弄得身上沾满了脏兮兮的泥巴，真像个小丑！姐姐和弟弟在一边都忍不住笑它："你太调皮了，全身都变得脏兮兮的，这样子太好笑了，嘻嘻……"谁知道，这只脏兮兮的小狗在院子里感觉没什么好玩的了，它便带着一身脏兮兮的泥巴快速地又跑回了房间，弄得屋子里到处都是泥巴，脏极了，爸爸这下可气坏了，是啊，它刚刚打扫干净的屋子就这样被小狗弄得乱七八糟了。看到爸爸生气的样子，姐姐和弟弟都有点担心小狗，不知道接下来会发生什么事情。最后，爸爸实在看不下去了，它决定给小狗洗个香香的澡。可是小狗坐在满是泡沫的澡盆里，瞪着眼睛，噘着嘴巴，一点也不乐意的样子。爸爸却辛苦地为小狗洗澡，累得满头大汗，可算把小狗洗得干干净净了。谁料，刚洗干净的小狗转眼的工夫又跑到泥地里玩儿去了，任爸爸在后面怎么叫它都没用。

唉！真是只调皮捣蛋的小狗呀！

要求：根据案例分析以下问题。

（1）你认为材料中的早期阅读内容适合哪个班型？

（2）请依据材料内容写出适合于该班型的活动目标。

（3）请你对本次活动的活动过程进行设计。

❖ 知识讲解与案例分析

一、设计幼儿园早期阅读活动

幼儿园早期阅读活动的设计需要思考早期阅读指导的具体展开方式。早期阅读的设计应围绕以下几项工作进行安排。

（一）阅读前的准备工作

阅读前的准备工作直接影响阅读活动的成效，需引起教师的高度重视。准备工作包括对阅读材料的选择、呈现及放置问题，阅读环境的创设问题，幼儿阅读习惯、方法及相关经验的准备问题等，以及对阅读材料的分析。在阅读材料选择和环境创设方面，教师需要考虑选择哪种阅读材料、如何呈现读本、读本数量、摆放位置、阅读区的设置以及安静舒适和快乐阅读氛围的创设等问题，同时考虑幼儿相应的阅读习惯、方法和经验等。对阅读材料的分析，需侧重分析阅读符号的特点和阅读能力的要求。教师要着重分析书面语言（指以印刷材料呈现的各种信息，包括图像、色彩、线条、符号以及文字信息等）和相关的观察猜测、思考联想、理解表达等阅读能力。

（二）引导幼儿接触阅读材料

阅读材料是幼儿阅读的对象和内容。观察感知和理解体验阅读材料为幼儿的自主阅读、师幼共读以及围绕阅读主题展开讨论等做好充分准备。

出示阅读材料有多种方式，可直接出示、选择重点画面出示、选择主要角色出示，也可配合神秘的语言或音响、配合直观的动作或表演、配合有趣的歌谣或谜语、配合好玩的游戏活动等方式引出阅读材料。接触阅读材料能够激发幼儿阅读的兴趣，其重点在于引导幼儿观察、感知和理解阅读材料，对材料进行猜测设疑，初步了解阅读的内容。

（三）幼儿自主阅读

自主阅读是培养幼儿阅读能力的重要环节，也是阅读活动的重点环节。它是在教师提出阅读的要求后，让幼儿自己阅读，教师在旁边观察了解，进行个别指导。

在阅读中，幼儿必须按照一定的要求进行自主阅读。对幼儿提出的阅读要求应具体明确，直接告知幼儿在阅读中应该做什么，怎么做。这一阅读要求往往从阅读目标引申出来，一般从阅读方法、阅读习惯以及阅读理解等方面提出，如按页码一页一页仔细看，用拇指和食指轻轻翻书，边看边想图书讲了什么事，和你的猜想一样吗？

自主阅读以幼儿独自阅读为主。当幼儿自主阅读时，应保持环境安静，充分尊重幼儿个体的阅读需要和节奏，教师以全面观察为主，着重了解幼儿在阅读中的具体表现。一般不要随意干预幼儿的自主阅读或介入幼儿的阅读中，如有特殊的情况再给予幼儿必要和急需的个别指导，且在与幼儿个别交谈时轻声细语，注意不干扰他人。

（四）师幼共同阅读

师幼共同阅读是教师与幼儿一同阅读，一同欣赏阅读的材料，分享阅读快乐的活动。教师和幼儿往往边阅读、边交谈、边讲述，需要教师围绕阅读的重点进行启发提问，并组织幼儿开展讨论和交流。教师要以平行的方式与幼儿友好交谈，帮助幼儿梳理自主阅读中的片面理解和个人经验，带领幼儿共同感受阅读的情趣，共同理解阅读的内容。

这一环节重在集体分享阅读的乐趣，避免教师直接生硬地、说教式地告知幼儿什么内容、什么道理，而应带领幼儿一同感知和理解阅读内容，一同领悟所揭示的道理，在充满愉悦情绪的气氛中讨论各自的想法和感受。共同阅读后，教师可自然小结阅读主题，与幼儿一同朗读或讲述阅读的内容，增强阅读的情趣。

（五）围绕阅读主题扩展延伸

这是阅读内容的延伸扩展环节，一般放到活动后，以分组、个别活动的形式开展。如围绕阅读的主题开展朗读、讲述、扩编、续编、讨论、游戏、表演、制作等活动；将阅读主题延伸到其他领域教育、区域活动、游戏活动、日常生活以及家庭生活中，以此继续迁移和扩展阅读经验，深化阅读内容，充分发挥阅读的教育功能。

小贴士

早期阅读的提问方式

下面两种提问方式逐渐在早期阅读中占主要地位：

（1）开放性的问题。这类问题通常没有唯一的答案，它的作用在于让幼儿进行发散性思维。问题语句常常是："你看到了什么？""你的猜想是什么？""发生了什么事情？"等等。

（2）假设性的问题。这类问题同样属于开放性的问题，但其回答的难度在于既要结合故事理解生活经验，又要展开想象，富有挑战性。问题语句常组合出现，如："如果唐僧一个人去西天取经，会发生什么事情？"

案例

活动名称：大班语言活动"我最喜欢的一本书"。

活动目标：

（1）能比较清楚地说出自己喜欢一本书的理由。

（2）知道书能让我们增长见识的道理，产生喜欢读书的情感。

活动准备：

幼儿每人带一本自己喜欢的图书。

活动过程：

1. 师生共同介绍喜欢的图书

教师："每个人都有自己喜欢的书，你最喜欢的是哪一本书呢？为什么？"

（1）教师介绍自己喜欢的一本书并说出理由。

（2）幼儿自由结伴，介绍自己喜欢的一本书。

2. 讨论阅读的作用

教师："你们读过那么多的书，想想对自己有什么帮助呢？"

（1）幼儿交流阅读的作用。

（2）教师小结阅读的作用：书能让我们增长见识，许多我们不知道、不了解的事情都能在书上找到答案，使人变得聪明起来。

3. 交换图书阅读

幼儿相互交换图书进行阅读，也可向同伴介绍书的大致内容。

二、组织幼儿园早期阅读活动

（一）图书阅读活动的组织

1. 以有趣的形式导入，引出阅读内容

这是引入环节，需简短明了，直接有趣。可采用有趣的谈话，辅之以图画书的形式，或选择运用夸张动作、直观教具、自然声响、美妙音乐、文学作品、艺术作品、媒体课件等手段和形式，富有激情和神秘地引出阅读内容。

2. 观察猜测封面，认识图书的名称

这是阅读的前奏，以观察猜测为主。幼儿自主观察，带着问题去感知图书的主题画面——封面，对其中的典型形象、细节符号和文字进行感知和猜想，为图书的逐页阅读和理解、内容的具体展开做好必要准备和铺垫，也为发展幼儿的观察力和猜测能力提供重要时机。为此，教师要善于把握封面信息的聚焦点，依据图书名称的内涵和画面的主要信息进行启发提问，引导幼儿重点观察和猜测封面内容，将画面与题目相结合，将口头语言与书面语言相对应，大胆猜测和预期图书的情节和内容。

3. 自主阅读图书，了解阅读的内容

组织幼儿自主阅读是早期阅读的重要环节。教师需要留出足够的时间让幼儿自由自在地阅读，了解阅读的内容，并允许幼儿与同伴、教师轻声交谈阅读的内容。

在阅读指导中，教师需事先提出阅读的要求，如轻轻地翻图书，按页码一页一页仔细地看，安静地看书，边看边想图书里讲了什么，看完后，把书放回原处等，让幼儿带着要求和问题进行自主阅读，使自主阅读成为一种有意识、有目的、自觉的阅读行为，以区别于日常生活中的随意阅读和自由翻阅。同时，教师的指导是在远处静观幼儿阅读的情形，

全面观察幼儿翻阅图书的方法和习惯，观察幼儿阅读的表情和行为，了解幼儿阅读的兴趣程度、专注程度以及对图书的理解程度等，并根据实际情况与个别幼儿轻声交谈，进行阅读的个别指导。

此环节既体现幼儿自主积极性的发挥，也体现阅读指导的循序渐进，为后面环节的集体阅读和主题讨论提供指导的依据，使教师能够及时跟随幼儿的实际表现，实施有效的指导。

4. 集体分享共读，讨论阅读的主题

在专门组织的阅读活动中，教师需要安排集体分享共读的环节，引导全班幼儿一起阅读，帮助幼儿梳理在自主阅读环节中所获得的零散经验，澄清一些模糊和错误的认识，一起学习正确的阅读方法，以此引导幼儿进一步理解阅读内容，并围绕阅读的主题共同展开讨论和交流，分享有趣的内容和个人体会，共同感受阅读的情趣和快乐。在指导中，教师往往借助大图书或课件，和幼儿一起浏览阅读，边翻阅、边倾听、边讲述，在重点处、转折处停顿，展开讨论和引申，并营造温馨和谐的氛围，促使大家相互感染，共同感受阅读的愉悦。

教师将幼儿的自主阅读环节安排在集体分享共读的前面，主要体现幼儿自主在前、教师指导随后的指导思想；将集体共读安排在前，幼儿自主阅读安排在后，主要体现先整体感知后细致阅读的指导思想；而安排集体共读部分内容后才让幼儿自主阅读，再进行集体共读或是安排幼儿自主阅读部分内容后才集体共读，再自主阅读等，体现分段阅读分步探究的指导思想。由此可见，多种多样的环节安排体现教学指导的灵活性和不同的教学意图，都需要集中地凸显阅读重点，为阅读的目标服务。具体要选择哪一种方式，教师应根据实际情况给予不同的考虑和安排。

5. 运用多种形式，迁移阅读经验

幼儿的阅读经验是在与阅读材料相互作用的过程中自主建构起来的，幼儿在自主阅读和集体共读的过程中获得了各种阅读经验，为此，教师要有意识地创造多种机会，提供多样的活动形式，促使幼儿的阅读经验得到巩固强化和迁移延伸。教师在指导中可运用角色表演、游戏活动、材料操作、文学作品创编、美术创作、自制图书等多种形式，使幼儿的静态阅读与动态阅读相结合，使幼儿的阅读经验与个人的生活经验相结合，并将阅读经验迁移延伸到生活中，为解决生活中的实际问题、为完成新的学习任务、为下次的阅读活动提供有益帮助，使每一次的阅读活动都成为有意义的学习经历，促使幼儿的阅读经验得到巩固和内化。

（二）阅读区活动的组织

1. 创设安静、温馨和舒适的阅读区域

教师可在活动室选择一个相对独立、安静、光线明亮的区域设置为阅读区，配置小书橱、图书架、图书袋，并利用书橱、书架将阅读区布置成相对独立和半封闭的空间，配以粉色淡雅的纱窗，摆放小书桌、小椅子、小沙发和坐垫、靠垫及动物软垫等，播放轻音乐，营造温馨舒适、轻松愉悦的环境，吸引幼儿积极参与，让幼儿自由地看书阅读，全身心地享受阅读的愉快过程。

2. 有计划地投放阅读材料，并定期更新

教师可根据各年龄段的特点和本班幼儿的特点有计划地投放阅读材料。如在小班，投

放的同类书数量要多些，先投放认知类（介绍水果、玩具、食品、动植物、交通工具等），再投放内容简短、单页单幅图的故事类、手工类等图书；在中班，先投放故事类，再投放诗歌类、寓言类、古诗类以及科普类等图书及画报；在大班，先投放国内经典类、科幻类，再增加自制类、国外经典类等图书及杂志，以符合幼儿的兴趣爱好和认知水平，逐步扩展阅读的范围。阅读材料需定期更新，做好阅读材料的整理和保管工作，为幼儿提供常换常新、有趣多样的阅读材料，培养幼儿良好的阅读习惯。

3. 随时开放阅读区，建立阅读常规，加强活动指导

阅读区创设后是开放式的，允许幼儿在自由活动的时间内进入其中进行阅读，随时可取放图书、翻阅图书，使阅读区成为幼儿经常光顾、喜欢参与的地方，确保幼儿有充分的时间和足够的空间参加阅读区的活动；同时要建立良好的阅读常规，依据幼儿的需要而定，养成幼儿有序入区、安静阅读、轻声交流、爱护图书、轻拿轻放、阅后归位、及时整理、保持整洁等良好的阅读常规。另外，教师还需加强区域活动的指导，可通过常规的养成、阅读材料的更新、新书介绍、共享阅读、个别指导、修补图书等形式给予幼儿适时的帮助和引导，充分发挥阅读区的教育功能，促进幼儿自主阅读、自主学习和主动发展。

4. 开展图书自制、图书内容创编讲述和表演活动

教师可在阅读区中组织幼儿开展插页编码、装订图书、绘图自制等阅读活动，促使幼儿将阅读、表演内容和图书绘制相互转化和结合，并综合运用图像、线条、色彩、文字、数字等符号以及口头和书面的语言符号，增进各种阅读符号的相互转换和幼儿阅读能力的发展；还可组织幼儿根据图书的内容进行创编讲述和表演活动，开展形式多样的阅读活动，不断增强幼儿的阅读兴趣。

三、评析幼儿园早期阅读活动

（一）评析的内容

1. 教师方面

教师需要对阅读目标的明确适宜程度、活动准备的周密程度（包括阅读环境和材料的准备，对幼儿阅读经验及情感心理的分析准备，对活动中阅读符号特点和阅读能力要求的分析准备等）、指导策略的多样灵活程度、活动中教育先进理念和阅读整合理念的折射落实程度等内容进行全面评价。

2. 幼儿方面

教师需要对幼儿的阅读喜好、安静专注表现、阅读行为习惯以及对阅读材料的感知理解、观察模拟、预期猜测、自我调适和表述表达能力等内容进行全面评价。

（二）评析的注意点

1. 明确早期阅读活动的价值取向

早期阅读活动对幼儿而言，首先是获得爱与快乐的途径，其次才是汲取知识的手段。幼儿的早期阅读，不仅仅是获得知识的过程，更是师生、生生、亲子之间可共同游戏的过

程。幼儿从被动地听故事，到逐步参与进阅读活动，再逐步过渡到自己主动讲故事，从这个过程中获得了很大的成就感和自信心。

虽然早期阅读活动不以识字为目的，但在早期阅读中，幼儿却在不知不觉中习得了识字的信息。可以说早期阅读中的识字活动，是早期阅读的一种副产品，因为幼儿是在潜移默化中学习的，因此完全没有枯燥与乏味感。总的来说，早期阅读活动是游戏活动，重要的不是让幼儿在阅读中学习，而是让其在阅读中学会阅读，获得阅读的快乐。

2. 创设良好的阅读环境

良好阅读环境的创设，直接影响到幼儿阅读兴趣的提高、阅读习惯的形成和阅读能力的培养。阅读环境的创设，一般包括阅读氛围的营造、图书的选择与投放等。

（1）阅读氛围的营造。幼儿的阅读需要有一定的阅读氛围，松软舒适的小沙发、小坐垫，便于幼儿自主取放的小书柜、图书插袋，利于幼儿记录、创编各种图书的剪刀、纸笔等辅助阅读材料，都能给幼儿的阅读带来方便，直接提高其阅读活动的质量。

（2）图书的选择与投放。在图书的选择上，应该更多地贴近幼儿的生活经验，以图为主或者图文并茂。情节简单、文字较少、主题突出、色彩明快的图书，较适合幼儿自主阅读。同时，教师还要考虑不同年龄班幼儿的阅读水平，从单幅单页图书的阅读逐步过渡为单幅多页图书的阅读。图书的选择与投放，除了要考虑幼儿的兴趣，还要注意符合幼儿的阅读水平和生活经验。

3. 开展多种类型阅读活动

多种类型阅读活动的开展对于幼儿阅读能力的提高具有重要的作用。目前在幼儿园内开展的阅读活动形式主要有：阅读区阅读活动、阅读室阅读活动、集体阅读活动；结合阅读的小表演、创编图书、阅读小游戏等。它们在幼儿早期阅读能力的发展过程中，都有着不可替代的意义。因此教师在幼儿阅读活动中，要善于将多种阅读活动形式有机结合，充分发挥它们在孩子阅读能力培养中的不同作用，以提高幼儿阅读的质量，促进幼儿阅读水平的不断提高。近年来，学界也对幼儿早期阅读教学进行了多角度的探讨，如多元阅读教育，提倡在幼儿阅读能力发展的关键阶段，为他们提供一个多元阅读的环境。再如，游戏阅读教育，一方面把阅读当作游戏，通过幼儿对于游戏的热爱来激发幼儿对阅读的兴趣，让幼儿在游戏中自发地产生阅读的动机和愿望，自发地阅读并获得阅读的快乐；另一方面，游戏阅读教育是引导幼儿在游戏中阅读。这些探讨都有利于丰富阅读活动的形式，可在阅读教学中尝试和完善。

4. 注重幼儿阅读活动过程中教师的观察与指导

阅读过程中，教师要根据幼儿阅读的内容，为幼儿提供有帮助的情景、对话、问题、练习材料、表演道具等，并在幼儿阅读过程中，指导他们相互交流阅读经验、学会表达自己的阅读感受、合作表演阅读内容及尝试创编阅读图书等。例如，在以"我自己"为主题的阅读活动中，教师在引导幼儿讲述自己的主要特点，阅读儿歌《我的小手》、故事《长大了》的基础上，可以请幼儿搜集自己成长的照片和信息，创编《我的成长》小书。

案例

在组织看图文故事《谁来帮助他》阅读活动时，教师让孩子们认识了故事名字的汉字后，让他们翻开第一页，先观察图画中的主人公小狐狸的表情、动作，再观察小狐狸背后的背景，然后进行思考：小狐狸处在什么样的环境中，它的心情怎么样？你有过这样的经历吗？在教师的启发下，孩子们纷纷举起小手。小宝说："小狐狸在头痛。"张岩马上反对："它不是头痛，它在抱着头想办法呢。"志豪的想法比较符合图意，他说："小狐狸是害怕了。它可能找不到朋友一起玩，或者找不到妈妈了，所以很害怕。"他的答案得到了大家的认同。小朋友纷纷顺着他的答案思考，最后有了最贴切的答案：小狐狸迷路了，所以很害怕。有了这个答案后，教师又继续引导："那谁会来帮助它呢？为什么你会这样想？"孩子们都争着表述自己的想法，这个说请小猴子帮忙，因为小猴子是最聪明的；那个说请大老虎帮忙，因为大老虎是森林之王，它肯定知道小狐狸的家在哪里。可又有孩子反对：大老虎不能帮助小狐狸，它会把小狐狸吃了的。教师看孩子们讨论得差不多了，又接着引导："想想看，森林里密密麻麻的都是树，阳光照不进树林，那森林里会是什么样子的？这个时候小狐狸最需要什么？""光！"孩子们都想到了它。教师说："对呀，森林里是很黑的，所以小狐狸会更加害怕。这时候如果有光，就可以帮助小狐狸。可是，森林里怎么会有光呢？什么东西会发光？"孩子们又想到了所熟悉的东西：手电筒、荧光棒、蜡烛……最后又想到了最现实的"火"。活动在教师的引导下一步步地继续，活动有趣又能激发孩子的思考。

5. 体现早期阅读活动的整合性

语言的学习在于运用，作为获取信息和进行交流的工具，不论是口语还是书面语，在幼儿的日常生活中都是无处不在的，教师应善于把握阅读时机，在日常生活和其他领域的教育活动中，注重培养孩子的读图、表述及文字阅读的能力。早期的阅读活动离不开家长的帮助与支持，家长可在家庭中为孩子创设一个良好的阅读环境，为孩子选择适宜的图书，培养孩子良好的阅读习惯。父母为孩子进行阅读指导或亲子阅读，对于增进家庭情感、开阔幼儿视野、培养幼儿良好的学习习惯，具有重要意义。

（三）阅读教学活动的评析指标

1. 阅读内容选择的适宜程度

主要评析阅读内容的选择是否生动有趣，是否适合幼儿的生活经验和接受水平，是否能让幼儿获得新的阅读经验。

2. 阅读目标制定的恰当程度

主要评析阅读目标的制定是否全面体现情感态度、认知和能力三方面的要求；是否突出阅读的重点；是不是从幼儿角度提出，体现行为目标的表述；各目标的确定是否具体明确，表达是否简洁明了。

3. 阅读活动准备的充分程度

主要评析阅读活动的准备工作是否周全，是否包括物质准备和幼儿经验准备等方面，以及评析各项准备工作是否细致和充分，是否能够为活动的顺利开展提供保障。

4. 活动过程指导的有效程度

主要评析阅读活动各环节的安排是否有序，层层递进；阅读指导的重点是否突出；活动语言的组织和运用是否精练、恰当；提问是否富有针对性和启发性；活动形式是否灵活多样，富有教育机制；组织形式是否生动活泼；师幼互动是否积极深入；幼儿的参与是否积极主动，学习是否自主等。

案例

案例1：小班阅读活动

活动名称：神秘的红点点。

活动目标：

学习和思维是从疑问开始的，提出问题理所当然，也成为教学的起点，提问的好坏直接影响教师与幼儿的互动质量，直接影响幼儿能否了解相关知识，能否学会发现问题、思考问题并尝试解决问题。

三个小动物串联起了一个有趣的故事，小兔子发现大象头上有一个红点点！是谁点在大象脑门上的呢？小兔子想知道，大象想知道，孩子们更想知道。这种有悬念的疑问探究特别能引起小班幼儿的浓厚兴趣。故事中，红点点总是绕着大象的身体飞，一会儿飞到大象的"耳朵"上，一会儿飞到大象的"眼睛"下面，一会儿又跑到大象的"嘴角"上去了。最后，这颗神秘的红点点落在了大象的"鼻尖"上，大象终于可以仔细地看它了，它到底是什么呢？孩子们的心都快提到嗓子眼儿了。大象终于揭开谜底，原来这是一只可爱的七星瓢虫！一切悬念都水落石出。

这篇童话情节简单，但却富于悬念、扣人心弦。故事巧妙地将对身体的认知渗透在游戏性的情节中，使孩子们在驰骋想象的好奇和恍然大悟的惊喜中自然地了解脑袋、耳朵、眼睛、嘴巴等身体知识。细读以后，还发现故事中神秘的小红点飞来飞去，耳朵上、眼睛下、嘴角上、鼻尖上，其实还隐含了一个上下方位的概念。平时教师也会在孩子们的额头上贴上漂亮的贴纸，故事也引发了孩子的生活经验，提高了孩子的学习兴趣。在揭开谜底前，是孩子们想象力升华的过程，更是孩子们感知自我、寻找快乐的过程。针对3~4岁幼儿思维具体形象的特点，在教学活动中教师采用的教学策略是先引导幼儿欣赏色彩鲜艳、形象生动的PPT课件，在看一看、想一想、猜一猜的过程中调动幼儿的阅读积极性，通过创设良好的阅读氛围，教师有意识地引导幼儿学习从前往后逐页翻阅的阅读方法，帮助幼儿掌握阅读技巧，为他们的自主阅读奠定基础。

（1）通过故事感知红点点在大象身上飞来飞去的有趣情节，在享受故事的乐趣中自然地认识自己的身体。

（2）学习阅读单页单幅图书，了解从前往后逐页翻阅的阅读方法。

活动准备：

（1）PPT课件，自制小图书人手一本。

（2）七星瓢虫指偶、背景音乐。

活动过程：

1.设置悬念导入，激发幼儿的阅读兴趣

（1）播放PPT课件，直接导入。

教师："老师今天给你们带来一个有趣的故事，我们一起来看看吧！"

（2）引导幼儿观察书的封面，重点观察大象鼻子上的红点点，设置悬念。

教师："故事书的封面上都有谁?"

幼儿："大象、小兔、小猪、小狗……"

教师："大象的鼻尖上有什么?"

幼儿："有红红的东西、红点点……"

教师："这红点点会是什么东西呢?"

幼儿："是颗痣、是粘粘纸、是水彩笔不小心画上去的……"

（3）引导幼儿观察扉页中红点点的位置变化,加深红点点的神秘感。

教师："红点点怎么又在大象的嘴角上了?"

幼儿："红点点有魔法的、会跑来跑去、会飞的……"

教师："大象的眼睛睁这么大干吗?"

幼儿："大象肯定是觉得好奇。"（一个个都一副好奇模样）

（此环节是幼儿阅读活动的导入环节,由观察封面、扉页入手,以大象鼻尖上的红点点为切入点,从红点点静态到动态给予幼儿充分的想象、猜测空间,对于幼儿的猜测,教师并没有及时点明正确与否,而是让幼儿带着这样的疑问,迫切地想要从书中寻找到答案,激发了幼儿强烈的阅读愿望。）

2. 师幼共同阅读大书,引导幼儿逐页观察,初步了解故事的内容

（1）教师操作 PPT 课件,引导幼儿观察 1～4 页每一幅画面上红点点的位置,通过说一说、指一指、猜一猜的形式理解故事情节,让幼儿预测红点点将要飞到哪里。

① 播放故事第 1 页。

教师："大象在干嘛?"

幼儿："大象在喷水、大象在河里洗澡。"

教师："大象哪里有红点点?"

幼儿："头上、额头。"

教师："这个位置也叫脑袋,请你用小手指一指你的脑袋。"

幼儿用自己的手指点着脑袋位置。

② 播放故事第 2 页。

教师："红点点又飞到哪里去了?"（用夸张的语气提问）

幼儿："耳朵上。"

教师："你来指指自己耳朵的位置。"

幼儿用自己的手指点着耳朵上面的位置。

教师："红点点还会飞到哪里去呢?"

幼儿："头顶上、鼻子上、尾巴上…"

③ 播放故事第 3 页。

教师："红点点现在飞到哪里了?"（用夸张而又奇怪的表情、语气）

幼儿："在眼睛上。"

教师："眼睛上在这里。"（教师指着自己眼睛上方的位置来纠正幼儿的回答）

幼儿："是眼睛下面。"

教师："你也伸出手指点一点你的眼睛下面。"

幼儿用自己的手指,点着眼睛下面的位置。

教师：“你来猜猜红点点还会飞到哪里去？”

幼儿：“鼻子上、尾巴上、下巴上……”

④ 播放故事第 4 页。

教师：“红点点又跑到哪里去了？”（教师皱起眉头作很不解的表情）

幼儿：“嘴巴边上。”

教师：“那叫嘴角上，你们也来指一指。”

幼儿用自己的手指点着自己的嘴角位置。

（2）重点引导幼儿感受第 5 页大象的心理。

教师：“大象的表情怎么样？”

幼儿：“很奇怪。”

教师：“这个会飞来飞去、跑来跑去的红点点究竟是什么呢？”

幼儿：“是脏东西、是一个虫子、是瓢虫……”

（3）操作故事第 6 页，揭晓答案。

教师：“原来这神秘的会飞来飞去的红点点是只可爱的七星瓢虫啊！”（教师用夸张又惊讶的语气）

（此环节幼儿一直带着“红点点是什么”的疑问，一开始幼儿就带着强烈的阅读兴趣，教师的引导性提问，层层加深了幼儿的阅读情绪。教师按照自己的理解和设想，将要求幼儿掌握的书面语言信息贯穿到阅读的过程中去。教师的作用在于帮助幼儿明确此次讲述的内容，并正确地掌握书面语言信息。在这一环节活动中，教师没有着重“告诉”幼儿什么，而是采用“提问”的方式与幼儿平起平坐地共同阅读。教师把自己的指导作用放在“一起阅读”中，而不是告诉幼儿应该学习什么。这种方式有助于幼儿从自由地“接近”阅读信息，过渡到按照教师的指导接受阅读信息。）

3. 幼儿自主阅读，掌握阅读技巧，进一步感受故事有趣的情节

（1）示范并介绍阅读图书的方法：从封面开始手指图片，按顺序用大拇指和食指捏住书页的右下角，一页一页地从前往后按顺序翻阅。

（2）提出幼儿阅读的任务：请你仔细看书里的红点点飞到了大象的哪些部位？

（3）取书：播放音乐，让幼儿一个接一个到指定地点取书回到自己的座位。

（4）幼儿自由阅读，教师巡回指导，观察了解幼儿的阅读情况。

（5）收书：小书合上，封面朝上，小手放下。

（这一环节将阅读活动学习的书面语言展现在幼儿面前，让幼儿自由地“接近”本次活动的学习内容，带着问题有目的地进行阅读，在理解故事内容的前提下进一步深化有关的信息。3～4 岁幼儿正处于阅读初期，学习有序地阅读图画书，学会一页一页翻页阅读至关重要，所以在这个环节中，教师创设了良好的阅读氛围，强调了阅读技能，使幼儿积累了阅读经验。同时教师巧妙而实际地起到引导作用，采用提问的方式，用问题引导幼儿的阅读思路。）

4. 师幼互动游戏：调皮的红点点

教师和幼儿在手指上带上七星瓢虫的指偶，跟着音乐一起做飞来飞去的红点点，一会儿飞到鼻尖上了，一会儿又飞到眼睛下了……当音乐停止时，让红点点飞在一个部位不动，教师问幼儿：“你的红点点飞到哪里了？”游戏玩两三遍，拓展幼儿思维，红点点飞到

的地方可由身体部位转移到场地的物品上或教师身上，增强游戏的趣味性。

（围绕阅读教师采用互动游戏的方法来帮助幼儿掌握阅读的重点内容，加深对所学书面语言的印象，让每一个幼儿都投入互动游戏中去，在师幼互动、幼幼互动中巩固本次阅读的所获。）

活动反思及评价：

本次活动以直接导入的方式引出神秘的红点点，在与幼儿一起阅读的过程中，以问题引导的方式鼓励幼儿观察故事图片，借助色彩鲜明、形象生动的图片不断扩展积极的想象，获得新的信息，在师幼互动中，丰富幼儿的语言内容，学习阅读经验和方法，从而共同分享阅读的快乐，大大地提高了幼儿的阅读兴趣和积极性。活动采用"悬读法"的教学策略，以"设置悬念（激趣）—师幼共读（揭谜）—幼儿自主阅读（重现）—互动游戏（提炼）"这一流程贯穿。教师在阅读活动中不断提出问题，刺激幼儿思维，渗透多样化的语言表达。

早期阅读活动不同于一般的语言教学，所以应更注重活动中幼儿阅读方法、阅读能力及阅读习惯的培养。在阅读每一页时，教师都让幼儿猜测"红点点将要飞到哪里"，引导幼儿关注图片的细节，潜移默化地暗示阅读是一件很有意思的事情。同时，抓住重点页面进行有目的的精读，既体现了教师的引导作用，又能培养幼儿的读图理解能力。在幼儿自由阅读环节，教师注重阅读氛围的营造，并有机渗透阅读习惯与方法：从封面开始手指图片，按顺序用大拇指和食指捏住书页的右下角，一页一页地从前往后按顺序翻阅。让小班的幼儿能正确地掌握翻阅图书的方法，养成良好的阅读习惯。努力追求进行有效的幼儿园集体阅读活动，以期达到让幼儿学会阅读，享受阅读，在阅读活动中快乐成长！

经过这次的早期阅读活动，我们觉得早期阅读教学应该要把握三个重点：①关注阅读材料的意义；②关注阅读材料对幼儿所具有的意义；③积极运用有效、适宜的阅读策略。这三个重点不仅是今后在早期阅读教学活动中需要遵循的，而且也是需要不断探索、研究的。

案例2：中班阅读活动

活动名称：小猪变形记。

活动目标：

（1）了解故事中小猪通过模仿改变自己的多种尝试，感受故事情节的趣味。

（2）发挥想象，大胆讲述小猪变形的有趣经历。

（3）理解"做自己最幸福"的道理。

活动准备：

小猪变形记PPT。

活动过程：

1.导入

（1）出示封面，你在封面上看到了什么？有什么奇怪的地方？（小猪有翅膀；字变形了……）

（2）小猪装上翅膀、尾巴是想干什么呢？

（3）这几个变形的字你们认识吗？这是这本书的题目叫"小猪变形记"。

2.欣赏阅读故事

（1）引导幼儿观察：你猜小猪在干什么？你猜它心里在想什么？请你学学小猪无聊的样子。

（2）小猪碰到了谁？长颈鹿在干什么？小猪心里会怎么想？

（3）小猪踩着高跷是要学谁啊？它为什么要学长颈鹿呢？它现在的心情怎么样？

（4）小猪现在像长颈鹿一样高了，心里很开心，它迫不及待地出门了，在路上它碰到了斑马。它会跟斑马说什么呢？斑马又会怎么说？

（5）小猪怎么了？你觉得小猪适合做长颈鹿吗？没关系，小猪又有了好主意。它回家拿了刷子和黑色、白色的颜料，它想干什么呢？

（6）"小猪斑马"又遇到了谁？大象在干什么呢？小猪会对大象说什么？大象会怎么回答它？又会做什么呢？

（7）大象说完，哗啦！就用水把小猪的斑马纹冲得一干二净，小猪很生气，可它又有了好主意，猜一猜这次它想变谁？为什么小猪会想变大象？

（8）它会怎么变大象？

3.大胆想象小猪的变形经历

（1）如果小猪变大象失败，它还会想变成谁呢？为什么？它会怎么变呢？请你猜一猜。

（2）我们的想法可真多呀，小猪到底又变成了谁呢？我们一起到书上去找答案吧，请小朋友先安静地看，看完了告诉老师你最喜欢哪一幅图片。

4.请幼儿集体阅读PPT余下部分

（1）阅读后的讨论：小猪成功了吗？它都变成了谁？是怎么变的？你觉得哪一页最有趣？

（2）小猪学了这么多动物都失败了，小猪躺在泥塘里心里会想什么呢？你有什么话想要对小猪说吗？

（3）你们想知道小猪最后怎么样了吗？我们一起来看看故事的结局。

（4）教师讲述故事的结局。

5.明白道理：做自己最幸福

（1）小猪为什么又做回了自己？

（2）小结："是呀，小猪一心要改变自己的外形去模仿别人，想从中获得快乐，可是不管它再怎么模仿，别人都说不像，到最后它才发现做自己是最快乐的。我们每个人都有自己特别的地方，学别人是很累的，做自己才是最快乐、最幸福的。"

活动反思及评价：

1.教材及环节

《小猪变形记》是英国插画家本·科特创作的一本图画书。书中讲述一只小猪突然百无聊赖，就想体验别的动物的生活。它满脑子奇异的想象，用各种办法模仿长颈鹿、斑马、大象、袋鼠、鹦鹉等动物。但遗憾的是，这些都以失败告终。正当小猪被一连串失败打击得失去信心时，它又受到另一头猪的启发，找到了真正属于猪的乐趣。活动开始请幼儿看封面，从而知道是讲小猪的故事。从"这一只小猪很不开心"开始了和小猪共同寻找快乐的旅程，了解小猪通过改变自己外形寻找快乐的过程。在欣赏绘本过程中发挥想象，猜测故事情节的发展，能丰富幼儿的想象能力。活动中教师引领幼儿一起阅读，一起欣赏图画书，一起讲述小猪变形的有趣经历。教师和幼儿之间营造了平等的师生关系，再现了幼儿的相关生活经验。

2. 不足

（1）幼儿猜测环节中，幼儿讲得还不够，教师可以适当地引导。

（2）背景音乐太大声了。

（3）幼儿学长颈鹿的环节结束得太快，应让幼儿更深刻地感受做长颈鹿的那种自豪感。

案例3：大班早期阅读活动

活动名称：爱心树。

活动目标：

（1）通过分步阅读进一步理解故事内涵，并能充分表达自己对画面的理解。

（2）自主寻找画面线索，感受大树与小男孩之间的情感，体味大树对小男孩的爱。

（3）懂得珍惜他人给予自己的爱，初步萌发感恩的情怀。

活动准备：

（1）经验准备。本次活动前孩子们已经进行了第一次阅读，主要采用集体阅读与自主阅读相结合的方法，使幼儿了解故事的主要内容。活动中幼儿能将自己看不懂的地方提出，引发同伴的相互解答，能积极地运用自己的语言讲述自己看到的故事。

（2）物质准备。幼儿人手一本图画书，准备电视及教学用电子图书，教学图片，表示男孩回来次数的图表，表示页码的标志，书签、黑板、配乐。

活动过程：

1. 回忆故事

教师引导幼儿运用自己的语言讲述图画书的内容。

教师："还记得这本书讲的是一个什么故事吗？谁来给我们讲讲？"

幼儿运用自己的语言回忆故事内容。

2. 深度阅读

教师带领幼儿深度阅读图画书前半部分，帮助幼儿通过细读画面，理解、感受大树与小男孩之间的情感。

（1）利用电子图书，讲述图画书的第1～24页，回顾这部分的主要内容，引发幼儿对大树与小男孩相互喜爱的关注。

教师："讲到这里，你们感受到了什么？"

幼儿："感受到了爱。"

教师："谁和谁的爱？"

幼儿："大树喜欢小男孩，小男孩也喜欢大树。他们互相爱。"

（2）幼儿自主阅读1～24页，寻找大树与小男孩相互喜爱的画面线索。

教师："请你找一找在这一部分中有哪些画面告诉我们大树喜欢这个小男孩？找到以后告诉我们，你是在哪页找到的，你从哪里看出他们互相喜爱了？在哪页找到了就夹一个小书签，一会儿可以提醒自己讲给大家听。"

幼儿自主阅读，引导幼儿围绕问题注意观察画面，发现细节线索，找到互相喜爱的画面就夹上小书签。

（3）交流分享自主阅读的发现，引导幼儿进一步感受大树与小男孩之间的情感。

①教师："你从第几页看到大树与小男孩互相喜爱了，你是从哪里看出来的？"

幼儿："我从第18页看出，大树特别喜欢小男孩，大树伸长树枝招呼小男孩。"

教师："那小男孩喜欢大树吗？从哪看出来的？"

幼儿："小男孩也喜欢大树，你看他都笑了！"

②教师："还有哪一页告诉我们大树与小男孩互相喜爱？"

幼儿："第6页，小男孩跑过来抱大树。"

教师："他是怎么跑过来的？"

幼儿："着急，还笑着跑过来。只有看见爱的人才会笑着快快地跑过来。"

教师："大树呢？大树是什么样子？学一学。这又说明了什么？"

幼儿："大树用叶子召唤小男孩，好像在说'快来快来吧'。"（孩子在模仿大树说话时声音轻轻的、柔柔的，很有爱意）

③每当幼儿说到一页，教师就出示相应的大图片，贴于黑板上，带领幼儿共同分析。

④教师："为什么故事里说到大树很快乐？"

幼儿："因为大树喜欢小男孩。"

教师："大树喜欢小男孩什么呢？"

幼儿："喜欢小男孩跟它玩，喜欢小男孩每天都来找它，喜欢和小男孩在一起。"

3. 梳理阅读

教师带领幼儿梳理阅读图画书后半部分的内容，帮助幼儿理解、感受大树对小男孩的爱。

（1）利用电子图书，讲述图画书的第25～30页，引出后一部分。

（2）利用电子图书，导读、梳理图画书第31～52页的内容，引导幼儿感受大树对小男孩的爱。

①教师："后来小男孩回来了吗？回来了几次？"

幼儿："回来了，回来了3次。"

幼儿："回来了4次。"

教师："有说3次的，也有说4次的。那咱们一起读一读后面的内容，验证一下小男孩回来了几次，还要认真读一读，小男孩每次回来都发生了什么事。"

②教师运用电子图书读图画书的第31～52页，验证幼儿的回答。

教师："小男孩到底回来了几次？"

幼儿："4次。"

③教师运用表格帮助幼儿梳理故事内容与线索，发现规律和变化。

教师："小男孩第一次回来做了什么？"

幼儿："他管大树要钱，他说他需要买东西。"

教师："大树是怎样做的呢？"

幼儿："大树让他把苹果拿走，去卖掉换成钱，这样就能买东西了。"

教师："大树变成了什么样？"

幼儿："没有了果实。"

教师："大树有什么感受？"

幼儿："大树还是觉得快乐！"

（第二次、第三次、第四次略）

④ 教师："最后大树就剩下老树墩了，可故事里的大树还很快乐，为什么？"（运用问题引发幼儿的讨论与交流，感受大树对小男孩无私的爱）

幼儿："因为大树帮小男孩实现了愿望。它爱小男孩，帮助了小男孩，小男孩就会快乐。大树看见小男孩快乐，它就会很快乐。"

⑤ 引导幼儿表达自己对图画书的理解，建立对小男孩行为的正确认识。

教师："故事听到这里，你有什么感受？为什么？"

幼儿："我很难过，大树什么都没有了！"

幼儿："我很感动，大树太爱小男孩了，就像我们的妈妈。我也想像大树一样帮助别人。"

教师："大树那么爱小男孩，为了帮助他做了那么多的事，如果你是小男孩你会怎样做？"

幼儿："我不想伤害大树，我想每天都和它一起玩。"

幼儿："我不会管它要东西的。我不想学这个小男孩，我要保护大树。"

4. 利用电子图书完整讲述，引导幼儿迁移情感

（1）幼儿完整阅读电子图画书，感受故事的完整性。

（2）引导幼儿联系自己的实际生活，感悟亲人给予自己的爱，萌发对亲人爱的情感。

教师："今天我们又一次阅读了这本书《爱心树》，书中的大树让你想到了谁？为什么？"

幼儿："我想到了妈妈，我要什么妈妈都给我，以后我要爱妈妈。"

幼儿："我想到奶奶了，我要给奶奶准备一个礼物。"

幼儿："我想到了我的姥姥，每天姥姥都给我做饭，我要给她浇花，因为她养了好多花……"

教师："你们真是懂事的好孩子，那我们就把心里的感受，想说的话，都写下来、画下来、说出来，让爱我们的妈妈、爸爸、奶奶、姥姥也能感受到我们对他们的爱，好不好？"

活动反思及评价：

（1）第一环节"从口语向书面语言过渡"是早期阅读活动的一个重要核心目标。此环节请幼儿运用自己的语言有条理地回忆故事，教师可以通过此种方式了解幼儿熟悉故事的程度，同时还可以帮助幼儿在下面教师读故事的环节中有意识地去感受作家讲故事的方式。

（2）回顾第 1～24 页主要内容环节，教师能引领他们以自己的经验为基础理解图书的内容。教师与幼儿的共同回顾，不仅验证了第一环节中幼儿讲述得正确与否，同时还利用问题将幼儿的注意力指向图书中所表达的爱的内涵。

（3）自主阅读第 1～24 页环节，教师通过问题引导幼儿仔细观察画面，并结合细节、线索讨论故事的内容，学习建立画面与故事内容的联系。同时，鼓励幼儿通过自主阅读的方式，发现、寻找画面中隐藏的细节线索，体验阅读的乐趣。页码是图画书中的重要元

素，不仅是标志，更代表着故事内在之间的联系，而小书签的运用不仅为幼儿后来的讲述提供了便利，更让幼儿在潜移默化中感悟着页码的作用，从而习得运用页码阅读的策略。

（4）在交流阅读发现环节时，教师的每一个问题都直指图书故事中爱的内涵，幼儿通过对画面细节的分析，判断着大树与小男孩彼此爱的情感，为理解下半部分内容进行铺垫。同时，教师鼓励幼儿运用动作模仿大树和小男孩的姿态，具体形象地感受着他们之间深厚的情感。

（5）幼儿在分享阅读发现的过程中往往只关注自己找到的结果，使用大图片不仅可以将幼儿的思维集中起来，达到共同分享的目的，同时还可以激励幼儿发表不同的见解达到真正讨论的目的。在贴图片时，教师有意识地请幼儿说出图片的页码，并决定图片在黑板上的位置，引领幼儿感受页码的顺序性。

（6）教师运用问题"为什么说大树很快乐"，引发幼儿间的讨论与交流，感受大树对小男孩的喜爱，为后半部分的阅读进行铺垫。

（7）利用电子图书，讲述图画书的25～30页，此部分是故事的转折点，教师与幼儿的共同阅读会引发幼儿对故事后半部分更多的期盼与关注。

（8）利用电子图书，导读、梳理图画书31～52页的内容时，教师让幼儿带着问题阅读，有利于调动幼儿阅读的专注性，幼儿学习在阅读的过程中思考、鉴别，并找到正确的答案。

（9）在运用表格帮助幼儿梳理故事内容与线索环节中，教师运用激励幼儿阅读进而理解故事内涵的教育策略。发现式阅读为幼儿紧紧围绕图画书中蕴含的"大树与小男孩爱"的线索进行阅读，为幼儿进行充分观察、积极交流提供了空间，幼儿间针对画面细节的解读、分析，使他们习得了有效的阅读策略；借助图表排序阅读，排序的过程就是线索梳理的过程，使后半部分故事的顺序更加清晰，同时通过比较每次男孩回来大树的变化，幼儿深刻体会到了爱的付出。

（10）引导幼儿表达自己对图画书的理解环节，幼儿充分发表自己的看法，教师尽量多地满足幼儿想说、多说的愿望。幼儿语言学习需要相应的生活经验的支撑，最终还要回归幼儿的生活，指导幼儿的认知，"假如你是小男孩"的问题将幼儿从故事拉回到现实生活中，他们充满情感地否认了小男孩的行为，认为爱应该是相互给予的，本次活动的核心目标已初步实现。

⚙ 拓展训练

训练一：观摩幼儿园早期阅读活动

训练目标：

（1）观摩、记录幼儿园教师如何根据不同年龄，为幼儿选择绘本。如何逐步完成活动目标、活动准备及活动过程的设计环节，了解早期阅读活动的教案书写。

（2）增进对幼儿园早期阅读活动的具体组织和指导环节的设计。

训练要求：

（1）观摩幼儿园小、中、大班早期阅读活动各一个。观摩、记录活动全过程，重点观察活动目标的达成、活动过程的设计和组织、幼儿的参与效果。

（2）与幼儿园执教教师进行交流研讨，请幼儿园执教教师介绍活动中的目标设计、材料准备、过程组织及活动方式的构想。学生围绕观摩活动提出问题。

（3）完成见习报告。

训练二：幼儿园早期阅读活动的设计

训练目标：

（1）掌握幼儿早期阅读活动的组织形式和方法。

（2）学习运用所学理论知识及观摩活动中的经验。

训练要求：

（1）自选早期阅读活动主题，分别为小、中、大班幼儿设计活动方案。

（2）自己选择一个早期阅读活动的主题，设计完整的 PPT。

训练三：幼儿园早期阅读活动的组织

训练目标：

（1）培养实际的早期阅读组织与操作能力。

（2）锻炼在实际活动操作中的应变能力。

训练要求：

（1）任选一个准备好的阅读活动教案及相关教具。一个学生模拟教师，其他学生模拟幼儿，组织一节阅读活动。

（2）在模拟活动的基础上，到某一幼儿园任选一个年龄班，实际进行活动教学。

📄 学习总结

在本章中我们学习了语言教育活动中的早期阅读，本章详细阐述了早期阅读的设计与组织。同时列举了部分教学的实际案例与方案，能更直观地让学习者从理论与实践的双向层面对幼儿园早期阅读的设计组织有深入的了解，从而达到提高教学设计能力的教学目标。

参考文献

[1]　颜晓燕.学前儿童语言教育与活动指导［M］.北京：教育科学出版社，2021.

[2]　范玲.学前儿童语言教育［M］.武汉：华中师范大学出版社，2013.

[3]　周兢.幼儿园语言教育活动设计与组织［M］.北京：人民教育出版社，1996.

[4]　周兢，余珍有.幼儿园语言教育［M］.北京：人民教育出版社，2004.

[5]　张明红.学前儿童语言教育［M］.上海：华东师范大学出版社，2006.

[6]　康长运.幼儿图画故事书阅读过程研究［M］.北京：教育科学出版社，2007.

[7]　周兢.早期阅读发展与教育研究［M］.北京：教育科学出版社，2007.

[8]　朱海琳.学前儿童语言教育［M］.北京：科学出版社，2009.

[9]　张明红.幼儿园语言教育与活动设计［M］.北京：高等教育出版社，2010.

[10]　祝士媛.学前儿童语言教育［M］.北京：北京师范大学出版社，2011.

[11]　陈丹辉.幼儿园语言教育与活动指导［M］.北京：高等教育出版社，2011.

[12]　姜晓燕，郭咏梅.学前儿童语言教育［M］.北京：高等教育出版社，2011.

[13]　夏燕勤，邹群霞.学前儿童语言教育［M］.北京：高等教育出版社，2013.

[14]　张天军.学前儿童语言教育［M］.上海：复旦大学出版社，2012.

[15]　张加蓉，卢伟.学前儿童语言教育活动指导［M］.上海：复旦大学出版社，2009.